BADERNA

A ARTE DE VIVER PARA AS NOVAS GERAÇÕES

RAOUL VANEIGEM

COPYRIGHT © EDITIONS GALLIMARD 1967.

TRADUÇÃO **LEO VINICIUS**
REVISÃO **GUILHERME VILHENA**
PROJETO GRÁFICO E CAPA **GUSTAVO PIQUEIRA | CASA REX**

Dados Internacionais de Catalogação na Publicação – CIP

V25 Vaneigem, Raoul
A arte de viver para as novas gerações / Raoul Vaneigem. – São Paulo: Veneta, 2016. (Coleção Baderna).
352 p.

Título original: Traité de savoir-vivre à l'usage des jeunes générations.
Paris: Collection Blanche, Gallimard Parution: 08-12-1967.

ISBN 978-85-6313-766-1

1. Sociologia. 2. Antropologia Social. 3. História Social. 4. Movimentos Sociais. 5. Globalização. 6. Capitalismo. 7. Anarquistas. 8. Movimento Situacionista. 9. Modo de Produção Capitalista. 10. Sobrevivência. I. Título. II. Série. III. A perspectiva do poder. IV. O insignificante significado. V. A participação impossível ou o poder como soma das coações. VI. A comunicação impossível ou o poder como mediação universal. VII. A realização impossível ou o poder como soma de seduções. VIII. A sobrevivência e sua falsa contestação. IX. A inversão de perspectiva.

CDU 316.35   CDD 300

Catalogação elaborada por Ruth Simão Paulino

EDITORA VENETA
Rua Araújo, 124 1º andar 01220-020 São Paulo SP
www.veneta.com.br | contato@veneta.com.br

COLEÇÃO
BADERNA

PROVOS
MATTEO GUARNACCIA

**A REVOADA
DOS GALINHAS
VERDES**
FÚLVIO ABRAMO

**A ARTE DE VIVER
PARA AS NOVAS
GERAÇÕES**
RAOUL VANEIGEM

ESCOLAS DE LUTA
ANTONIA J. M. CAMPOS
JONAS MEDEIROS
MARCIO M. RIBEIRO

PREFÁCIO À SEGUNDA EDIÇÃO FRANCESA 8

PREFÁCIO À ÚLTIMA EDIÇÃO NORTE-AMERICANA 17

INTRODUÇÃO 23

A PERSPECTIVA DO PODER 1ª PARTE

I O INSIGNIFICANTE SIGNIFICADO 29

**A PARTICIPAÇÃO IMPOSSÍVEL
OU O PODER COMO SOMA DAS COAÇÕES**

II A HUMILHAÇÃO 39

III O ISOLAMENTO 51

IV O SOFRIMENTO 59

V A DECADÊNCIA DO TRABALHO 69

VI DESCOMPRESSÃO E TERCEIRA FORÇA 75

**A COMUNICAÇÃO IMPOSSÍVEL OU
O PODER COMO MEDIAÇÃO UNIVERSAL**

VII A ERA DA FELICIDADE 87

VIII TROCA E DOM 97

IX A TÉCNICA E O SEU USO MEDIATIZADO 107

X O REINO DO QUANTITATIVO 113

XI ABSTRAÇÃO MEDIATIZADA
E MEDIAÇÃO ABSTRATA 121

**A REALIZAÇÃO IMPOSSÍVEL OU
O PODER COMO SOMA DE SEDUÇÕES**

XII O SACRIFÍCIO 139

XIII A SEPARAÇÃO 151

XIV A ORGANIZAÇÃO DA APARÊNCIA 159

XV PAPÉIS 169

XVI A FASCINAÇÃO DO TEMPO 193

A SOBREVIVÊNCIA E SUA FALSA CONTESTAÇÃO

XVII O MAL DA SOBREVIVÊNCIA 201

XVIII A RECUSA INCONSEQUENTE 207

A INVERSÃO DE PERSPECTIVA 2ª PARTE

XIX A INVERSÃO DE PERSPECTIVA 233

XX CRIATIVIDADE, ESPONTANEIDADE E POESIA 239

XXI OS SENHORES SEM ESCRAVOS 257

XXII O ESPAÇO-TEMPO DA EXPERIÊNCIA VIVIDA
E A CORREÇÃO DO PASSADO 277

XXIII A TRÍADE UNITÁRIA: REALIZAÇÃO,
COMUNICAÇÃO, PARTICIPAÇÃO 297

XXIV O INTERMUNDO E A NOVA INOCÊNCIA 337

XXV CONTINUAÇÃO DE "ZOMBAIS DE NÓS?"
NÃO ZOMBAREIS POR MUITO TEMPO 343

PREFÁCIO À SEGUNDA EDIÇÃO FRANCESA

A ETERNIDADE COTIDIANA DA VIDA

A Arte de Viver para as Novas Gerações marca a emergência, no seio de um mundo em declínio, de uma era radicalmente nova.

Com a aceleração do fluxo que carrega atrás de si os seres e as coisas, a clarividência de *A Arte de Viver* só tem aumentado.

O passado estratificado que aglutina ainda aqueles que envelhecem com o tempo tem se tornado mais fácil de ser distinguido das aluviões, eternas em fertilidade, depositadas por aqueles que a cada dia acordam para si mesmos, ou pelo menos se esforçam para tanto.

Para mim, esses são dois momentos de uma mesma e flutuante existência onde o presente não para de se despojar de suas antigas formas.

Um livro que busca interpretar seu tempo não pode mais que testemunhar uma história imprecisa em seu futuro. Um livro que leva a mudanças em sua época propaga também no campo das transformações futuras o germe da mudança. Se *A Arte* é ambos, ela deve isso ao seu radicalismo deliberado, à preeminência daquele "eu" que está no mundo sem ser do mundo, e cuja emancipação é um pré-requisito para qualquer um que tenha descoberto que aprender a viver não é aprender a sobreviver.

No início dos anos 60 eu supus que a análise da minha própria subjetividade, longe de constituir uma atividade isolada, ressoaria com outras tentativas similares e, se essa análise estivesse em sintonia com seu tempo, ela de algum modo poria esse tempo em harmonia com nossos desejos.

Não era uma medíocre presunção de minha parte atribuir também a outros o sentimento de tédio que tecia minha existência cotidiana, e a sombria tarefa de denunciar suas causas. Porém, isso somente me persuadiu mais a apostar no meu pressentimento de que havia um interesse crescente por esta paixão de viver, cuja impossível definição contrastava dramaticamente com o rigor crítico direcionado a cercar as condições de seu surgimento[1].

---

1 Redigido entre 1963 e 1965, o manuscrito de *A Arte* foi enviado a treze editores, que o recusaram. A última recusa veio da Gallimard. Nessa editora o livro recebeu apoio no comitê de leitura somente por parte de Raymond Queneau e Louis-René Des Forêts. Por coincidência, no dia que o manuscrito devolvido e a carta de rejeição da Gallimard chegaram a mim, o *Figaro littéraire* publicou um artigo reprovando a influência dos situacionistas nos Provos de Amsterdã. Naquela mesma noite, Queneau enviou-me um telegrama pedindo que o manuscrito fosse reenviado. Reduzi a algumas páginas um desdobramento final sobre o modelo social dos conselhos operários (o segundo posfácio do livro, adicionado em 1972, traz alguns vestígios dele). O livro saiu dia 30 de novembro de 1967, seis meses antes daqueles "acontecimentos" que – exatamente por seus aspectos mais inovadores estarem mesmo agora apenas começando a se manifestar – não são referidos ainda como a Revolução de Maio de 1968.

Quando o livro foi lançado, muitos leitores argumentaram que o estado de bem-estar econômico que então prevalecia contradizia minha análise da sobrevivência.

Em 1968, a linha divisória das sensibilidades em vigor foi brutalmente transposta pela vivissecção da sobrevivência – uma verdadeira opus nigrum alquímica. Trinta anos mais tarde, a consciência se abre lentamente a uma inversão de perspectiva, segundo a qual o mundo deixa de ser apreendido como uma fatalidade negativa e começa, de outra forma, a ser ordenado a partir de uma nova positividade: o reconhecimento e a expansão do vivo.

A violência mudou de sentido. Não que o rebelde tenha se cansado de combater a exploração, o tédio, a pobreza e a morte: o rebelde simplesmente resolveu não combatê-los mais com as armas da exploração, do tédio, da pobreza e da morte, já que a primeira vítima de tal luta é aquele que se compromete em desprezar sua própria vida. O comportamento suicida se inscreve na lógica de um sistema que tira seu proveito do esgotamento gradual da natureza terrestre e da natureza humana.

Se o antigo grito de "Morte aos Exploradores!" não ecoa mais nas ruas, é porque ele deu lugar a um outro grito, vindo da infância, proveniente de uma paixão mais serena e não menos tenaz: "A vida antes de todas as coisas!"

A recusa da mercadoria, implícita nas vitrines quebradas em 1968, marcou uma clara e pública fratura em uma fronteira econômica traçada há milênios sobre os destinos individuais, que dissimula com arcaicos reflexos de medo e impotência o caráter

---

Um ceticismo parecido acolheu *Le livre des plaisirs*, publicado em 1979, em uma época em que trabalhar e ganhar dinheiro parecia ofuscar todas as outras preocupações. Do mesmo modo no caso do meu *Adresse aux vivants sur la mort qui les gouverne et l'opportunité de s'en défaire* (1990). O objeto de escárnio agora não era mais a crítica da sobrevivência, e, sim, a bandeira de um movimento que se levantava exprimindo cada vez mais claramente o princípio "a vida antes de todas as coisas".

Em 1967 muitas pessoas consideravam vaga e incompreensível a noção de "qualidade de vida". Não demorou muito para elas provarem estar corretas, já que um ministério do governo francês foi criado com o mesmo nome. Entretanto, tudo indica que hoje em dia há uma necessidade urgente, tanto individual quanto coletiva, de dar à qualidade de vida uma definição prática e assegurar sua soberania. A mesma constatação se aplica às noções de transparência, de participação, de inversão de perspectiva, de criatividade – termo que me pediram que alterasse sob o argumento de que "não existia". (N.A.)

verdadeiramente radical do movimento insurrecional. Digo "verdadeiramente radical" porque enfim havia uma chance de fundar sobre a vontade de viver, presente em cada um, uma sociedade que alcançaria pela primeira vez na história uma autêntica humanidade. Muitas pessoas, porém, aproveitaram a ocasião para vender contestação, ignorando qualquer necessidade de mudar o comportamento ligado aos mecanismos das leis da mercadoria. Entre os leitores de *A Arte* havia, portanto, alguns que se apoderaram da minha análise de um *mal de vivre* (do qual quero acima de tudo me livrar) como uma desculpa para não oferecer qualquer resistência ao estado de sobrevivência do qual eles são escravos (o qual os confortos do estado de bem-estar, com seus consolos abundantes e amargos, haviam até então encoberto).

Não demorou muito para essas pessoas forjarem novas couraças de caráter no fogo verbal da militância terrorista. Depois, e sem renunciar ao discurso incendiário, elas entraram na carreira burocrática e se encheram de glória sendo dentes da engrenagem da máquina do Estado e do mercado.

Nos anos 60 consolidou-se uma mutação da economia cujos efeitos são cada vez mais evidentes hoje em dia. Passado todo esse tempo, posso ver muito mais facilmente como eu era capaz de tirar vantagem, com efeito, deste interregno – durante o qual o poder relaxou sua força sem que o novo tivesse se consolidado completamente – para resgatar a subjetividade do descrédito que ela habitava comumente e para fundar um projeto de sociedade sobre o *gozo de si que se reivindica como gozo do mundo.*

Para começar havia três ou quatro de nós que tomaram parte e compartilharam a paixão de "construir situações". O modo com que cada um cultivava essa paixão naquela época dependia dos objetivos que cada um reservava para sua própria existência. Entretanto, ela não perdeu nada de sua exigência, como confirmam tanto o inexorável avanço do vivo quanto os interesses que nele investiu o neocapitalismo ecológico.

O mundo sofreu mais transtornos nos últimos trinta anos do que em milhares de anos precedentes. Que *A Arte* tenha contribuído de algum modo à aceleração subitamente imprimida às circunstâncias me traz, no fundo, menos satisfação que ver se delinear – em alguns indivíduos e sociedades – as vias que conduzem à prioridade enfim consentida ao vivo para a provável criação de uma autêntica espécie humana.

Maio de 1968 decantou definitivamente a revolução que os revolucionários empreendem contra eles mesmos daquela revolução permanente pela soberania da vida.

Nunca houve um movimento revolucionário que, do início ao fim, não tenha sido determinado pelo processo de expansão da mercadoria. Apertada em sua coleira de formas arcaicas, a economia sempre destruiu as revoluções usando as liberdades modeladas pela liberdade de comércio, as quais, por causa dos constrangimentos inerentes à lei do lucro, se tornam os fundamentos de novas tiranias.

No final, a economia retoma tudo que ela pôs no início. A noção de "recuperação" é exatamente isso. As revoluções nunca fizeram nada além de se virarem contra elas mesmas e se negarem na velocidade de sua rotação.

A revolução de 1968 não foi exceção a essa regra. Retirando maior proveito do consumo generalizado do que da produção, o sistema da mercadoria precipita a substituição do autoritarismo pela sedução do mercado, do economizar pelo gastar, do puritanismo pelo hedonismo, da exploração que esteriliza a terra e o ser humano pela lucrativa reconstrução do meio ambiente, do capital como mais precioso do que o indivíduo pelo indivíduo como o mais precioso capital.

O ímpeto do chamado mercado "livre" reunificou o sistema capitalista por precipitar o desmoronamento do capitalismo de Estado burocrático, pretensamente comunista. O modelo ocidental fez *tabula rasa* das antigas formas de opressão. Implantou uma democracia de supermercado, uma autonomia de *self-service*, um hedonismo em que os prazeres são pagos. Sua supremacia dos negócios estourou todos os grandes balões ideológicos de outrora, tão laboriosamente inflados de geração em geração pelos ventos das estações políticas.

Sob a bandeira do preço único, ele alojou entre o *sex shop* e a *drugstore* uma feira de religiões. Enfim, ele percebeu, no momento exato, que um ser humano que vive pode trazer mais do que um ser humano morto ou corroído pela poluição. Um fato provado, caso fosse necessário provar, pelo crescimento de um vasto mercado de afeto – uma indústria que extrai lucros do coração.

Até mesmo a crítica do espetáculo se travestiu agora de espetáculo crítico. Com a saturação de produtos desnaturados, sem gosto e inúteis atingindo seu limite, o consumidor, incapaz de prosseguir adiante na estupidez e na passividade, encontra-se impelido em um mercado competitivo no qual a lucratividade é medida sobre o critério da qualidade e do "natural". Eis que somos obrigados por bem ou por mal a demonstrar discernimento – recuperar os restos de inteligência de que o consumo à moda antiga havia nos subtraído o uso.

Poder, Estado, religião, ideologias, exército, moral, esquerda, direita – que essas tantas abominações fossem enviadas uma após a outra ao ferro-velho pelo imperialismo do mercado poderia parecer à primeira vista uma boa razão para se alegrar. Mas, tão logo a menor suspeita surge em alguém, torna-se óbvio que essas abominações foram simplesmente realocadas e trabalham sob outras cores, a verde, por exemplo, que é também a cor do dólar. O novo consumismo pode ser democrático assim como brincalhão, mas sempre apresenta sua conta, e obriga que seja paga. A vida governada por uma cobiça sancionada não escapa da velha tirania de se ter que perdê-la para pagá-la.

Se existe um lugar onde a tomada de consciência recobra seu valor como ação essencial, é no campo da vida cotidiana, em que cada momento revela mais uma vez que os dados são jogados e que, como de costume, estamos sendo ludibriados.

A história do sistema de mercado atual – da estrutura agrária que deu origem às primeiras cidades-Estado à conquista planetária do mercado livre – tem oscilado continuamente entre uma economia fechada e uma economia aberta, entre um retraimento no protecionismo e a livre circulação de bens. Cada avanço da mercadoria engendra, por um lado, liberdades formais e, por outro, uma consciência que possui a inestimável vantagem sobre essas liberdades de se encanar nos indivíduos, de se identificar com o movimento dos desejos.

A ideologia da liberdade veiculada pelas revoluções tradicionais – as insurreições comunalistas dos séculos XI e XII, de 1789, 1848, 1871, 1917 e 1936 – sempre se mostrou ávida em reprimir com sangue toda exuberância libidinal (tal exuberância foi, em todo caso, ela própria reduzida em grande parte à violência sangrenta, que servia como uma válvula de escape).

Somente uma revolução (à qual será reconhecida um dia, em profundo contraste com todas as suas predecessoras, ter posto termo a vários milênios de barbárie) não terminou no redemoinho das violências repressivas. Na verdade, ela simplesmente não terminou.

Em 1968 a economia fechou seu ciclo: ela alcançou seu apogeu e mergulhou no nada. Abandonando o puritanismo autoritário da produção, ela cai no mercado, mais lucrativo, da satisfação individual. Nas mentalidades e nos costumes propaga-se então uma lassidão que se traduziria no reconhecimento oficial do prazer. Mas trata-se de um prazer rentável, marcado com um valor de troca, arrancado da gratuidade da vida para servir à nova ordem mercantil.

E então o jogo termina. A frieza do cálculo chegou muito próximo do calor das paixões. Como evitar que a vontade de viver, ao mesmo tempo estimulada e negada, denuncie o engodo das liberdades de mercado? Onde se esconderia a mentira eloquente que serviria à nova aparência ecológica dos negócios por promover a defesa mais tímida possível do vivo, ao mesmo tempo em que impede os indivíduos de reconstruírem seus desejos e o meio ambiente como parte de um processo indivisível?

Uma velha fatalidade, subjugando aqueles que fomentam as revoluções, ordenava que os revolucionários de 68 fossem aonde a economia indicasse: à modernidade da economia e à ruína deles. Se essa velha fatalidade foi contestada em 1968, foi graças a uma consciência subjetiva do lugar onde reside a vida. A rejeição do trabalho, do sacrifício, da culpa, da separação, da troca, da sobrevivência, tão facilmente recuperados pelo discurso intelectual, alimentou-se de uma lucidez que foi muito além da contestação (ou que não a ultrapassou, se se preferir) por meio da sua ligação ao movimento de afinação dos desejos, à infância cotidiana de uma vida fechada em um combate com tudo que busca esgotá-la e destruí-la.

A consciência separada do vivo é uma consciência cega. As lentes negras da negação dissimulam primeiramente o fato daquilo que parece ser progresso, na verdade, estar contra nós. Com relação a isso, a análise social dos pensadores da moda revela-se portadora constante de afirmações ridículas. Revolução, autogestão, conselhos operários, tantas palavras devotadas ao opróbrio público exatamente quando o poder do Estado é posto na defensiva por grupos cujo processo decisório coletivo não admite intrusão de representantes políticos, nem a presença de dirigentes ou de chefes, nem a formação de hierarquias.

Não subestimo a insuficiência de tais práticas, na maioria das vezes limitadas a reações de defesa. Não pode ser negado, contudo, que se trata da manifestação, sem *appellation (d'origine) contrôlée*[2], de um tipo de comportamento em ruptura com os antigos movimentos de massa: um conjunto de indivíduos que não pode ser reduzido a uma multidão manipulada à vontade.

A vida cotidiana, ela mesma, é ainda mais cheia de insuficiências. A começar pela pouca luz que nela projetam aqueles que perambulam ao grado dos seus prazeres e dores.

Afinal de contas, não é preciso a era judaico-cristã terminar para se descobrir sob a gasta palavra "vida" uma realidade obliterada pela sobrevivência, à qual a vida é reduzida pelo ciclo da mercadoria que o ser humano produz e que reproduz o ser humano à sua imagem?

Não há uma pessoa sequer que não esteja mergulhada em um processo de alquimia individual. Porém a falta de atenção e de

---

2 Expressão em francês normalmente usada para garantir a origem e qualidade de um produto, que pode ser traduzido como "designação de origem controlada". (N.T.)

clarividência é tal entre as pessoas que chamam de "destino" sua passividade e sua resignação, que o magistério só consegue operar na escuridão, escuridão da putrefação e da morte que caracteriza a tortura diária de desejos forçados a se negarem.

O sentimento, inevitavelmente desesperado, de ser vítima de uma conspiração universal de circunstâncias hostis, é contrário a qualquer vontade de autonomia individual. A negação é o álibi da resignação em jamais ser si próprio, em jamais se apoderar da sua própria riqueza de vida. Eu prefiro fundar sobre os desejos uma lucidez que, esclarecendo a cada momento o combate do vivo contra a morte, revoga seguramente a lógica de definhamento da mercadoria.

Como uma espécie de relatório de pesquisa, um único livro não possui nem o melhor, nem o menos importante papel a ser desempenhado na apaixonada luta diária para separar da minha vida aquilo que a entrava e a exaure. Desse modo, a presente obra, *Le Livre des plaisirs* e *Adresse aux vivants* apresentam três fases de um contínuo no qual surgiram várias concordâncias entre o mundo em mutação e certezas adquiridas de tempos em tempos na paciente tentativa de me criar recriando ao mesmo tempo a sociedade.

A queda da taxa de lucro derivada da exploração e destruição da natureza determinou, no final do século XX, o desenvolvimento de um neocapitalismo ecológico e de novos modos de produção. A rentabilidade do vivo não é mais baseada na sua fadiga, mas, sim, na sua reconstrução. A consciência da vida avança porque o sentido das coisas contribui para isso. Nunca os desejos, retornados à sua infância, dispuseram em cada indivíduo de tamanho poder de suprimir aquilo que os põe de cabeça para baixo, que os nega, que os reifica em objetos mercantis.

Estamos chegando hoje em dia àquilo que nenhuma imaginação ousou sustentar: o processo de alquimia individual está a ponto de transmutar a história desumana em nada menos que a realização da humanidade.

Setembro, 1991

PREFÁCIO À ÚLTIMA
EDIÇÃO NORTE-AMERICANA

Há muito conhecido como o Novo Mundo, os Estados Unidos da América são agora vistos pelos europeus como um país paradoxalmente arcaico. Suas conquistas tecnológicas justificariam admiração, e somente admiração, não fossem elas desmentidas pela estagnação mental que permite às 'águas geladas do cálculo egoísta' presidir uma desumanidade cinicamente defendida em nome do lucro.

Não estou falando dos americanos. É preciso um menosprezo repulsivo e estupidez para colocar indivíduos únicos sob a rubrica abstrata de uma identidade nacional, não importa quão propensos esses indivíduos estejam em renunciar a seus potenciais criativos e abraçar a conformidade de massa. O que tenho em mente, ao invés, é a sucessão sombria de governos americanos, todos levados ao poder pelos velhos esquemas, os quais em suas cada vez mais risíveis arrogâncias não dão a mínima para a crescente pauperização, não sabem nada de solidariedade social, degradam o ambiente, destroem a Terra por ganhos financeiros e, armados com uma ignominiosa e clara consciência, prometem um calvinismo que trata o sucesso financeiro como uma dispensa divina.

É claro que os europeus, não menos arrogantes, têm uma grande satisfação apontando o dedo a esses pretensos modelos da democracia formal que praticam a pena de morte, abraçam a mania idiota do criacionismo, toleram uma lamentável e inadequada rede de segurança social que despreza os direitos dos trabalhadores e restringe os benefícios dos desempregados e as aposentadorias, e cede imenso poder aos militares e à barbárie – departamento esse no qual são de fato campeões.

Mas a chamada opinião pública de esquerda na França, tão apaixonada que é em se cobrir com os robes da revolução de 1789, ou mesmo da Comuna de Paris, e em citar esses eventos como objetos de lição para os outros, não só tem caído ao longo dos anos em todas as falsas visões concebíveis de emancipação – liberalismo, socialismo, stalinismo, trotskismo, maoísmo, castrismo – mas também não oferece a menor oposição à perda de conquistas sociais progressistas: os cortes nos orçamentos da segurança social e da cultura, o desmantelamento do sistema de saúde, a redução da educação à forma de uma granja industrial e, em geral, o crescente empobrecimento da existência – fonte do desespero que os gestores do colapso econômico espremem para extrair seus últimos lucros.

Desde quando o consumismo espalhou a publicidade por todos os lugares e atrelou as mentiras da ideologia às necessidades do *merchandising*, a liberdade-para-todos da democracia de mercado suprimiu qualquer consciência da necessidade de lutar contra a exploração.

Os crimes cometidos em nome da libertação do proletariado ajudaram, e não pouco, a espalhar um espírito de apatia e fatalismo poderoso condutor ao impulso suicida que, com ou sem reforço religioso, trabalha para uma morte universal e apocalíptica. A pilhagem de recursos existenciais e mundanos perpetrados com impunidade por máfias estatais e privadas alimenta um pavor arrepiante, um estado de pânico que é absurdo na medida em que os europeus não precisam mais temer tanques nas ruas ou a intrusão brutal e sistemática da polícia. Esse terror internalizado é, muito simplesmente, um medo de viver, de autonomia, de autocriação.

Mas não importa quão exauridas estejam as forças da vida, um momento sempre surge quando a consciência desperta, reafirmando seus direitos e recuperando sua exuberância perdida. Sempre apostei numa reversão de perspectiva na qual, demolindo um passado dominado pelo desprezo pelos seres humanos, terá início uma nova sociedade baseada nas capacidades criativas dos indivíduos e num desejo irreprimível de regozijar consigo mesmo e com o mundo.

Estamos no meio de uma mudança civilizatória, uma que os movimentos de ocupação de Maio de 1968 na França iluminaram na medida em que se esforçaram por acelerá-la, apressando assim o colapso da sociedade de consumo e a emergência da sociedade comprometida com a vida.

Assim como a economia agrária do *ancien régime* era uma formação obsoleta destinada, graças à revolução de 1789, a ser varrida pela afluência do sistema de livre mercado, também o capitalismo especulativo e direcionado pelo investimento, cuja crise estamos agora testemunhando, está para dar passagem a uma nova dinâmica direcionada pela produção de tipos de energia 'verde', não poluentes, por um apelo ao valor de uso, pela agricultura orgânica, pela apressada reforma do setor público e por uma espúria reforma ética do comércio.

Não é com uma crise econômica que nos confrontamos, mas com uma crise da economia enquanto tal. Conflitos vicejam entre duas forças do sistema capitalista, uma moribunda, outra ainda jovem. De um lado um sistema que remonta a milhares de anos cuja base é a exploração da natureza e dos seres humanos. Do outro uma versão rearranjada buscando se estabelecer através do investimento nas forças da natureza e nos fazendo pagar bem caro (uma vez que novos meios de produção foram postos no lugar) por coisas até então gratuitas: vento, sol, água e a energia que existe no mundo vegetal e na própria Terra.

O *Traité de savoir-vivre* não fazia profecias. Ele apontava apenas o que muitas pessoas, tornadas cegas pelo passado, recusavam ver. Ele buscava mostrar como o desejo de emancipação, que renasce em cada geração, pode se aproveitar das convulsões sísmicas que, sob o impacto do consumismo, estavam sacudindo até seus alicerces um poder autoritário supostamente eterno. E ele demonstrava a irreversibilidade do rompimento com os valores patriarcais – o trabalho, a exploração da natureza, a troca, as relações predatórias, a separação de si, o sacrifício, a culpa, a renúncia à felicidade, o fetichismo do dinheiro e do poder, a autoridade hierárquica, o medo e o desprezo pelas mulheres, a corrupção da infância, os pedigrees intelectuais, o despotismo militar e policial, a religião, a ideologia e a repressão (e as formas letais de atenuar a repressão).

Contando com a desintegração inevitável da ordem patriarcal, o *Traité* foi capaz de encarnar um comprometimento com a vida o qual, não obstante a cooptação, se tornou agora lugar comum: mulheres, crianças, animais, natureza, desejo e a busca por felicidade e satisfação livres de medo e culpa todos agora gozam um status nunca antes na história reconhecido a eles. Mas a parte mais radical da minha aposta era a confiança na força vital que se difunde sub-repticiamente de um indivíduo ao outro quando a consciência do desejo de viver e de sua possível realização bloqueia o reflexo da morte que é o seu inverso; quando, atirando o próprio desespero no desespero, se descobre a si mesmo um ser humano capaz de construir sua própria felicidade enquanto ao mesmo tempo alimenta a dos outros.

É minha convicção que, apesar de todos os vacilos – uma vez que a barbárie do antigo continua, graças à inércia, a tiranizar o presente – uma nova sociedade está sendo construída em segredo, que relações humanas genuínas estão sendo constituídas – sem responder a violência opressora comw uma violência parecida (embora direcionada ao opressor). Relações capazes de criar zonas de liberdade onde a existência possa se libertar dos ditames da mercadoria, banindo a competição em nome da emulação e o trabalho em nome da criatividade.

Não se trata de uma questão de observação, mas de experiência prática contínua. Tudo que se clama é por mais cuidado, maior consciência e maior fidelidade às forças da vida. Devemos nos fornecer uma nova e sólida base humana para reconstruir um mundo devastado pela desumanidade do culto da mercadoria.

Falhar em descartar a realidade econômica e criar uma realidade humana significa dar ainda à mercadoria outra chance de perpetuar seu reino bárbaro.

O *Traité* lançou as bases de um projeto que a maioria dos meus escritos desde então tem tentado refinar e corrigir, mesmo que as transformações das condições políticas, sociais, econômicas e existenciais tenham continuado a demonstrar sua pertinência. Em meio à terrível turbulência da luta entre o obscurantismo e as luzes, persisto (com uma obstinação que provavelmente irrita os conformados entre nós) em contar com a ação das forças da vida para destruir os rituais milenares de morte, golpe por golpe.

É mais fácil de ver agora quão vigorosa é, apesar das regressões infligidas sobre ela pelas ideologias e suas extensões militares, a corrente radical que une os levantes comunalistas da Europa do século XII às comunidades libertárias da revolução espanhola. É essa a corrente que de igual modo informou a revolução francesa, a Comuna de Paris e o movimento de ocupações de Maio de 1968.

Ainda acho, apesar do semelhante espanto dos opressores e oprimidos em face do colapso do velho mundo, que a emancipação individual e social é a única saída. Identificação com uma comunidade étnica ou nacional, com uma religião, ideologia ou qualquer abstração não é nada além de ilusão encharcada de sangue. Há apenas uma identidade: a de homens e mulheres com o que há de mais vital e humano neles.

O futuro pertence a comunidades autogeridas, as quais, não contentes apenas em colocar a produção de bens a serviço de toda a sociedade, decretará que a felicidade de todos deve depender da felicidade de cada um. Esse princípio é a base de uma democracia direta que irá por em retirada essas sombras destrutivas de tirania e de corrupção universal que a democracia parlamentar continua a espalhar – cada vez mais visivelmente – em todo o mundo.

R.V, 29 de janeiro de 2010.

INTRODUÇÃO

Não tenho intenção de tornar compreensível a experiência vivida contida neste livro aos leitores que não possuem interesse real em revivê-la. Espero que essa experiência se perca e se reencontre em um movimento geral das consciências, do mesmo modo que estou convencido que as atuais condições de nossas vidas se apagarão da memória dos seres humanos.

O mundo está para ser refeito: todos os especialistas do seu recondicionamento juntos não conseguirão impedi-lo. Se esses especialistas não me compreendem, melhor: eu certamente não tenho vontade de compreendê-los.

Aos outros leitores, com uma humildade que não deixarão de notar, peço benevolência. Gostaria que um livro como este fosse acessível às cabeças menos acostumadas com a linguagem das ideias. Espero não ter fracassado totalmente. Desse caos, algum dia sairão fórmulas capazes de atingir à queima roupa os nossos inimigos. Até lá, que as frases relidas aqui e ali tenham seus efeitos. A via para a simplicidade é a mais complexa de todas e, especialmente nesse caso, era conveniente não arrancar ao lugar comum as múltiplas raízes que poderemos transplantar a um outro terreno e cultivá-las em nosso benefício.

Nunca pretendi revelar algo novo, ou lançar novidades no mercado cultural. Uma ínfima correção do essencial importa mais que cem inovações suplementares. A única coisa realmente nova aqui é a direção da correnteza que leva consigo os lugares-comuns.

Desde que os seres humanos existem e aprenderam a ler Lautréamont[3], tudo já foi dito e poucos tiraram proveito disso. Por nossos conhecimentos serem em si banais, eles só podem ter proveito para os espíritos que não o são.

O mundo moderno deve aprender o que já sabe, tornar-se aquilo que já é, por meio de um grande exorcismo dos obstáculos, pela prática. Só podemos escapar do lugar-comum manipulando-o, dominando-o, mergulhando-o em nossos sonhos, entregando-o ao bel-prazer da nossa subjetividade. Dei a primazia neste livro à vontade subjetiva, mas que ninguém me censure por isso antes de ter verdadeiramente avaliado até que ponto as condições objetivas do mundo contemporâneo fazem avançar a cada dia a causa da subjetividade. Tudo parte da subjetividade, mas nada se detém nela. Hoje em dia menos que nunca.

A luta entre a subjetividade e aquilo que a corrompe está prestes a alargar os limites da velha luta de classes. Renova-a e torna-a

---

3 Comte de Lautréamont (1846-1870), poeta "maldito", nascido em Montevidéu, mas de família francesa. Foi adotado pelos surrealistas como um precursor do movimento. Uma das suas obras principais é Les Chants de Maldoror, de 1869. (N.T.)

mais aguçada. A opção de viver é uma opção política. Não queremos um mundo no qual a garantia de não morrer de fome se troca pelo risco de morrer de tédio.

O homem da sobrevivência é o homem esmigalhado nos mecanismos do poder hierárquico, pego em uma rede de interferências, em um caos de técnicas opressivas cuja racionalização só espera a paciente programação de mentes programadas.

O homem da sobrevivência é também o homem unitário, o homem da recusa total. Não se passa um instante sequer sem que cada um de nós viva contraditoriamente, em todos os níveis da realidade, o conflito entre a opressão e a liberdade; sem que ele seja bizarramente deformado e apreendido ao mesmo tempo segundo duas perspectivas antagônicas: a perspectiva do poder e a perspectiva da superação. As duas partes deste livro, devotadas à análise dessas duas perspectivas, não deveriam ser portanto abordadas sucessivamente, como a leitura exige, mas simultaneamente, já que a descrição do negativo fundamenta o projeto positivo e o projeto positivo confirma a negatividade. A melhor ordem de um livro seria a ausência de ordem, de modo que o leitor descubra a sua própria.

As insuficiências do escritor também refletem as insuficiências do leitor como leitor, e mais ainda como ser humano. Se a dose que tive de tédio ao escrever o livro transparecer em uma dose de tédio ao lê-lo, será apenas um argumento a mais para denunciar nossa falta de viver. Quanto ao resto, a gravidade da época deve desculpar a gravidade do tom. A imprudência reside sempre para aquém ou para além das palavras. Nesse caso, a ironia consiste em não esquecer isso jamais.

A *Arte de Viver* faz parte de uma corrente subversiva que ainda não disse tudo. O que o livro expõe é uma simples contribuição entre outras para a reedificação do movimento revolucionário internacional. A sua importância não deveria escapar a ninguém, pois ninguém, com o tempo, escapará às suas conclusões.

A PERSPECTIVA DO PODER
1ª PARTE

O INSIGNIFICANTE SIGNIFICADO

Por causa da sua crescente banalidade, a vida cotidiana conquistou pouco a pouco o centro das nossas preocupações (1). – Nenhuma ilusão, nem sagrada nem dessacralizada (2); – nem coletiva nem individual, pode dissimular por mais tempo a pobreza dos gestos cotidianos (3). – O enriquecimento da vida exige, inexoravelmente, a análise das novas formas adquiridas pela pobreza e o aperfeiçoamento das velhas armas da recusa (4).

1

A história atual faz lembrar determinados personagens de desenho animado, que correm loucamente sobre um penhasco sem que disso se apercebam: a força da sua imaginação os faz flutuar a tal altura, mas, assim que olham para baixo e tomam consciência de onde estão, imediatamente caem.

Como os heróis de Bosustow[4], o pensamento atual deixou de flutuar pela força de suas próprias ilusões. Aquilo que o mantinha no alto, agora o traz abaixo. Lança-se a toda velocidade à frente da realidade que irá destruí-lo: a realidade cotidianamente vivida.

*

Será essencialmente nova essa lucidez que se anuncia? Não o creio. A exigência de uma luz mais viva emana sempre da vida cotidiana, da necessidade, que todos sentem, de harmonizar seu passo com a marcha do mundo. Existem mais verdades em 24 horas da vida de um ser humano do que em todas as filosofias. Nem mesmo um filósofo consegue ignorá-lo, mesmo que isso gere mais autodesprezo; o mesmo autodesprezo que o consolo da filosofia lhe ensina. Após fazer piruetas subindo nos próprios ombros para gritar de mais alto sua mensagem ao mundo, o filósofo acaba vendo o mundo de pernas para o ar, e todos os seres e coisas aparecem tortos, de cabeça para baixo, para persuadi-lo de que é ele que está de pé, na posição correta. Mas ele permanece no centro do seu delírio; e lutar para escapar simplesmente torna seu delírio mais incômodo.

Os moralistas do século XVI e XVII reinavam sobre uma quinquilharia de banalidades, mas o cuidado com que dissimulavam esse fato era tanto que em torno se erguia um verdadeiro palácio de estuque e especulações. Um palácio ideal que abriga e aprisiona a experiência vivida. De lá emergia uma forte convicção e sinceridade sustentadas pelo tom sublime e pela ficção do "homem universal", contaminados, porém, com um perpétuo sopro de angústia. O analista tentava escapar da gradual esclerose da existência alcançando alguma profundidade essencial. E quanto mais ele se abstraía de si mesmo ao se exprimir segundo o imaginário dominante do seu tempo (a imagem feudal na qual Deus, o poder real e o mundo estão indissoluvelmente unidos), mais a sua lucidez fotografava a face escondida da vida, mais ela "inventava" a cotidianidade.

A filosofia das Luzes acelera a descida ao concreto, à medida que o concreto é de algum modo levado ao poder com a burguesia

---

4 Stephen Bosustow (1911-1981), foi colaborador de Walt Disney e, posteriormente, foi um dos fundadores da UPA, estúdio famoso pelos desenhos do Mister Magoo.

revolucionária. Das ruínas de Deus, o homem cai nas ruínas da sua realidade. O que aconteceu? Mais ou menos isto: dez mil pessoas estão convencidas de que viram se erguer a corda de um faquir, enquanto várias câmeras fotográficas demonstram que a corda não se moveu uma polegada. A objetividade científica denuncia a mistificação. Muito bem, mas o que isso nos mostra? Uma corda enrolada, sem o menor interesse. Tenho pouca vontade de escolher entre o prazer duvidoso de ser mistificado e o tédio de contemplar uma realidade que não me diz respeito. Uma realidade sobre a qual eu não tenho influência, não será isso a velha mentira renovada, o último estágio da mistificação?

De agora em diante, os analistas estão nas ruas. A lucidez não é a sua única arma. O seu pensamento já não corre o risco de se aprisionar nem na falsa realidade dos deuses, nem na falsa realidade dos tecnocratas!

2

As crenças religiosas dissimulavam o homem perante si mesmo, a bastilha que elas constituíam emparedava-o em um mundo piramidal no qual Deus era o cume e o rei ficava logo abaixo. Infelizmente, no dia 14 de julho (1789) não houve liberdade bastante sobre as ruínas do poder unitário para evitar que elas próprias se transformassem em prisão. Sob o véu lacerado das superstições não apareceu a verdade nua, como sonhava Meslier[5], mas, sim, o engodo das ideologias. Os prisioneiros do poder fragmentário têm, como único recurso contra a tirania, a sombra da liberdade.

Nem um só gesto ou pensamento, hoje em dia, deixa de se embaraçar na teia das ideias prontas. A lenta queda de ínfimos fragmentos do velho mito explodido espalha por toda parte a poeira do sagrado, uma poeira que sufoca o espírito e a vontade de viver.

---

5   Jean Meslier (1664-1729), filósofo e crítico social francês. (N.T.)

As coações tornaram-se menos ocultas, mais grosseiras, menos poderosas. A docilidade já não emana de uma magia clerical, resulta de uma multidão de pequenas hipnoses: informação, cultura, urbanismo, publicidade, mecanismos de condicionamento e sugestões prontas a servir todas as ordens estabelecidas e futuras. Somos como Gulliver, encalhado em Liliput com o corpo todo amarrado, decidido a se libertar, olhando atentamente à sua volta: o menor detalhe da paisagem, o menor contorno do solo, o menor movimento, tudo adquire a importância de algo do qual sua vida possa depender. As mais seguras oportunidades de liberdade surgem naquilo que é mais familiar. Alguma vez foi diferente? A arte, a ética, a filosofia comprovam-no: sob a casca das palavras e dos conceitos, a realidade viva da não-adaptação ao mundo está sempre agachada, prestes a pular. Já que nem os deuses nem as palavras conseguem cobri-la pudicamente hoje em dia, essa criatura banal passeia nua pelas estações de trem e pelos terrenos baldios. Em cada evasão de si ela aborda você, pega você pelo ombro, pelo olhar, e o diálogo começa. Ganhando ou perdendo, ela segue com você.

3

Demasiados cadáveres cobrem os caminhos do individualismo e do coletivismo. Duas racionalidades aparentemente contrárias escondem um mesmo banditismo, uma mesma opressão do homem solitário. Sabe-se que a mão que estrangula Lautréamont é a mesma que estrangula Serguei Iessienin[6] Um morreu no quarto alugado do proprietário Jules-François Dupuis, o outro se enforcou em um hotel nacionalizado. Por toda parte se verifica a seguinte lei: "não existe arma alguma da tua vontade individual que, manejada por outros, não se volte imediatamente contra ti". Se alguém disser ou escrever que convém fundar a razão prática

---

6   Serguei Iessienin (1895-1925), poeta russo que cometeu suicídio. (N.T.)

sobre os direitos do indivíduo e somente do indivíduo, este nega sua própria proposição se não incita ao mesmo tempo seu leitor ou ouvinte a prová-la ser verdadeira por si próprio. Ora, tal prova pode apenas ser vivida, apreendida por dentro. É por isso que tudo que consta nas notas que seguem deve ser testado e corrigido pela experiência imediata de cada um. Nada possui tanto valor que não deva ser recomeçado, nada possui riqueza bastante para que não deva ser enriquecido sem descanso.

*

Do mesmo modo que se distingue na vida privada o que um homem pensa e diz de si mesmo daquilo que ele é e faz realmente, não há ninguém que não tenha aprendido a distinguir a fraseologia e as pretensões messiânicas dos partidos da sua organização e dos seus interesses reais; aquilo que eles pensam ser e aquilo que eles são. A ilusão que uma pessoa mantém sobre si mesma e sobre os outros não é essencialmente diferente da ilusão que grupos, classes ou partidos alimentam sobre si próprios e para si próprios. Mais ainda, elas derivam de uma única fonte: as ideias dominantes, que são as ideias da classe dominante, mesmo sob a sua forma antagônica.

O mundo dos *ismos*, quer englobe a humanidade inteira ou uma única pessoa, não passa nunca de um mundo esvaziado da sua realidade, uma sedução da mentira, terrivelmente real. O triplo esmagamento da Comuna[7], do Movimento Spartakista[8] e de Kronstadt-a-Vermelha (1921)[9] mostrou de uma vez por todas a que banho de sangue levavam três ideologias da liberdade: o

---

7   O autor se refere à Comuna de Paris, de 1871. (N.T.)
8   Movimento revolucionário alemão do início dos anos 1920, que foi esmagado pelo governo social-democrata de Ebert. (N.T.)
9   Kronstadt é uma ilha localizada no golfo da Finlândia. Teve atuação destacada na revolução russa de 1917. Em 1921, trabalhadores e marinheiros de Kronstadt que se rebelavam contra o autoritarismo do partido bolchevique foram massacrados a mando de Trotsky. (N.T.)

liberalismo, o socialismo, o bolchevismo. Foi porém necessário, antes que isso fosse compreendido e admitido universalmente, que formas degeneradas ou híbridas dessas ideologias tivessem vulgarizado suas atrocidades iniciais com demonstrações mais pesadas: os campos de concentração, a Argélia de Lacoste[10] e Budapeste[11]. As grandes ilusões coletivas, anêmicas por derramarem o sangue de tantas pessoas, têm desde então dado lugar a milhares de ideologias fragmentárias, vendidas pela sociedade de consumo como tantas outras máquinas de imbecilizar portáteis. Será necessário outro tanto de sangue para atestar que cem mil alfinetadas matam tão certamente quanto três cacetadas?

*

O que eu iria fazer em um grupo de ativistas que me obrigasse a deixar no vestiário, não digo algumas ideias – já que minhas ideias teriam me levado a me juntar ao grupo –, mas os sonhos e desejos de que nunca me separo, a vontade de viver autenticamente e sem limites? Qual o sentido de mudar de isolamento, mudar de monotonia, mudar de mentira? Quando a ilusão de uma mudança real é exposta, a simples mudança de ilusão se torna insuportável. Ora, essas são as condições atuais: a economia não para de fazer consumir mais, e consumir sem trégua é mudar de ilusão a um ritmo acelerado que pouco a pouco dissolve a ilusão da mudança. Reencontramo-nos sós, sem termos mudado, congelados no vazio produzido por uma enxurrada de *gadgets*, de Volkswagen e de *pocket books*.

As pessoas sem imaginação começam a se cansar da importância conferida ao conforto, à cultura, aos lazeres e a tudo que destrói a imaginação. Isso significa que as pessoas não estão can-

---

10 Lacoste foi o Ministro francês residente na Argélia entre 1956 e 1958. (N. T.)

11 Vaneigem se refere à repressão ocorrida contra a insurreição popular e o movimento conselhista de 1956 em Budapeste. (N.T.)

sadas do conforto, da cultura ou dos lazeres, mas do uso que se faz deles e que impede precisamente que deles se goze.

A sociedade da abundância é uma sociedade de *voyeurismo*. A cada um seu próprio caleidoscópio: um leve movimento dos dedos, e a imagem se transforma. Ganha-se a cada movimento: duas geladeiras, um carro, uma TV, uma promoção, tempo para gastar... Em seguida a monotonia das imagens consumidas leva vantagem, refletindo a monotonia do gesto que as suscita, a leve rotação que o polegar e o indicador imprimem ao caleidoscópio. Não havia carro, somente uma ideologia quase sem relação com a máquina automóvel. Embebidos em "Johnny Walker, o whisky da elite", sentíamos o efeito da estranha mistura de álcool e luta de classes. Nada mais surpreende, esse é o drama! A monotonia do espetáculo ideológico nos faz cientes da passividade da vida, da sobrevivência. Para lá dos escândalos pré-fabricados – perfume Scandale[12] e escândalo do Panamá – um verdadeiro escândalo aparece, o escândalo dos gestos esvaziados de sua substância para o proveito de uma ilusão que se torna mais odiosa à medida que a cada dia sua efetividade diminui. Gestos fúteis e pálidos alimentados por fascinantes compensações imaginárias; gestos pauperizados por servirem como fonte de enriquecimento a grandes especulações às quais eles contribuem de modo servil, enquanto são categorizados infamemente como "triviais" e "banais"; gestos hoje libertados e exauridos, prontos para se perderem de novo ou perecerem sob o peso de sua fraqueza. Aqui estão eles, em cada um de vocês: gestos familiares, tristes, entregues recentemente à realidade imediata e movediça, que é seu ambiente "espontâneo". E aqui vocês estão, perdidos e emaranhados em um novo prosaísmo, em uma perspectiva em que coincidem o próximo e o longínquo.

---

12 Scandale é uma marca de perfume. A palavra scandale em francês significa "escândalo", o que permite o jogo de palavras que o autor utiliza sobre os "escândalos pré-fabricados". (N.T.)

4

Sob uma forma concreta e tática, o conceito de luta de classes constitui o primeiro ordenamento como resposta aos choques e injúrias vividos individualmente pelos homens. Ele nasceu com o turbilhão de sofrimentos que a redução das relações humanas a mecanismos de exploração suscitava por toda parte nas sociedades industriais. Emergiu de uma vontade de transformar o mundo e de mudar a vida.

Uma arma dessas exigia um contínuo reajuste. Ora, o que se vê é que a I Internacional voltou suas costas aos artistas, fazendo das demandas dos trabalhadores a única base de um projeto que Marx, entretanto, mostrara ser de interesse de todos que o buscavam, na recusa de serem escravos, uma vida rica e uma humanidade total. Lacenaire[13], Borel[14], Lassailly[15], Büchner[16], Baudelaire, Hölderlin[17] não representavam também a miséria e a sua recusa radical? Talvez esse erro fosse perdoável na ocasião, mas não quero nem saber. É certo que ele toma proporções delirantes desde o momento em que, menos de um século depois, com a economia de consumo absorvendo a economia de produção, a exploração da força de trabalho é englobada pela exploração da criatividade cotidiana. Uma mesma energia arrancada do trabalhador durante suas horas na fábrica ou nas horas de lazer faz rodar as turbinas do poder, que os detentores da velha teoria lubrificam beatamente com a sua contestação formal.

Aqueles que falam de revolução e luta de classes sem se referirem explicitamente à vida cotidiana, sem compreenderem o que há de subversivo no amor e de positivo na recusa das coações, esses têm na boca um cadáver.

---

13 Pierre François Lacenaire (1803-1836), poeta francês. Ficou famoso e entrou para o folclore francês em 1832, quando assassinou um funcionário de um banco em Paris. (N.T.)

14 Petrus Borel (1809-1859), poeta francês. (N. T.)

15 Charles Lassailly (1806-1843), poeta francês. (N.T.)

16 Georg Büchner (1813-1937), escritor hoje considerado um dos precursores do naturalismo e do expressionismo. (N.T.)

17 Friederich Hölderlin (1770-1843), poeta romântico alemão. (N.T.)

A PARTICIPAÇÃO IMPOSSÍVEL OU O PODER COMO SOMA DAS COAÇÕES

Mecanismos de esgotamento e destruição: humilhação (II), isolamento (III), sofrimento (IV), trabalho (V), descompressão (VI).

II

A HUMILHAÇÃO

Fundada em uma troca permanente de
humilhações e de atitudes agressivas,
a economia da vida cotidiana dissimula uma
técnica de desgaste, ela própria alvo do dom
de destruição que ela contraditoriamente evoca
(1). – Hoje em dia quanto mais o homem é objeto,
mais ele é um ser social (2). – A descolonização
ainda não começou (3). – A descolonização
prepara-se para atribuir um novo valor ao velho
princípio da soberania (4).

1

Ao atravessar um dia uma aldeia populosa, Rousseau foi insultado
por um camponês cuja verve provocou a alegria da multidão. Confuso, desconcertado, não encontrando resposta, Rousseau fugiu
em meio às piadas. Quando conseguiu esfriar a cabeça e pensar
em inúmeras respostas, ásperas o bastante para arrasar de uma só
vez o engraçadinho, ele já estava a duas horas de viagem do local
do incidente.

A maioria dos incidentes triviais da vida cotidiana não é
como essa ridícula aventura de Rousseau? Porém em uma forma

atenuada, diluída, fragmentada, que dura o tempo de um passo, de um olhar, de um pensamento, vivida como um pequeno abalo, uma dor fugidia quase inacessível à consciência e que não deixa no espírito mais que uma surda irritação dificilmente capaz de descobrir a sua origem? A interminável dança da humilhação e sua resposta imprimem às relações humanas um ritmo obsceno e cambaleante. No fluxo e refluxo das multidões aspiradas e esmigalhadas pelo vai-e-vem dos trens suburbanos que invadem as ruas, os escritórios, as fábricas, tudo são recuos tímidos, ataques brutais, trejeitos afetados e arranhões sem motivo aparente. Ao sabor dos encontros forçados, o vinho transforma-se em vinagre à medida que o degustamos. Inocência e bondade das multidões, ora, ora! Olhem como eles se eriçam, ameaçados por todos os lados, desajeitados e embaraçados no terreno do adversário, longe, muito longe de si mesmos. Este é o lugar onde, na ausência de facas, se aprende a manejar os cotovelos e o olhar.

Não existe perdão nem trégua entre agressores e agredidos. Um fluxo de sinais quase imperceptíveis assalta o transeunte, que é qualquer coisa menos solitário. Frases, gestos, olhares misturam-se, colidem, deviam-se do seu curso, extraviam-se como as balas perdidas, que matam ainda mais seguramente pela tensão nervosa que produzem. Não podemos fazer mais do que nos fecharmos dentro de embaraçosos parênteses; como estes dedos que empurram as moedas da gorjeta (escrevo isso no terraço de um café) e os dedos do garçom que as agarram, enquanto o rosto dos dois homens envolvidos, como que ansiosos por mascarar a infâmia consentida, reveste as marcas da mais perfeita indiferença.

Do ponto de vista da coação, a vida cotidiana é regida por um sistema econômico no qual a produção e o consumo da ofensa tendem a se equilibrar. O velho sonho dos teóricos do livre comércio busca assim sua realização pelas vias de uma democracia renovada pela falta de imaginação que caracteriza o pensamento da esquerda. Não é estranho, à primeira vista, ver a fúria com que progressistas atacam o edifício em ruínas do liberalismo, como se os capitalistas, seus demolidores número um, não tivessem eles próprios já resolvido o estatizar e o planejar anteriormente? Mas isso não é tão estranho quanto parece, de fato, já que polarizando a atenção sobre críticas já ultrapassadas pelos acontecimentos (como se ainda não se soubesse que o capitalismo se realiza lentamente por uma economia planejada da qual o modelo soviético é apenas uma forma primitiva), pretende-se dissimular que é precisamente por meio do modelo dessa economia ultrapassada e saldada a preços baixos que se quer reconstruir as relações humanas. Com que inquietante perseverança os países "socialistas" persistem em organizar a vida segundo o modelo burguês! Em toda parte, bate-se continência diante da família, do casamento, do sacrifício, do trabalho, do inautêntico, ao mesmo tempo em que mecanismos homeostáticos simplificados e racionalizados reduzem as relações humanas a trocas "equitativas" de respeitos e humilhações. E não tardará o dia em que, na democracia ideal dos cibernéticos, todos ganhem, sem esforço aparente, uma parte da indignidade que cada um terá o tempo livre para distribuir segundo as melhores regras da justiça. A justiça distributiva atingirá assim seu apogeu. Felizes os anciãos que assistirem a esse dia!

Para mim – e para mais alguns outros, aventuro-me a acreditar – não existe equilíbrio no mal-estar. O planejamento não passa da antítese do livre comércio. Só a troca foi planejada, e com ela os sacrifícios mútuos que ela implica. Ora, se a palavra "novidade" tem algum significado, esse significado é superação e, não, disfarce. Uma realidade verdadeiramente nova só pode ser baseada no princípio do *dom*. Apesar dos seus erros e da sua pobreza, vejo na experiência histórica dos conselhos operários (1917, 1921, 1934, 1956[18]), e na busca comovente da amizade e do amor, uma única e excitante razão para não desesperar perante as condições atuais.

---

18 Em 1917, sovietes de soldados, operários e camponeses na Rússia. Em 1921, fim da onda revolucionária que agitou a Europa: norte da Itália, Hungria, movimento spartakista na Alemanha, insurreição e esmagamento de Kronstadt. Em 1934, coletivizações autogeridas pelos trabalhadores em Aragão, Catalunha e Andaluzia, na Espanha. Em 1956, insurreição proletária na Hungria. (N.T.)

Mas tudo conspira para manter em segredo o caráter positivo de tais experiências. A dúvida sobre a sua importância real e até mesmo sobre sua existência é mantida astuciosamente. Como que por acaso, nenhum historiador se deu ao trabalho de estudar como viviam as pessoas durante os momentos revolucionários mais extremos. Nesses momentos, a vontade de acabar com o livre comércio dos comportamentos humanos revela-se espontaneamente, mas na forma de negação. Quando o mal-estar é posto em causa, ele se despedaça sob os golpes de um mal-estar mais forte e mais denso.

Num sentido negativo, as bombas de Ravachol[19] ou, menos distante no tempo, a epopeia de Caraquemada[20], dissipam a confusão que reina em torno da recusa total – manifestada em maior ou menor grau, mas em toda parte – das relações baseadas na troca e no compromisso. Por tê-lo experimentado muitas vezes, estou certo de que alguém que passe uma hora na jaula das relações que nos coagem sente uma profunda simpatia por Pierre-François Lacenaire e pela paixão do crime. Não se trata de modo algum de fazer a apologia do terrorismo, mas de reconhecer nele o gesto mais compassivo e digno, suscetível de perturbar, expondo-o, o mecanismo autorregulador da comunidade social hierárquica. Intrínseca à lógica de uma sociedade insuportável de se viver, o assassinato assim concebido não deixa de ser a forma côncava do *dom*. Ele é essa ausência de uma presença intensamente desejada de que falava Mallarmé[21], o mesmo que, no processo dos Trinta[22], chamou os anarquistas de "anjos de pureza".

A minha simpatia pelo assassino solitário para onde começa a tática. Mas talvez a tática necessite de desbravadores impulsionados

---

19 François Ravachol (1859-1892), anarquista francês que cometeu atentados contra um juiz e um promotor, além de outras atividades ilegais que o tornaram um mito do movimento operário e anarquista. (N.T.)

20 Caraquemada, o Caracremada, nome pelo qual ficou conhecido o guerrilheiro anarquista Ramon Vila Capdevila, um dos heróis da luta contra o franquismo e o nazismo.

21 Stéphane Mallarmé (1842-1898), poeta simbolista francês. (N.T.)

22 Como ficou conhecido o processo instaurado pelas autoridades francesas na última década do século XIX que tentou suprimir o movimento anarquista, acusando vários anarquistas de participação em conspirações criminosas. (N.T.)

pelo desespero individual. Seja como for, a nova tática revolucionária – aquela que irá se fundamentar indissoluvelmente na tradição histórica e nas práticas, tão desprezadas e tão propaladas, da realização individual – não tem nada a ver com imitar os gestos de Ravachol ou Bonnot[23]. Mas, por outro lado, essas táticas serão condenadas à hibernação teórica se elas não puderem, por outros meios, atrair *coletivamente* os indivíduos que, pelo isolamento e pelo ódio da mentira coletiva, já tenham aderido à decisão racional de matar ou de se matarem. Nem assassinos, nem humanistas! O primeiro aceita a morte, o segundo a impõe. Que estejam dez homens decididos à violência fulgurante em vez de estarem conformados com a longa agonia da sobrevivência, nesse momento termina o desespero e começa a tática. O desespero é a doença infantil dos revolucionários da vida cotidiana.

Ainda sinto a admiração que eu nutria pelos fora da lei quando era adolescente, menos por causa de um romantismo antiquado do que por exporem os álibis por meio dos quais o poder social impede que o ponham *diretamente* em causa. A organização social hierárquica é comparável a um imenso *racket*[24] cuja habilidade, posta em evidência precisamente pelo terrorismo anarquista, consiste em se situar fora do alcance da violência que suscita e em conseguir isso consumindo, em uma multidão de lutas irrelevantes, a energia de todos. (Um poder "humanizado" não consentiria, no futuro, em recorrer aos velhos métodos da guerra e do genocídio.) As testemunhas de acusação são pouco suspeitas de nutrirem simpatias pela anarquia. Por isso, o biólogo Hans Seyle verifica que "existe, à medida que desaparecem os agentes de doenças específicas (micróbios, subnutrição...), uma proporção crescente de pessoas que morrem do que se chama doenças de estresse ou doenças de

---

23 Jules Bonnot (1876-1912), anarquista francês que, alguns anos após ficar desempregado, criou em 1911 um grupo para assaltar bancos que ficou conhecido como o Bando de Bonnot. (N.T.)

24 Em inglês no original: gíria que significa "esquema fraudulento", "negócio ilegal", "extorsão", "máfia". (N.T.)

degeneração provocadas por estresse, ou seja, pelo desgaste do corpo causado por conflitos, choques, tensões nervosas, frustrações, ritmos debilitantes..." Ninguém agora escapa à necessidade de fazer o seu inquérito sobre o *racket* que o persegue mesmo nos seus pensamentos, até mesmo nos seus sonhos. Qualquer detalhe reveste uma importância capital. Irritação, fadiga insolência, humilhação... *Cui prodest*? Quem se aproveita deles? E quem se aproveita das respostas estereotipadas que o "Big Brother Bom Senso" dissemina sob o rótulo de sabedoria, como tantos outros álibis? Devo me contentar com explicações que me destroem mesmo quando, com tudo arranjado para eu perder, tenho tudo para ganhar?

2

O aperto de mão ata e desata o laço dos encontros. Gesto ao mesmo tempo curioso e trivial a respeito do qual se diz, com justeza, que se *troca*. De fato não é ele a forma mais simplificada do contrato social? Que garantias tentam selar essas mãos apertadas à direita, à esquerda, ao acaso, com uma liberalidade que parece compensar uma clara ausência de convicção? Que o acordo reina, que o entendimento social existe, que a vida em sociedade é perfeita? Nada mais perturbador do que essa necessidade de nos convencermos disso, de acreditar pelo hábito, de afirmá-lo pela força do punho.

O olhar ignora essas complacências, desconhece a troca. Quando nossos olhos encontram outros, eles se perturbam como se decifrassem nas pupilas que lhes fazem face o seu reflexo vazio e privado de alma. Mal se tocam e já escorregam e se esquivam, as suas linhas de fuga irão se cruzar em um ponto invisível, traçando um ângulo cuja abertura exprime a divergência, a profundamente sentida falta de harmonia. Às vezes a harmonia se realiza, os olhos se acasalam; é o belo olhar paralelo dos casais reais na estatuária egípcia, é o olhar embaçado, derretido, afogado no erotismo dos amantes; os olhos que de longe se devoram. Mas, na maioria das vezes, o olhar desmente o fraco acordo selado num aperto de mão. O difundido costume do tapinha nas costas, do acordo social energicamente reiterado – o aperto de mãos fecha um negócio, revelando seu tom comercial – não seria um truque para enganar nossos sentidos, um modo de amaciar a sensibilidade do olhar e de adaptá-lo ao vazio do espetáculo sem que haja resistência? O bom senso da sociedade de consumo deu à velha expressão "você tem que ver as coisas de frente" um novo sentido: ver diante de si somente as coisas.

Torne-se tão insensível e portanto tão manipulável quanto um tijolo! É isso que pede a todos a benevolente ordem social. A burguesia soube repartir as frustrações mais equitativamente, permitiu que um número maior de pessoas fosse a elas submetidas segundo normas *racionais*, em nome de imperativos concretos e especializados (exigências econômica, social, política, jurídica...). Assim fragmentadas, as coações despedaçaram por sua vez a astúcia e a energia empregadas coletivamente para as afastar ou destruir. Os revolucionários de 1793 foram grandes porque ousaram destruir o domínio de Deus sobre o governo dos homens; os revolucionários proletários extraíram daquilo que defendiam uma grandeza que eles jamais poderiam ter extraído do adversário burguês; sua força vinha somente deles próprios.

Uma ética inteira fundada sobre o valor de troca, o prazer dos negócios, a honra do trabalho, os desejos comedidos, a sobrevivência, e sobre os seus opostos, o valor puro, o gratuito, o parasitismo, a brutalidade instintiva, a morte: é esse o ignóbil caldeirão no qual fervem as faculdades humanas há quase dois séculos. Esses são os ingredientes, com certeza melhorados, com os quais os cibernéticos sonham temperar o homem do futuro. Estaremos nós convencidos de não termos ainda atingido a segurança dos seres perfeitamente adaptados, que se movem com a inconstância e inconsciência dos insetos? Desde há muito tempo se tem feito experiências com publicidade subliminar, pela introdução, em um filme, de imagens isoladas com a duração de 1/24 de segundo, que são vistas pelos olhos, mas que não são percebidas conscientemente. Os primeiros slogans deram mais do que uma amostra do que estava por vir. Diziam: "Dirijam mais devagar!" e "Vão à igreja". Ora, o que representa um pequeno aperfeiçoamento desta ordem em comparação à imensa máquina de condicionar da qual cada engrenagem – urbanismo, publicidade, ideologia, cultura – é suscetível de uma centena de aperfeiçoamentos idênticos? Uma vez mais, o conhecimento das condições que irão *continuar* a ser impostas às pessoas, se não se tomar cuidado, é menos relevante do que a sensação de viver em tal degradação. O *Admirável Mundo Novo*, de Huxley, 1984, de Orwell e o *Cinquiéme Coup de Trompette*, de Yves Touraine, rechaçam para o futuro um arrepio de horror que uma simples olhadela para o presente bastaria para provocar; e é o presente que amadurece a consciência e a vontade de recusa. Face à minha prisão atual, o futuro não tem interesse para mim.

*

O sentimento de humilhação nada mais é que o sentimento de ser objeto. Assim entendido, ele se torna a base de uma lucidez combativa na qual a crítica da organização da vida não se separa da realização imediata de um projeto de vida diferente. Sim, não existe construção possível a não ser na base do desespero individual e na base da sua superação: os esforços empreendidos para mascarar esse desespero e passá-lo sob uma outra embalagem bastariam para o provar.

Que ilusão é essa que nos impede de ver a desintegração dos valores, a ruína do mundo, a inautenticidade, a não totalidade? Será a crença na minha felicidade? Dificilmente! Uma tal crença não resiste à análise, nem aos sopros da angústia. Descubro antes nela a crença na felicidade dos outros, uma fonte inesgotável de inveja e ciúme que traz por um viés negativo o sentimento de existir. Invejo, portanto existo. Definir-se com base nos outros é apreender-se como outro. E o outro é sempre o objeto. De tal modo que a vida é medida pelo grau de humilhação vivida. Quanto mais escolhemos a nossa humilhação, mais "vivemos", mais vivemos a vida certinha das coisas. Essa é a astúcia da reificação, o modo com que ela passa despercebida, como arsênico na compota.

A delicadeza previsível dos métodos de opressão explica um pouco a perversão que me impede, como no conto de Grimm, de gritar que "o rei está nu" sempre que a soberania da minha vida cotidiana revela a sua miséria. É verdade que a brutalidade policial ainda é grande, e como! Onde quer que ela apareça, as boas almas da esquerda prontamente a condenam. E depois? Será que eles incitam as massas a armar-se? Será que provocam represálias legítimas? Será que encorajam uma caça aos porcos como aquela que decorou as árvores de Budapeste com os mais belos servos da AVO[25]? Não, eles organizam manifestações pacíficas; a sua polícia sindical trata como provocador a quem quer que resista às suas palavras de ordem. É essa a nova polícia, esperando pela substituição para entrar em campo. Os psicossociólogos governarão sem cassetetes e até mesmo sem necrotérios. A violência opressora está para ser transformada em uma multidão de alfinetadas razoavelmente distribuídas. Enquanto isso, aqueles que denunciam do alto de seus nobres sentimentos o desprezo policial são os mesmos que exortam a que se viva em um estado de desprezo policiado.

O humanismo lubrifica a máquina descrita por Kafka em *A Colônia Penal*. Menos rangidos, menos gritos! O sangue te assusta? Não seja por isso, os homens viverão sem sangue. O prometido reino da sobrevivência será o campo da morte suave. É por essa suavidade em morrer que lutam os humanistas. Basta de Guernica, de Auschwitz, de Hiroshima, de Sétif[26]. Bravo!

---

25 Vaneigem se refere ao episódio ocorrido em 1956 em Budapeste, em que uma multidão se reunia em uma praça próxima ao prédio de uma estação de rádio. Dentro do prédio havia membros da AVO (polícia secreta), que atiraram na multidão. A massa tomou o prédio e matou os homens da AVO. (N.T.)

26 O "massacre de Sétif", na Argélia, foi como ficou conhecida a repressão comandada pelo general Duval em maio de 1945, envolvendo a aviação e a marinha francesa. Em algumas semanas, foram mortos oficialmente de 6 a 8 mil argelinos, mas, segundo estimativas, o número teria chegado a 45 mil. (N.T.)

Mas e a impossibilidade de viver, e a mediocridade asfixiante, e a ausência de paixões? E essa cólera invejosa na qual o rancor de nunca ser eu mesmo inventa a felicidade dos outros? E esse sentimento de nunca se sentir na própria pele? Que ninguém diga que se trata de detalhes menores, de pontos secundários. Não existem pequenas afrontas, pequenos defeitos: a gangrena pode começar do menor arranhão. As crises que sacodem o mundo não se diferenciam fundamentalmente dos conflitos nos quais os meus gestos e os meus pensamentos se defrontam com as forças hostis que os travam e os desviam. (Como poderia ser diferente se a história, em última análise, só importa para mim à medida que ela afeta a minha existência individual?) Mais cedo ou mais tarde, a fragmentação e multiplicação dos tormentos fissurarão o átomo da realidade impossível de se viver e liberarão uma energia nuclear que ninguém suspeitava existir atrás de tanta passividade e resignação. Aquilo que produz o bem comum é sempre terrível.

3

De 1954 a 1960, o colonialismo deu à esquerda um pai providencial. Com um adversário da dimensão do fascismo, a esquerda nunca teve de se definir a partir de si mesma (que nada era); ela podia se afirmar pela negação de outra coisa. Desse modo ela era capaz de se aceitar como uma coisa, parte de uma ordem de coisas na qual as coisas são tudo e nada.

Ninguém ousou saudar o fim do colonialismo com medo de vê-lo sair em toda parte como um diabo da sua caixa mal fechada. A partir do momento em que o desmoronamento do poder colonial revelou o colonialismo inerente a todos os poderes exercidos sobre os homens, os problemas de cor e de raça tomaram a importância de um jogo de palavras cruzadas. Que efeito conseguiam os bobos de esquerda trotando e seus cavalos de pau do antirracismo e do antissemitismo? Em última análise, conseguiam abafar os gritos de todos aqueles que não eram negros nem judeus, a começar pelos próprios negros e judeus! Evidentemente eu não sonharia em questionar o espírito de generosidade que inspira o antirracismo. Mas eu perco interesse pelo passado tão logo não possa mais influenciá-lo. É hoje que falo, e ninguém, em nome do Alabama ou da África do Sul e da exploração espetacular delas, poderá me fazer esquecer que o epicentro dessas perturbações se situa em mim e em cada ser humilhado, achincalhado por todas as deferências de uma sociedade desejosa de chamar de polido aquilo que a evidência dos fatos se obstina em traduzir por policiado.

Não renunciarei à minha parte de violência.

Não existe, em matéria de relações humanas, estado mais ou menos suportável, indignidade mais ou menos admissível; o quantitativo não faz sentido. Termos injuriosos como "macaco" ou "bicot"[27] ferem mais profundamente do que uma palavra de ordem? Quem ousaria assegurá-lo sinceramente? Interpelado, repreendido, aconselhado por um policial, um chefe, uma autoridade, quem não se sente lá no fundo, em momentos de lucidez, um "judeu sujo"?

Que belo retrato do poder robotizado nos ofereciam os velhos colonos que profetizavam a queda na animalidade e a miséria para aqueles que achassem sua presença indesejável! A lei e a ordem vêm primeiro, diz o carcereiro ao prisioneiro. Os inimigos do colonialismo de ontem humanizam o colonialismo generalizado do poder, tornam-se seus cães de guarda da maneira mais hábil possível: ladrando contra todas as sequelas da desumanidade passada.

Antes de aspirar ao cargo de presidente da Martinica, Aimé Césaire concluía numa frase célebre: "A burguesia foi incapaz de resolver os principais problemas aos quais a sua existência deu origem: o problema colonial e o problema do proletariado". Ele esqueceu de acrescentar: "pois se trata de um mesmo problema acerca do qual estamos condenados a nada compreender se os dissociarmos".

---

[27] Termos com conotação racista utilizados na França principalmente contra os imigrantes árabes. (N.T.)

4

Leio em *Historie de France*, de Gouy: "A menor ofensa ao rei custava imediatamente a vida". Na Constituição norte-americana: "O povo é soberano". Pouget[28] em *Père Peinard*[29]: "Os reis viviam opulentamente da sua soberania ao passo que nós morremos da nossa". E Corbon[30] diz em *Secret du peuple*: "O povo significa hoje a massa de homens aos quais são negadas todas as deferências". Aqui temos, em algumas linhas, as vicissitudes do princípio da soberania.

A monarquia designava com o nome de "súditos"[31] os *objetos* do seu arbítrio. Sem dúvida essa foi uma tentativa de embalar a desumanidade radical da sua dominação em uma humanidade de laços idílicos. O respeito devido à pessoa do rei não é em si criticável. Só se torna odioso porque se fundamenta no direito de humilhar, subordinando. O desprezo fez apodrecer o trono dos monarcas. Mas que dizer então da realeza dos cidadãos, quero dizer, dos direitos multiplicados pela vaidade e ciúme burgueses, da soberania concedida como um dividendo a cada indivíduo? Que dizer do princípio monárquico democraticamente fragmentado?

A França contém hoje 24 milhões de minirreis, dos quais os maiores – os dirigentes – são grandes apenas no seu ridículo. O sentido do respeito se degradou ao ponto em que o direito de humilhar já basta para lhe satisfazer. Democratizado em funções públicas e papéis sociais, o princípio monárquico boia de barriga para cima como um peixe morto. Só seu aspecto mais repugnante é visível. A sua vontade de ser (sem reservas e de modo absoluto) superior desapareceu. Na impossibilidade de fundar a vida na soberania, tenta-se hoje fundar a soberania sobre a vida dos outros. Costumes de escravos.

---

28 Émile Pouget (1860-1931) foi um dos militantes mais representativos do movimento operário francês. Sua influência foi primordial no final do século XIX e início do século XX. (N.T.)

29 Jornal fundado por Émile Pouget. (N.T.)

30 Claude-Anthime Corbon (1808-1891), político progressista francês. (N. T.)

31 No original em francês a palavra é sujet, que significa também sujeito, formando o jogo de palavras sujeito-objeto. (N.T.)

III

O ISOLAMENTO

Para no sentirme solo
Por los siglos de los siglos[32]

Tudo que temos em comum é a ilusão de
estarmos juntos. E contra a ilusão dos remédios
lícitos apenas se ergue a vontade geral de romper
o isolamento (1). – As relações impessoais são
o no man's land[33] do isolamento. Produzindo
isolamento, a organização social contemporânea
assina sua própria sentença de morte (2).

1

Era como se estivessem em uma jaula cuja porta estivesse completamente aberta, sem que pudessem sair. Nada tinha importância fora dessa jaula, já que nada existia. Permaneciam na jaula, estranhos a tudo que não fosse ela, sem sequer a sombra de um desejo por tudo o que estava para além das grades. Teria sido anormal,

---

32 Em castelhano no original: "Para não me sentir só, pelos séculos dos séculos". (N.T.)
33 Em inglês no original: "terra de ninguém". (N.T.)

impossível mesmo, sair em direção a algo que não tinha nem realidade nem importância. Absolutamente impossível, já que, no interior dessa jaula onde haviam nascido e onde morreriam, o único campo de experiência tolerável era o Real, que era simplesmente um instinto irresistível de fazer com que as coisas tivessem importância. Só se as coisas tivessem alguma importância se poderia respirar, e sofrer. Parece haver um acordo entre eles e os mortos silenciosos para que fosse assim, já que o hábito de fazer com que as coisas tivessem importância tinha se tornado um instinto humano e, dir-se-ia, eterno. A vida era o que tinha importância, e o Real fazia parte do instinto que dava à vida um pouco de sentido. O instinto não considerava o que pudesse existir para além do Real, porque para além do Real nada havia. Nada que tivesse importância. A porta continuava aberta e a jaula tornava-se mais dolorosa na sua realidade que importava por razões inumeráveis e de inumeráveis maneiras.

Ainda não saímos do tempo dos traficantes de escravos negros.

Nos transportes públicos que as lançam umas contra as outras com uma indiferença estatística, as pessoas assumem uma expressão insuportável de decepção, de altivez e de desprezo – uma expressão muito parecida com o efeito natural da morte numa boca sem dentes. O ambiente de falsa comunicação faz de cada um o policial de seus próprios conflitos. O instinto de fuga e de agressão segue a trilha dos cavaleiros do trabalho assalariado, que devem agora contar com os metrôs e trens suburbanos para fazer suas lamentáveis viagens. Se os homens se transformaram em escorpiões que picam a si mesmos e aos outros, não será afinal porque nada aconteceu e os seres humanos de olhos vagos e cérebro murcho se tornaram misteriosamente sombras de homens, fantasmas de homens e, até cetro ponto, nada mais têm de homens além do nome?

Tudo que temos em comum é a ilusão de estarmos juntos. É verdade que existe o esboço de uma vida coletiva autêntica em estado latente no próprio seio da ilusão – não existe ilusão sem uma base de realidade – mas a comunidade verdadeira está para ser criada. Pode acontecer que a força da mentira apague da consciência dos homens a dura realidade do seu isolamento. Pode acontecer que esqueçamos que numa rua animada existem ainda sofrimentos e separações. E como o esquecimento é devido apenas à força da mentira, os sofrimentos e separações se reforçam; mas por fim a própria mentira cai por terra por contar com esse apoio. Chega o momento em que não existe ilusão do tamanho da nossa confusão.

O mal-estar me invade na mesma proporção da multidão que me rodeia. Imediatamente vêm ao meu encontro os compromissos que, sob a pressão das circunstâncias, fiz com a estupidez, fluindo na minha direção em alucinantes ondas de cabeças sem rosto. O famoso quadro de Edvard Munch, *O Grito*, evoca uma impressão que sinto dez vezes por dia. Um homem arrastado por uma multidão, só visível para ele, uiva repentinamente para quebrar o feitiço, para se chamar de volta a si mesmo, para voltar à própria pele. Consentimentos tácitos, sorrisos petrificados, palavras sem vida, frouxidão e humilhação borrifadas ao ritmo de seus passos levantam-no do chão, precipitam-se sobre ele, expulsam-no dos seus desejos e sonhos, volatilizam a ilusão de "estar junto". Acotovelamo-nos sem nos encontrarmos; o isolamento se acumula, mas não se totaliza; o vazio apodera-se dos homens à medida que estes aumentam em densidade. A multidão me arrasta para fora de mim mesmo, deixando que se instalem em minha presença vazia milhares de pequenos sacrifícios.

Por toda parte os anúncios luminosos reproduzem numa cintilação de néon a fórmula de Plotino[34]: "Todos os seres estão juntos embora cada um permaneça separado". E, contudo, basta estendermos a mão para nos tocarmos, levantar os olhos para nos encontrarmos e, por esse simples gesto, tudo se torna próximo e longínquo, como por mágica.

---

34 Plotino (205-207), filósofo neoplatônico nascido em Licópolis, no Alto Egito. (N.T.)

*

Tal como a multidão, a droga e o sentimento amoroso, o álcool possui o privilégio de confundir a mente mais lúcida. Graças a ele, o muro compacto do isolamento parece um muro de papel que os atores rasgam segundo a sua fantasia, já que o álcool dispõe tudo em um plano teatral íntimo. Ilusão generosa e por isso mais mortal.

Em um bar melancólico, onde as pessoas se encontram em profundo tédio, um jovem bêbado quebra o copo, agarra uma garrafa e a arrebenta contra uma parede. Ninguém se perturba. Decepcionado na sua expectativa, o jovem consente em ser expulso. Contudo, o seu gesto encontrava-se, virtualmente, na cabeça de todos. Só ele o concretizou, só ele cruzou o primeiro cinturão radioativo do isolamento: o isolamento interior, essa separação introvertida do mundo exterior e do eu. Ninguém respondeu a um sinal que ele julgara explícito. Ficou sozinho, como sozinho fica o *blouson noir*[35] que queima uma igreja ou mata um policial, em acordo consigo mesmo, mas condenado ao exílio enquanto os outros viverem exilados de sua própria existência. Ele não escapou ao campo magnético do isolamento; está suspenso em uma zona de gravidade zero. Contudo, do fundo da indiferença que o acolhe, ele consegue ouvir melhor seu próprio grito. Mesmo se essa revelação o tortura, ele sabe que será preciso recomeçar em outro tom, com mais força, com maior *coerência*.

As pessoas estarão juntas apenas em uma desgraça comum na medida em que cada ser isolado recusa entender que um gesto de libertação, por mais fraco e desajeitado que possa ser, sempre contém uma comunicação autêntica, uma mensagem pessoal adequada. A repressão que se abate sobre o rebelde libertário se abate

---

35 Blousons noir (ou blusões negros): nome com que eram conhecidos na França os jovens delinquentes que agiam em grupos, principalmente nos subúrbios das grandes cidades francesas. (N.T.)

sobre todos os homens. O sangue de todos os homens corre com o sangue dos Durruti[36] assassinados. Por toda parte em que a liberdade recua uma polegada, o peso da ordem das *coisas* aumenta em cem vezes. Excluídos da participação autêntica, os gestos dos homens extraviam-se na frágil ilusão de estarem juntos ou no seu oposto, a recusa brutal e absoluta do social. Oscilam de um a outro em um movimento pendular que faz correr as horas no mostrador da morte.

*

E o amor, por sua vez, amplia a ilusão da unidade. E na maioria das vezes ele é abortado e não passa de bagatelas. O medo de refazer a dois ou a dez o caminho demasiado igual e demasiado conhecido do isolamento ameaça com seu acordo gelado as sinfonias amorosas. O que nos leva ao desespero não é a imensidão dos nossos desejos insatisfeitos, mas a paixão que nasce confrontada com o seu vazio. O desejo insaciável de conhecer apaixonadamente tantas garotas encantadoras nasce na angústia e no medo de amar: receamos de tal modo não escaparmos nunca dos encontros de *objetos*. A aurora em que os abraços se soltam é semelhante à aurora em que morrem os revolucionários sem revolução. O isolamento a dois não resiste ao isolamento de todos. O prazer desfaz-se prematuramente, os amantes reencontram-se nus no mundo, os seus gestos se tornam subitamente ridículos e sem força. Não há amor possível em um mundo infeliz.

O barco do amor se quebra contra o recife do cotidiano.

Estás pronto para destruir os recifes do velho mundo antes que eles afundem teus desejos? Falta aos amantes amar o seu prazer com mais consequência e poesia. Conta-se que o príncipe Shekour se apoderou de uma cidade e a ofereceu à sua favorita pelo

---

36 Buenaventura Durruti (1896-1936), anarcossindicalista e importante personagem da revolução espanhola (1936-39), morto por um tiro em novembro de 1936. (N.T.)

preço de um sorriso. Poucos de nós se apaixonam pelo prazer de amar sem reservas, com paixão suficiente para oferecer ao amor o leito suntuoso de uma revolução.

2

Adaptar-se ao mundo é um jogo de cara ou coroa no qual *a priori* se decide que o negativo se torna positivo e que a impossibilidade de viver é uma precondição essencial da vida. Nunca a alienação se incrusta tão bem como quando se faz passar por um bem inalienável. Transformada em positividade, a consciência do isolamento não é mais que a consciência privada, esse pedaço de individualismo inacessível que as boas pessoas arrastam com ela como propriedade sua, incômoda e cara. É uma espécie de prazer-angústia que ao mesmo tempo impede que nos fixemos para sempre na comunidade de ilusão e que permaneçamos presos nos porões do isolamento.

O *no man's land* das relações impessoais estende o seu território entre a aceitação hipócrita das falsas coletividades e a recusa total da sociedade. É a moral do dono da mercearia em frases como: "eu coço suas costas, você coça as minhas", "em todo os lugares há pessoas boas e más", "as coisas não estão tão ruins assim"; é a boa educação, a arte pela arte do mal-entendido.

Devemos reconhecê-lo: sendo as relações humanas o que a hierarquia social faz delas, as relações impessoais oferecem a forma menos fatigante do desprezo; permitem passar sem fricções inúteis através dos moinhos dos contatos cotidianos. Não impedem de sonhar, longe disso, com formas de civilização superiores, tais como a cortesia de Lacenaire, na véspera da execução, urgindo um amigo: "Peço-lhe sobretudo que leve os meus agradecimentos ao Sr. Scribe. Diga-lhe que um dia, coagido pela fome, fui à casa dele para lhe arrancar algum dinheiro. Ele satisfez o meu pedido com muita generosidade; penso que ele recordará. Diga-lhe também que ele fez bem, pois eu tinha no bolso, ao alcance da mão, os meios de privar a França de um dramaturgo".

Mas a inocuidade das relações impessoais não passa de uma trégua na luta incessante contra o isolamento, um lugar de passagem rápida que conduz à comunicação, e muito mais frequentemente, aliás, à ilusão de comunidade. Essa maneira duvidosa de buscar contato bastaria para explicar a repugnância que sinto em perguntar a hora a um desconhecido, uma informação, duas palavras. A gentileza das relações impessoais é construída sobre a areia, e o tempo vazio nunca me traz proveito.

A vida é tornada impossível com um tal cinismo que faz com que o prazer-angústia equilibrado das relações impessoais funcione como engrenagem no mecanismo geral de destruição dos homens. Parece afinal preferível entrar sem demoras na recusa radical taticamente elaborada do que bater educadamente em todas as portas nas quais um modo de sobrevivência é trocado por outro.

"Seria um desgosto morrer tão jovem", escreveria Jacques Vaché[37] dois anos antes de se suicidar. Se o desespero de sobreviver não se une à nova tomada de consciência para transformar os próximos anos, somente dois caminhos restarão ao homem isolado: o pinico dos partidos políticos e das seitas patafísica-religiosas, ou a morte imediata com Umor[38]. Um assassino de 16 anos declarou recentemente: "Matei porque estava cheio de tédio". Quem quer que já tenha sentido crescer em si a tendência à autodestruição sabe com que exaustão negligente ele poderia vir a matar os organizadores do tédio. Um dia. Por acaso.

Afinal, se um indivíduo recusar tanto a violência do inadaptado quanto se adaptar à violência do mundo, o que ele poderá fazer? Se ele não elevar ao nível de uma teoria e de uma prática coerentes a sua vontade de perfazer a unidade com o mundo e consigo

---

37 Jacques Vaché (1895-1919), poeta francês que se suicidou aos 24 anos com uma overdose de ópio. Considerado um dos precursores do dadaísmo. (N.T.)

38 Umor é uma expressão criada por Jacques Vaché, inspirada sem dúvida no Ubu-rei de Alfred Jarry. Segundo André Breton: "o umor possui um caráter iniciático e dogmático" no uso de Jacques Vaché. O umor de Vaché tende ao humor negro. (N.T.)

mesmo, o vasto silêncio dos espaços sociais construirá para ele o palácio dos delírios solipsistas.

Os condenados às doenças mentais adicionam, do fundo da sua prisão, os gritos de uma revolta estrangulada à soma da negatividade. Que potencial Fourier[39] foi intencionalmente destruído nesse paciente descrito pelo psiquiatra Volnat: "Ele começou a perder toda capacidade de distinguir o mundo exterior de si mesmo. Tudo que acontecia no mundo também acontecia no seu corpo. Ele não podia pôr a garrafa entre duas prateleiras do armário, porque as prateleiras poderiam se juntar e quebrar a garrafa. E isso faria doer sua cabeça, como se ela estivesse pressionada entre as prateleiras. Ele não podia fechar uma mala, já que ao comprimir os objetos na mala, sentia sua cabeça comprimida como se estivesse na mala. Se saísse na rua depois de fechar todas as janelas e portas de sua casa, ele se sentia desconfortável, porque seu cérebro era comprimido pelo ar, e ele tinha que voltar e abrir uma porta ou uma janela. 'Para que me sentisse bem', dizia, 'precisaria da vastidão, do campo livre (...). Seria preciso que eu tivesse a *liberdade do meu espaço*. É a luta com as *coisas* que estão ao meu redor'".

O cônsul parou. Ele leu a inscrição: "No se puede vivir sin amor" (Lowry: *Sobre o vulcão*).

---

39 Charles Fourier (1772-1838), pensador socialista francês que exerceu bastante influência em sua época, sendo posteriormente considerado, na maioria das vezes, como um socialista utópico. (N.T.)

IV

O SOFRIMENTO

O sofrimento da alienação natural deu lugar
ao sofrimento da alienação social, enquanto
os remédios se tornavam justificações (1).
– Onde falta a justificação, o exorcismo a
substitui (2). – Mas de agora em diante nenhum
subterfúgio dissimula a existência de uma
organização do sofrimento, originária de
uma organização social fundada na repartição
das coações (3). – A consciência reduzida
à consciência das coações é a antecâmara da
morte. O desespero da consciência cria os
assassinos da ordem; a consciência do desespero
cria os assassinos da desordem (4).

1

A sinfonia dos gritos e das palavras anima o cenário das ruas. Num
baixo contínuo, modelam-se temas graves ou leves, vozes roucas,
apelos constantes, nostálgicos fragmentos de frases. Uma arquitetura sonora se sobrepõe ao traçado das ruas e das fachadas, completa ou corrige a nota atraente ou repulsiva de um bairro. Contudo, de um bairro a outro, os acordes básicos são os mesmos: a sua
sinistra ressonância incrustou-se tão bem em todos os ouvidos
que já não nos surpreende. "É a vida", "é a natureza humana", "a
vida é feita de altos e baixos", "nada é por acaso", "nem sempre as

coisas são do jeito que gostaríamos". Este lamento cuja trama unifica as mais diversas conversas perverteu tão bem a sensibilidade que passa como a mais comum das inclinações humanas. Onde não é admitido, o desespero tende a não ser perceptível. A ausência de alegria na música europeia dos dois últimos séculos parece não preocupar ninguém, fato que diz muita coisa. Consumir, consumir: tomamos a cinza por fogo.

Por que o sofrimento e os seus rituais de exorcismo adquiriram essa importância? Sem dúvida por causa das duras condições de sobrevivência impostas aos primeiros homens pela natureza hostil, cheia de forças cruéis e misteriosas. Face aos perigos, a fraqueza dos homens descobriu na aglomeração social não somente uma proteção, mas também um modo de cooperar com a natureza, de fazer uma trégua com ela e até mesmo de transformá-la. Na luta contra a alienação natural (a morte, a doença, o sofrimento), a alienação tornou-se social. E por sua vez a morte, a doença, o sofrimento se tornaram – pense-se o que quiser – sociais. Escapamos dos rigores do clima, da fome, do desconforto para cairmos nas armadilhas da escravidão. Fomos escravizados por deuses, por homens, pela linguagem. Porém, tal escravidão tinha seu lado positivo: existia uma certa grandeza em viver no terror de um deus que em contrapartida a tornava invencível. Essa mistura de humano e desumano certamente bastaria para explicar a ambiguidade do sofrimento, o seu aparecimento ao longo da história dos homens simultaneamente como um mal vergonhoso e como um mal salutar, um bem de algum modo. É preciso entretanto levar em conta a ignóbil tara das religiões, sobretudo a mitologia cristã, que devotou toda a sua genialidade para levar à perfeição esse preceito mórbido e depravado: proteja-se contra a mutilação mutilando-se!

"Com a vinda de Cristo, nos libertamos não do mal de sofrer, mas do mal de sofrer inutilmente", escreve muito justamente o padre Charles, da Companhia de Jesus. O problema do poder nunca foi o de se suprimir, mas o de se justificar a fim de não oprimir "inutilmente". Acasalando o sofrimento com o homem, sob pretexto da graça divina ou da lei natural, o cristianismo, essa terapêutica doentia, desferiu o seu golpe de mestre. Do príncipe ao *manager*, do padre ao especialista, do pai conselheiro ao psicólogo, é sempre o princípio do sofrimento útil e do sacrifício consentido que constitui a base mais sólida do poder hierárquico. Seja qual for a razão invocada – um mundo melhor, o paraíso, a sociedade socialista ou um futuro encantador – o sofrimento aceito é sempre cristão, sempre. À canalha clerical sucedem hoje os zeladores de um Cristo tingido de vermelho. Em toda parte os pronunciamentos oficiais levam em filigrana a repugnante efígie do Cristo crucificado. Em toda parte se pede aos camaradas que exibam a estúpida auréola do militante mártir. E com o sangue deles os *mixers* da Boa Causa preparam as salsichas do futuro: menos carne para canhão, mais carne para doutrinas!

*

À primeira vista, a ideologia burguesa parecia determinada a acuar o sofrimento com a mesma obstinação com que perseguia as religiões tão odiosas a ela. Afeiçoada ao progresso, ao conforto, ao lucro, ao bem-estar, à razão, possuía armas suficientes – se não armas reais, pelo menos as armas da ilusão – para nos convencer da sua vontade de acabar cientificamente com o mal de sofrer e o mal da fé. Como sabemos, ela se limitou a inventar novos anestésicos, novas superstições.

Sem Deus, o sofrimento se tornou "natural", inerente à "natureza humana". Conseguir-se-ia vencê-lo, mas somente por meio de outros sofrimentos compensatórios: os mártires da ciência, as vítimas do progresso, as gerações sacrificadas. Ora, nessa mesma tendência, a noção de sofrimento natural revelava a sua raiz social, inerente ao ser-em-sociedade. Mas, é claro, as revoluções demonstraram que o mal social não era um princípio metafísico e que poderia existir uma forma de sociedade em que o mal de viver tivesse sido excluído. A história despedaçava a ontologia social do sofrimento. Mas o sofrimento, longe de desaparecer, encontrava novas razões nas exigências da história, subitamente aprisionada em uma via de mão única. A China prepara as crianças para a sociedade sem classes ensinando-lhes o amor à pátria, o amor à família e o amor ao trabalho. A ontologia histórica reúne os resíduos de todos os sistemas metafísicos, todos os em-si, passados: Deus, a Natureza, o Homem, a Sociedade. A partir de agora, as pessoas terão que fazer história lutando contra a própria História, já que a História se tornou o último baluarte ontológico do poder, o último artifício no qual ele dissimula, sob a promessa de um longo fim de semana, a sua vontade de *durar* até ao sábado que nunca chega. Para além da história "fetichizada", o sofrimento se revela originário da organização social hierárquica. E quando a vontade de acabar com o poder hierárquico tiver feito cócegas o bastante na consciência dos homens, todos estarão de acordo que a liberdade armada e o peso das coações nada têm de metafísico.

2

Ao mesmo tempo em que colocava na ordem do dia a felicidade e a liberdade, a civilização tecnológica inventava a *ideologia* da felicidade e da liberdade. Ela se condenava assim a criar somente uma liberdade apática, uma felicidade na passividade. Pelo menos essas invenções, por mais pervertidas que fossem, bastaram para negar universalmente a existência de um sofrimento inerente à condição humana, assim como que tal condição desumana fosse eterna. Por isso o pensamento burguês falha ao tentar fornecer consolo ao sofrimento: nenhuma das suas justificações é tão forte quanto a esperança que nasceu da sua aposta inicial na técnica e no bem-estar.

A fraternidade desesperada no mal-estar é a pior coisa que pode acontecer a uma civilização. Não é tanto a morte que aterroriza os homens do século XX, mas, sim, a ausência de vida verdadeira. Todos esses gestos mortos, mecanizados, especializados, roubando uma parcela da vida cem vezes, mil vezes por dia, até o esgotamento da mente e do corpo, até esse fim que já não é o fim da vida, mas uma ausência que chegou à saturação: é isso que oferece o risco de proporcionar um charme aos apocalipses, às mortes cruéis, totais e limpas. Auschwitz e Hiroshima são na verdade a "consolação do niilismo". Basta que a impotência para vencer o sofrimento se torne um sentimento coletivo, e a demanda por sofrimento e morte pode se apoderar repentinamente de uma comunidade inteira. Conscientemente ou não, a maior parte das pessoas prefere morrer a sentir permanentemente a insatisfação de viver. Sempre considerei os manifestantes pacifistas antinucleares – com exceção de uma minoria ativa de radicais – como uma maioria de penitentes que procuram exorcizar o seu próprio desejo de desaparecer com a humanidade inteira. Eles negam isso, claro, mas a sua pouca alegria – a única verdadeira alegria é a alegria revolucionária – testemunha contra eles, sem apelo.

Talvez seja com o fim de evitar que um desejo universal de perecer se apodere dos homens que um verdadeiro espetáculo se organiza ao redor das misérias e das dores particulares. Uma espécie de filantropia de utilidade pública pressiona cada um a encontrar conforto para as suas próprias enfermidades no espetáculo dos males alheios.

Esse espetáculo inclui desde fotografias de catástrofes, histórias de cantores traídos, os bizarros dramas da imprensa sensacionalista, até os hospitais, os asilos, as prisões – verdadeiros museus de consolação para uso daqueles cujo medo de entrar lá traz a alegria de estarem do lado de fora. Por vezes sinto esse sofrimento difuso, esparso em mim, de tal modo que sinto alívio na infelicidade ocasional que o concretiza, que o justifica, que lhe oferece um extravasamento lícito. Nada poderá me dissuadir de uma coisa: a tristeza que sinto por ocasião de uma separação, de um fracasso, de um luto não me atinge do exterior como uma flecha, mas cresce em mim como uma nascente que um deslocamento de terra acaba de libertar. Existem feridas que permitem ao espírito soltar um grito por muito tempo aprisionado. O desespero nunca abandona a sua presa: é somente a presa que vê o desespero no fim de um amor ou na morte de uma criança em que apenas existe na verdade a sua sombra projetada. O luto é um pretexto, um modo cômodo de ejacular o nada a conta-gotas. Os choros, os gritos, os uivos da infância permanecem aprisionados no coração dos homens. Para sempre? Em ti o vazio também não para de ganhar terreno.

3

Direi mais uma palavra sobre os álibis do poder. Suponhamos que um tirano sinta prazer em lançar numa pequena cela prisioneiros cuja pele foi arrancada. Suponha que escutar os gritos atrozes e vê-los brigarem toda vez que se roçam o divirta muito, incitando-o ao mesmo tempo a meditar sobre a natureza humana e o curioso comportamento dos seres humanos. Suponhamos que na mesma época e no mesmo país existam filósofos e sábios para explicar ao mundo da ciência e das artes que o sofrimento tinha a ver com a existência coletiva dos homens, com a presença dos Outros, com a sociedade como tal – não haveria razão para considerar essas pessoas como cães de guarda do tirano? Espalhando essas teses, o existencialismo exemplificou não somente o conluio dos intelectuais de esquerda com o poder, mas mostrou também a astúcia grosseira pela qual uma organização social desumana atribui a responsabilidade das suas crueldades às suas próprias vítimas. Um publicista escrevia no século XIX: "Na literatura atual se encontra, a cada passo, a tendência para olhar os sofrimentos individuais como um mal social e para tornar a organização da nossa sociedade responsável pela miséria e pela degradação dos seus membros. Essa é uma ideia profundamente nova. Não se atribuem mais os nossos males à fatalidade". Uma "novidade" tão atual ao que parece não perturbou muito certos pensadores mergulhados no fatalismo: o "inferno dos outros" de Sartre, o 'instinto da morte' de Freud, a 'necessidade histórica' de Mao. Afinal de contas, qual é a diferença dessas doutrinas do estúpido "é a natureza humana"?

A organização social hierárquica é como um sistema de tremonhas e lâminas afiadas. Esfolando-nos vivos, o poder considera uma questão de honra nos persuadir de que somos nós que mutuamente nos esfolamos. É certo que me limitar a escrever isto poderia alimentar um novo fatalismo. Mas pretendo, ao escrevê-lo, que ninguém se limite a lê-lo.

*

O altruísmo situa-se no verso do "inferno dos outros", e somente aí a mistificação acontece em sua forma positiva. Acabemos de vez com esse espírito de velho combatente! Para que os outros me interessem, é preciso que eu encontre antes em mim a força de um tal interesse. É preciso que aquilo que me liga aos outros brote daquilo que me liga à parte mais exuberante e exigente da minha vontade de viver. Não o inverso. É sempre a mim que busco nos outros: seja o meu enriquecimento ou a minha realização. Deixe que todos tomem consciência disso e o "cada um por si" levado a suas últimas consequências se transformará em "todos por um". A liberdade de um será a liberdade de todos. Uma comunidade que não é construída com base nas demandas individuais e na dialética delas certamente reforçará a violência opressora do poder. O outro no qual não me encontro não passa de uma coisa, e o altruísmo me leva na verdade ao amor das coisas. Ao amor do meu isolamento.

Visto sob o ângulo do altruísmo ou da solidariedade – esse altruísmo de esquerda – o sentimento de igualdade fica de cabeça para baixo. Ele se torna nada mais que a angústia comum de associados isolados que são humilhados, espancados, traídos e contentes com isso. Essa é a angústia de partículas separadas que aspiram uma unidade. Não uma verdadeira unidade, mas uma unidade mística, seja ela qual for: a nação, o movimento operário – pouco importa qual, desde que nela as pessoas se sintam como se fossem "todos irmãos" como nas noites de farra e bebedeira. A igualdade na grande família dos homens exala o incenso das mistificações religiosas. É preciso ter as narinas entupidas para se sentir bem com isso.

Para mim, a única igualdade que reconheço é aquela que a minha vontade de viver conforme os meus desejos reconhece na vontade de viver dos outros. A igualdade revolucionária será indissoluvelmente individual e coletiva.

4

A perspectiva do poder só tem um horizonte: a morte. E tão frequentemente a vida caminha para esse desespero que no fim nele se afoga. Onde quer que a fresca água da vida cotidiana se estagna, os traços do afogado refletem o rosto dos vivos: o positivo, se olharmos bem de perto, mostra-se negativo, o jovem já é velho e aquilo que se constrói atinge a ordem das ruínas. No reino do desespero, a lucidez cega tanto quanto a mentira. Morre-se por não saber, atingido pelas costas. Por outro lado, a consciência da morte que espreita aumenta a tortura e precipita a agonia. O desgaste que freia, que entrava, que proíbe os nossos gestos, corrói mais do que câncer. Mas nada espalha o "câncer" como a consciência clara desse desgaste. Estou convencido de que nada poderia salvar da destruição um homem a quem incansavelmente se fizesse a pergunta: "Reparaste na mão que, com todo o respeito, te mata?" Avaliar o impacto de cada agressão, estimar neurologicamente o peso de cada coação, seria suficiente para submergir o indivíduo mais forte num único e absorvente sentimento, o sentimento de uma fraqueza atroz e de uma impotência total. A podridão das coações é gerada no fundo da mente, e nada de humano resiste a ela.

Às vezes tenho a sensação de que o poder me torna análogo a ele: uma grande força prestes a desmoronar, uma raiva impotente em extravasar, um desejo de totalidade subitamente petrificado. Uma ordem impotente só pode reinar assegurando a impotência dos seus escravos: Franco[40] e Batista[41] demonstraram esse fato, com brio, castrando os prisioneiros revolucionários. Os regimes sarcasticamente chamados "democráticos" se limitam a humanizar a castração: provocar o envelhecimento precoce parece à primeira vista menos feudal do que a técnica da faca e da ligadura. Mas somente à primeira vista, pois, assim que a mente lúcida compreende que a im-

---

[40] Francisco Franco, ditador fascista que governou a Espanha de 1939 até sua morte, em 1975. (N.T.)

[41] Fulgêncio Batista, ditador cubano eliminado pelo movimento revolucionário cubano em 1959. (N.T.)

potência agora ataca por meio da própria mente, pode-se dizer que a partida está perdida!

Existe uma tomada de consciência admitida pelo poder porque lhe serve aos seus propósitos. Ir buscar a lucidez à luz do poder é iluminar a obscuridade do desespero, é nutrir a sua verdade com mentiras. Esteticamente, a escolha é clara: ou a morte contra o poder, ou a morte no poder; Arthur Cravan[42] e Jacques Vaché por um lado, a SS, os *paras*[43], o assassino de aluguel por outro lado. Para eles a morte é uma conclusão lógica e natural, a confirmação suprema de um estado de coisas permanente, o último ponto de uma linha de vida na qual, afinal de contas, nada foi escrito. Todos que não conseguem resistir à atração quase universal do poder encontram o mesmo destino: a estupidez e a confusão mental sempre, a inteligência muito frequentemente. A brecha é a mesma em Drieu[44] e Jacques Rigaut[45], mas é de sinal oposto: a impotência do primeiro é modelada na submissão e no servilismo, a revolta do segundo rompe-se prematuramente contra o impossível. O desespero da consciência fabrica os assassinos da ordem, a consciência do desespero, os assassinos da desordem. A queda no conformismo dos pretensos anarquistas de direita é causada pelo mesmo efeito gravitacional que causa a queda dos arcanjos condenados aos dentes de aço do sofrimento. No fundo do desespero ecoam as matracas da contrarrevolução.

O sofrimento é resultante das coações. Uma parcela de alegria pura, por ínfima que seja, consegue mantê-lo sob controle. Reforçar

---

42 Arthur Cravan (1887-1918?), boxeador semiprofissional, crítico de arte, poeta, sobrinho de Oscar Wilde, cuja morte foi envolta em mistério. Uma versão afirma que ele foi assassinado no México em 1918. (N.T.)

43 Abreviatura de paraquedistas na França. Os paras ficaram conhecidos pela repressão durante a guerra da Argélia. (N.T.)

44 Pierre Drieu la Rochelle, que se suicidou em 1945, foi escritor, voltou como herói da Primeira Guerra, flertou com o comunismo e, na Segunda Guerra, deu uma guinada violenta e tornou-se devoto de Hitler (anos 40), o que o levou a ser execrado por toda a intelectualidade francesa de esquerda. (N.T.)

45 Jacques Rigaut, poeta dadaísta francês que nasceu em 1898 e se suicidou em 1929. (N.T.)

a parcela de alegria e de festa autênticas assemelha-se, a ponto de nos enganarmos, aos preparativos de uma insurreição geral.

Nos dias de hoje, as pessoas são convidadas a uma gigantesca caça aos mitos e às ideias prontas. Mas que ninguém se engane, somos enviados sem armas – ou, pior ainda, com as armas de papel da especulação pura – para o pântano das coações, onde por fim nos atolamos. É por isso que, talvez, tenhamos o primeiro gostinho de alegria empurrando na nossa frente os ideólogos da desmistificação, a fim de que, observando como eles se desatolam, se possa tirar proveito das suas ações ou avançar sobre seus corpos.

Os homens estão, como escreve Rosanov[46], esmagados pelo armário. Se não levantarmos o armário, é impossível livrar povos inteiros de um sofrimento eterno e insuportável. É terrível que mesmo uma única pessoa seja esmagada por esse peso. Ela quer respirar e não consegue. O armário se deita sobre todos os homens, contudo cada um recebe sua parte inalienável de sofrimento. E todos os homens se esforçam para levantar o armário, mas não com a mesma convicção nem com a mesma força. Estranha civilização de gemidos.

Os pensadores interrogam-se: "Homens debaixo do armário! Como foram parar lá?" Seja como for, é lá que eles estão. E se alguém vem em nome da objetividade demonstrar que é impossível remover tal fardo, cada uma das suas palavras, cada uma das suas frases aumenta o peso do armário, desse objeto que ele pretende descrever graças à sua "consciência objetiva". E nisso reside todo o espírito cristão, acariciando o sofrimento como um cãozinho dócil e distribuindo fotografias de homens esmagados e sorridentes. "A racionalidade do armário é sempre a melhor", deixam a entender milhares de livros publicados diariamente para serem empilhados no armário. E apesar disso, todo mundo quer respirar e ninguém pode fazê-lo, e muitos dizem: "respiraremos mais tarde", e a maior parte não morre, porque já estão mortos.

Será agora ou nunca.

---

46 Vasily Rosanov (1856-1919), filósofo russo. (N. T.)

V

A DECADÊNCIA DO TRABALHO

A obrigação de produzir aliena a paixão de criar.
O trabalho produtivo faz parte dos processos
de manutenção da ordem. O tempo de trabalho
diminui à medida que cresce o império
do condicionamento

Em uma sociedade industrial que confunde trabalho e produtividade, a necessidade de produzir é sempre antagônica ao desejo de criar. O que sobra de centelha humana, de criatividade possível, em um ser arrancado do sono às 6 da manhã, sacudido nos trens suburbanos, ensurdecido pelo barulho das máquinas, lixiviado e vaporizado pelas cadências, pelos gestos sem sentido, pelo controle estatístico, e empurrado no fim do dia para os saguões das estações (essas catedrais de partida para o inferno dos dias de semana e do fútil paraíso dos *weekends*[47]), quando a multidão comunga na fadiga e no embrutecimento? Da adolescência à aposentadoria, os ciclos de 24 horas sucedem-se com seu mesmo petição mecânica, o tempo-que-é-dinheiro, submissão aos chefes, tédio, fadiga. Da aniquilação da energia da juventude à ferida aberta da velhice, a vida fende-se em todas as direções sob os golpes do trabalho forçado. Nunca uma civilização chegou a um tal grau de desprezo pela vida. Afogada no desgosto, nunca uma geração sentiu uma tal raiva de viver. Aqueles que são lentamente assassinados nos matadouros mecanizados do trabalho são os mesmos que discutem, cantam, bebem, dançam, amam, ocupam a rua, pegam as armas e inventam uma nova poesia. Já está se formando a frente contra o trabalho forçado; os seus gestos de recusa estão moldando a consciência do futuro. Qualquer apelo à produtividade é, sob as condições desejadas pelo capitalismo e pela economia soviética, um apelo à escravidão.

A necessidade de produzir encontra tão facilmente justificação que qualquer Jean Fourastié[48] consegue encher dez livros com elas sem esforço. Infelizmente, para os novos economistas políticos, essas justificações são as do século XIX, de uma época em que a miséria das classes trabalhadoras fez do direito ao trabalho o homólogo do direito à escravidão, reivindicada na aurora dos tempos pelos prisioneiros condenados ao massacre. O importante antes de tudo era não desaparecer fisicamente, sobreviver. Os imperativos da produtividade são os imperativos da sobrevivência. Mas de agora em diante as pessoas querem viver, e não apenas sobreviver.

O tripalium é um instrumento de tortura. A palavra latina Labor significa "dor". Alguma leviandade existe em esquecer a origem das palavras "trabalho" e "labor". Os nobres pelo menos não esqueciam a sua dignidade e a indignidade que marcava seus servos. O desprezo aristocrático pelo trabalho refletia o desprezo do senhor pelas classes dominadas; o trabalho era a expiação à qual eram condenadas por toda eternidade pelo decreto divino que

---

47 Em inglês no original: "fins de semana". (N.T.)

48 Jean Fourastié (1907-1990), intelectual francês. (N.T.)

as tinha determinado, por razões impenetráveis, seres inferiores. O trabalho inscrevia-se entre as sanções da Providência, como punição ao pobre, e, por ser o meio para a salvação futura, essa punição podia se revestir dos atributos da satisfação. No fundo, o trabalho importava menos que a submissão.

A burguesia não domina, explora. Ela não precisa ser senhor, prefere usar. Como foi possível não perceber que o princípio da produtividade simplesmente substituía o princípio da autoridade feudal? Por que ninguém quis compreender isso?

Seria porque o trabalho melhora a condição dos homens e salva os pobres, pelo menos ilusoriamente, da condenação eterna? Sem dúvida, mas hoje se torna evidente que a promessa de amanhãs melhores substituiu mansamente a promessa de salvação no além. Em ambos os casos, sempre o presente se encontra sob o machado da opressão.

Será porque ele transforma a natureza? Sim, mas o que farei com uma natureza ordenada em termos de lucros e de perdas, um mundo no qual a inflação das técnicas encobre a deflação dos objetivos da vida? Além disso, assim como o ato sexual não tem como função a procriação, mas gera filhos incidentalmente, a transformação da superfície dos continentes realizada pelo trabalho organizado é um subproduto, não um objetivo deste. Trabalhar para transformar o mundo? Vejam só! O mundo está sendo transformado na direção prescrita pela existência do trabalho forçado; e é por isso que ele está se tornando tão ruim.

Talvez o homem se realize através do trabalho forçado? No século XIX, subsistia no conceito de trabalho um traço ínfimo de criatividade. Zola[49] descreve um concurso de fabricantes de prego no qual os operários competiam em habilidade para fabricar sua minúscula obra-prima. O amor pelo ofício e a busca de uma criatividade já sufocada, sem dúvida permitia suportar de dez a quinze

---

49 Émile Zola (1840-1902), romancista e crítico francês. Foi o fundador do movimento naturalista na literatura. (N.T.)

horas de esforço que ninguém teria conseguido resistir se algum prazer não tivesse sido introduzido ali. A sobrevivência de uma concepção artesanal permitia que cada trabalhador inventasse um precário alívio no interior do inferno da fábrica. O taylorismo deu o golpe de misericórdia numa mentalidade cuidadosamente alimentada pelo capitalismo arcaico. É inútil esperar de um trabalho em série mais do que uma caricatura de criatividade. O amor pelo trabalho bem-feito e o gosto da promoção no trabalho são hoje a marca indelével da fraqueza e da submissão mais estúpidas. É por isso que, onde quer que a submissão seja exigida, o velho peido ideológico segue o seu caminho, desde o *Arbeit macht frei*[50] dos campos de extermínio aos discursos de Henry Ford e Mao Tsé-Tung.

Qual é então a função do trabalho forçado? O mito do poder exercido conjuntamente pelo chefe e por Deus encontrava na unidade do sistema feudal a sua força de coerção. Ao quebrar o mito unitário, o poder fragmentário da burguesia abre, sob o signo da crise, o reino das ideologias, as quais jamais, nem separadas nem todas juntas, atingirão a quarta parte da eficácia do mito. A ditadura do trabalho produtivo oportunamente entra em campo. Tem por missão enfraquecer biologicamente o maior número possível de pessoas, castrá-las e embrutecê-las coletivamente, a fim de torná-las receptivas às mais medíocres, às menos viris, às mais senis ideologias que já existiram na história da mentira.

A maior parte do proletariado do início do século XIX foi diminuída fisicamente, alquebrada de forma sistemática pela tortura da oficina. As revoltas vêm dos pequenos artífices, de categorias privilegiadas ou sem trabalho, não dos operários brutalizados por quinze horas de labor. Não é significativo verificar que a diminuição do número de horas de trabalho acontece no momento em que o show ideológico de variedades produzido pela sociedade de consumo parece ser capaz de substituir eficazmente os mitos feudais destruídos pela burguesia ascendente? (Há pessoas que realmente

---

50 "O trabalho liberta": frase escrita na entrada dos campos de concentração nazistas. (N.T.)

trabalharam para comprar uma geladeira, um carro, uma televisão. Muitos continuam a fazê-lo, "convidados" como são a consumir a passividade e o tempo vazio que lhes "oferece" a "necessidade" de produzir.)

Estatísticas publicadas em 1938 indicam que a aplicação das técnicas de produção contemporâneas reduziria a duração do trabalho necessário a apenas três horas por dia. Não somente estamos longe dessa marca com as nossas sete horas, mas após ter gastado gerações inteiras de trabalhadores prometendo-lhes o bem-estar que hoje é vendido a eles em prestações, a burguesia (e a sua versão soviética) prossegue a destruição do homem fora da oficina. Amanhã ela exibirá como isca suas cinco horas de desgaste cotidiano exigidas por um tempo de "criatividade" que crescerá na proporção em que puder ser preenchido por essa mesma burguesia com uma impossibilidade de criar qualquer coisa (a famosa organização dos lazeres).

Foi dito corretamente que: "A China enfrenta problemas econômicos gigantescos; para ela, a produtividade é uma questão de vida ou morte". Ninguém pensa em negar isso. O que me parece grave não se refere aos imperativos econômicos, mas ao modo de responder a eles. O Exército Vermelho em 1917 constituía um tipo novo de organização. O Exército Vermelho em 1960 é um exército como aqueles que existem nos países capitalistas. Os acontecimentos provaram que a sua eficácia permanecia muito abaixo da eficácia das milícias revolucionárias. Do mesmo modo, a economia chinesa planejada, ao não permitir que os grupos federados organizem autonomamente o trabalho, condena-se a se tornar mais um exemplo da forma de capitalismo aperfeiçoado a que se chama socialismo. Alguém se deu ao cuidado de estudar as modalidades de trabalho dos povos primitivos, a importância do jogo e da criatividade, o incrível rendimento obtido por métodos que uma gota das técnicas modernas tornaria cem vezes mais eficazes ainda? Parece que não. Todos os apelos à criatividade vêm de cima. Ora, só a criatividade é espontaneamente rica. Não é da produtividade que se deve esperar uma vida rica, não é da produtividade que se deve esperar uma resposta coletiva e entusiasmada à necessidade econômica. Mas o que mais podemos dizer quando se conhece de que modo se pratica o culto do trabalho em Cuba e na China, e com que facilidade as páginas virtuosas de Guizot[51] poderiam hoje fazer parte de um discurso do 1º de Maio?

À medida que a automação e a cibernética nos permitem prever a substituição em massa dos trabalhadores por escravos mecânicos, o trabalho forçado revela pertencer puramente aos processos bárbaros de manutenção da ordem. O poder fabrica assim a dose de fadiga necessária à assimilação passiva dos seus *diktats* televisionados. Trabalhar atrás de qual recompensa então? O logro se esgotou. Não há mais nada a perder, nem sequer uma ilusão. A organização do trabalho e a organização dos lazeres resguardam as tesouras castradoras encarregadas de melhorar a raça dos cães submissos. Veremos um dia ainda os grevistas, reivindicando a automação e a semana de dez horas, escolherem, como forma de greve, fazer amor nas fábricas, nos escritórios e nos centros culturais? Só se inquietariam e se espantariam com isso os planejadores, os *managers*, os dirigentes sindicais e os sociólogos. Com razão talvez. Afinal de contas é a pele deles que está em jogo.

---

51 François Pierre Guillaume Guizot (1787-1874),i chefe do governo de Luis Felipe (que reinou de 1830 a 1848). (N.T.)

VI

DESCOMPRESSÃO E TERCEIRA FORÇA

Até agora a tirania apenas mudou de mãos.
No seu respeito comum pelos dirigentes, as
forças antagonistas não cessaram de alimentar
os germens da sua coexistência futura.
(Quando o líder do jogo passa a ser um chefe,
a revolução morre com os revolucionários.)
Os antagonismos não resolvidos apodrecem,
dissimulando as verdadeiras contradições.
A descompressão é o controle permanente dos
antagonismos pela casta dominante. A terceira
força radicaliza as contradições e leva à sua
superação, em nome da liberdade individual
e contra todas as formas de coação. O poder
não tem outro recurso a não ser esmagar
ou recuperar a terceira força sem admitir
a sua existência.

Milhões de homens viviam em uma imensa construção sem porta
nem janela. Inúmeras lâmpadas de óleo competiam com sua escassa
luz contra as trevas que reinavam permanentemente. Como era de
costume desde a mais remota antiguidade, a sua manutenção cabia
aos pobres, e por isso o preço do óleo refletia fielmente a alternância
entre a revolta e a calmaria. Um dia eclodiu uma insurreição geral, a
mais violenta que esse povo já conhecera. Seus líderes exigiam uma
justa repartição das despesas de iluminação. Um grande número de
revolucionários reivindicava a gratuidade daquilo a que chamavam
um serviço de utilidade pública. Alguns extremistas chegavam ao

ponto de reclamar a destruição de um edifício que consideravam insalubre e impróprio para a habitação humana. Como de costume, os mais razoáveis se encontraram desarmados perante a brutalidade dos combates. No decorrer de um encontro particularmente violento com as forças da ordem, uma bala de canhão mal direcionada abriu um buraco na muralha externa, por onde fluiu a luz do dia. Passado o primeiro momento de estupor, esse afluxo de luz foi saudado por gritos de vitória. Era essa a solução: agora bastava abrir outros buracos. As lâmpadas foram postas de lado ou colocadas em museus, e o poder coube aos abridores de janelas. Os partidários de uma destruição radical foram esquecidos, e até mesmo a sua discreta liquidação, pelo que parece, passou quase despercebida. (As discussões incidiam sobre o número e a localização das janelas.) Depois, um século ou dois mais tarde, os seus nomes foram lembrados quando o povo, esse eterno descontente, acostumado a ver varandas envidraçadas, começou a levantar extravagantes questões: "Arrastar os dias numa estufa climatizada será viver?", perguntava ele.

*

A consciência contemporânea oscila entre a consciência do emparedado e a do prisioneiro. Para o indivíduo, a oscilação toma o lugar da liberdade; como o condenado, que vai da parede branca da sua cela à janela gradeada que representa a possibilidade de fuga. Basta se abrir uma fenda na solitária para que logo a esperança se infiltre com a luz. O bom comportamento do prisioneiro depende da esperança de fugir que a prisão alimenta. Por outro lado, impelido contra uma parede sem saída, um homem apenas conhece a raiva de destruí-la ou de quebrar nela a cabeça, o que não deixa de ser lamentável para uma boa organização social (mesmo se o suicida não tiver a feliz ideia de se matar no estilo dos príncipes orientais, levando com ele todos os seus servos: juízes, bispos, generais, policiais, psiquiatras, filósofos, *managers*, especialistas e cibernéticos).

O homem que está emparedado vivo tem tudo a ganhar. Quanto ao prisioneiro, este pode ainda perder a esperança. A esperança é a correia da submissão. Quando o poder corre o risco de rebentar, logo passa a funcionar a válvula de escape que diminui a pressão interna. Ele parece mudar. Mas na verdade limitou-se a se adaptar, resolvendo as suas dificuldades.

Não existe autoridade que não veja se erguer contra ela uma autoridade similar e de sinal contrário. Ora, nada mais perigoso para o princípio de governo hierárquico que o embate sem piedade de duas forças antagônicas animadas por uma vontade de total aniquilamento. Em tal conflito, o maremoto do fanatismo arrasta os valores mais estáveis, o *no man's land* estende-se por toda parte, instaurando o interregno do "nada é verdadeiro, tudo é permitido". É verdade que a história não oferece exemplo de um combate titânico que não tivesse sido oportunamente suavizado e transformado em um conflito de comédia teatral. De onde vem a descompressão? Do acordo de princípios implicitamente realizado entre as forças em disputa.

O princípio hierárquico permanece, com efeito, comum aos fanáticos de ambos os lados. Nunca ninguém se afronta impunemente, ou inocentemente. Face ao capitalismo dos Lloyd George[52] e dos Krupp[53] ergue-se o anticapitalismo dos Lênin e Trotsky. No espelho dos senhores do presente refletem-se já os senhores do futuro. Como escreve Heinrich Heine[54]:

Lächelnd sheidet der Tyran
Denn er weiss, nach seinem Tode
Wechselt Willkür nur die Hände
Und die Knechtschaft hat kein Ende.

O tirano morre sorrindo; é que ele sabe que após a sua morte a tirania se limitará a mudar de mãos e que a escravidão não tem fim. Os chefes diferem de acordo com seus métodos de dominação,

---

52 David Lloyd George, Primeiro Ministro inglês durante a Primeira Guerra Mundial. (N.T.)
53 Família alemã dona de indústria de armas, que participou do governo de Hitler. (N.T.)
54 Heinrich Heine (1797-1856), poeta alemão.

mas continuam a ser chefes, donos de um poder exercido a título privado. (A grandeza de Lênin deve-se sem dúvida a uma recusa romântica de assumir a função de senhor absoluto que implicava a organização ultra-hierarquizada dos bolcheviques. Grandeza, aliás, que o movimento operário deve a Kronstadt 1921, Budapeste 1956 e o *batiouchka*[55] Stalin.)

Então, o ponto comum entre as duas forças se torna o ponto de descompressão. Identificar o adversário com o Mal e aureolar-se com o Bem oferece seguramente a vantagem estratégica de garantir unidade de ação polarizando a energia dos combatentes. Mas a manobra exige no mesmo golpe o aniquilamento do adversário. Essa perspectiva pode hesitar os moderados, já que destruir radicalmente o adversário incluiria a destruição daquilo que seu próprio lado tem em comum com o adversário. A lógica bolchevique exigia a cabeça dos chefes social-democratas[56]. Estes últimos se apressaram em trair suas posições, e o fizeram exatamente porque eram chefes. A lógica anarquista exigia a liquidação do poder bolchevique. Este último se apressou em esmagá-los, e o fez na qualidade de poder hierárquico. A mesma sequência de traições previsíveis arremessou os anarquistas de Durruti para a frente das espingardas unidas dos republicanos, socialistas e stalinistas.

Assim que o líder do jogo se torna um chefe, o princípio hierárquico se salva, e a revolução se detém para presidir o massacre dos revolucionários. É preciso lembrar sem descanso: o projeto insurrecional só pertence às massas, o líder reforça-o, o chefe o trai. É entre o líder e o chefe que inicialmente se desenrola a luta autêntica.

Para o revolucionário profissional, a relação de forças se mede em quantidade, do mesmo modo que o número de homens

---

55 Em russo no original. Batiouchka significa "papaizinho". É um termo que o humilde usa para se referir às autoridades: o padre, o juiz, o policial, o czar e outros. Algo como "sinhozinho".

56 Nesse contexto, a palavra social-democrata se refere ao partido marxista russo e principalmente à sua ala menchevique. (N.T.)

comandados indica para um militar a importância da patente. Os chefes de partidos insurrecionais, ou que assim se pretendem, perdem o qualitativo em nome da visualização quantitativa. Mesmo que tivessem tido 500 mil homens a mais e armamento moderno, nem por isso os "vermelhos" teriam deixado de perder a revolução espanhola. Ela já estava morta debaixo das botas dos comissários do povo. Os discursos da Pasionaria[57] ecoavam já como uma oração fúnebre. Os clamores patéticos abafavam a linguagem dos fatos, o espírito das coletividades aragonesas, o espírito de uma minoria radical resolvida a cortar de um só golpe todas as cabeças de hidra, e não só a sua cabeça fascista.

Nunca, e com boa razão, um confronto absoluto chegou a seu termo. A luta final conheceu apenas falsos inícios, até hoje. Tudo deve ser retomado desde o começo. A única reabilitação da história é nos ajudar a fazê-lo.

*

Submetidos à descompressão, os antagonismos, irredutíveis à primeira vista, envelhecem lado a lado, petrificam-se em uma oposição formal, perdem a sua substância, neutralizam-se, misturam o seu bolor. Quem reconheceria o bolchevique com a faca entre os dentes no "gagarinismo"[58] da caduca Moscou? Hoje, graças ao milagre ecumênico, o slogan "proletários de todo o mundo, univos" cimenta a união de todos os chefes do mundo. Quadro comovente. O elemento comum aos antagonismos, o embrião de poder, que uma luta radical teria extirpado, eis que é ele que reconcilia os irmãos inimigos.

---

57 Dolores Ibarruri (1895-1989), socialista, ficou famosa e conhecida como La Pasionaria com um discurso na Rádio Republicana de Madri, quando estourou a Guerra Civil Espanhola. (N.T.)

58 Iuri Alekseievitch Gagarin (1934-1968), cosmonauta soviético. No dia 12 de abril de 1961, tornou-se o primeiro homem a viajar pelo espaço, o que serviu logicamente como propaganda interna e externa ao regime da URSS. (N.T.)

Será tão simples assim? Não. Faltaria o tempero do entretenimento. No cenário internacional, o capitalismo e o anticapitalismo decrépitos continuam suas provocações de amantes. Que os espectadores tremam quando eles começam a brigar, que eles pulem de alegria quando a paz abençoa o casal de amantes! O interesse diminuiu? Acrescenta-se um tijolo ao muro de Berlim; e o sanguinário Mao range os dentes, enquanto um coro de chinesinhos celebra a pátria, a família e o trabalho. Remendado desse jeito, o velho maniqueísmo prossegue o seu caminho. O espetáculo ideológico cria, para se renovar, a moda dos antagonismos inofensivos: você é a favor ou contra Brigitte Bardot, os Rolling Stones, carros populares, os hippies, a estatização, o espaguete, os velhos, a ONU, as minissaias, a Pop Art, a guerra nuclear, a carona? Não há ninguém que, numa certa hora do dia, não seja interpelado por um anúncio, uma informação, um estereótipo e intimado a tomar partido a respeito de ninharias pré-fabricadas que pacientemente obstruem todas as fontes de criatividade cotidiana. Nas mãos do poder, esse fetiche gelado, as migalhas de antagonismo formam um anel magnético encarregado de desregular as bússolas individuais, de abstrair de si cada indivíduo e de desviar as linhas de força.

Resumindo, a descompressão nada mais é do que o controle dos antagonismos pelo poder. A oposição de dois termos toma sentido pela introdução de um terceiro. Se só existem dois polos, eles se neutralizam, uma vez que cada um se define pelos valores do outro. É impossível escolher entre eles, entra-se no domínio da tolerância e do relativismo, tão querido à burguesia. Como é compreensível o interesse da hierarquia apostólica romana na querela entre o maniqueísmo e o "trinitarismo"! Num enfrentamento impiedoso entre Deus e Satã, o que restaria da autoridade eclesiástica? Nada, como provaram as crises milenaristas. É por isso que o braço secular oferece o seu santo ofício. É por isso que as fogueiras ardem para os místicos de Deus ou do diabo, para os teólogos temerários que põem em causa o princípio do "três em um". Os mestres temporais do cristianismo se pretendem os únicos habilitados a tratar da diferença que opõe o senhor do Bem e o senhor do Mal. Eles são os grandes intermediários pelos quais passa obrigatoriamente a escolha de um ou de outro campo; eles controlam a via da salvação e da condenação. Na terra eles se instituíram em juízes sem apelo, já que tinham escolhido ser julgados em um além cujas leis eles inventaram.

O mito cristão amaciou o áspero conflito maniqueu oferecendo ao crente a possibilidade da salvação individual. Era a brecha aberta pelo Cabeludo de Nazaré. O homem escapava assim do rigor de um enfrentamento que implicava necessariamente a destruição dos valores, o niilismo. Mas ao mesmo tempo escapava-lhe a possibilidade de se reconquistar na sequência de uma sublevação geral, a possibilidade de tomar o seu lugar no universo expulsando os deuses e seus flagelos. De modo que o movimento de descompressão parece ter uma função essencial de entravar a vontade mais irredutível do homem, a vontade de ser integralmente ele próprio.

Em todos os conflitos entre os lados opostos, entra em jogo uma parte de reivindicações individuais impossível de reprimir, impondo por vezes as suas ameaçadoras exigências. A um tal ponto que podemos falar com razão de uma terceira força. Da perspectiva individual, a terceira força seria o que a força de descompressão é para a perspectiva do poder. Traço espontâneo de todas as lutas, ela radicaliza as insurreições, denuncia os falsos problemas, ameaça o poder na sua própria estrutura. A sua raiz está em toda parte na vida cotidiana. É a ela que Brecht alude em uma das histórias do sr. Keuner: "Quando a um proletário levado ao tribunal foi perguntado se queria prestar juramento sob a forma laica ou eclesiástica, ele respondeu: Sou desempregado". A terceira força esboça não o deperecimento dos opostos, mas a sua superação. Esmagada prematuramente ou recuperada, ela se torna por inversão uma força de descompressão. Assim, a salvação da alma não é mais do que a vontade de viver recuperada pelo mito, mediatizada, esvaziada do seu conteúdo real. Por outro lado, a reivindicação peremptória de uma vida rica explica o ódio de que foram objeto certas seitas gnósticas ou os Irmãos do Livre Espírito[59]. Durante o declínio do cristianismo, o embate entre Pascal e os Jesuítas salienta a oposição entre a doutrina reformista da salvação individual e de aceitação do céu, e o projeto de realizar Deus por meio da destruição niilista do mundo. Enfim, livrada de sua ganga teológica, é também a terceira força que anima a luta de Babeuf[60] contra o million doré[61], que anima o projeto marxista do homem total, os devaneios de Fourier, a fúria da Comuna, a violência anarquista.

*

Individualismo, alcoolismo, coletivismo, ativismo... A variedade das ideologias comprova: existem cem maneiras de estar do lado do poder. Só existe uma maneira de ser radical. O muro a destruir é imenso, mas tantos buracos já o abalaram que em breve bastará um único grito para vê-lo desabar. Que saia enfim do nevoeiro da história a formidável realidade da terceira força, com todas as paixões individuais que abasteceram as insurreições! Logo veremos que a vida cotidiana guarda uma energia que move montanhas e suprime distâncias. A longa revolução prepara-se para escrever nos fatos os gestos cujos autores anônimos ou desconhecidos afluirão para se juntarem a Sade, Fourier, Babeuf, Marx, Lacenaire, Stirner[62], Lautréamont, Léauthier[63], Vaillant[64], Henry[65], Villa[66], Zapata[67], Makhno[68], os Communards[69], os rebeldes de Hamburgo, Kiel, Kronstadt, Astúrias – todos aqueles que ainda não jogaram sua última carta no jogo que acabamos de entrar, o grande jogo da liberdade.

---

59 Seita herética do século XIV. Entre outras heresias, eles consideravam o sexo um prazer paradisíaco. Eram uma espécie de hippies da época. (N.T.)

60 François Noel Babeuf (1760-1797), revolucionário francês que morreu guilhotinado. (N.T.)

61 Expressão utilizada na França, após 1793, para designar a alta burguesia, que logo se tornara contrarrevolucionária. (N.T.)

62 Max Stirner (1806-1856), pensador alemão cujo nome real era Johann Kaspar Schmidt. Filósofo precursor do "anarquismo-individualista". Sua principal obra foi O Único e sua Propriedade. (N.T.)

63 Léon Jules Léauthier (1874-1894), sapateiro anarquista que feriu gravemente um ministro da Sérvia em sua visita a Paris. Foi condenado à prisão perpétua e a trabalhos forçados, sendo morto durante a repressão a uma rebelião no presídio. (N.T.)

64 Auguste Vaillant, anarquista francês que em 1893 jogou uma bomba na Câmara dos Deputados, ferindo levemente apenas um deputado. Foi guilhotinado em 1894 aos 33 anos. (N.T.)

65 Émile Henry (1872-1894), anarquista que ficou conhecido pela bomba que jogou no café Terminus, Paris, em 1894, ferindo 19 pessoas e matando uma, e pela sua defesa no tribunal, alegando que em um bar frequentado por burgueses "não há inocentes". (N.T.)

66 Pancho Villa (1879-1923), um dos principais nomes da revolução mexicana de 1910-1917. (N.T.)

67 Emiliano Zapata (1880-1919), revolucionário mexicano e um dos principais líderes da revolução mexicana. (N.T.)

68 Nestor Makhno (1889-1935), líder dos camponeses revolucionários ucranianos que em 1921 foram esmagados pelo Exército Vermelho comandado pelos bolcheviques. (N.T.)

69 Os "comuneiros", ou "federados", ou simplesmente "os insurgentes e revolucionários da Comuna de Paris". (N.T.)

A COMUNICAÇÃO IMPOSSÍVEL OU O PODER COMO MEDIAÇÃO UNIVERSAL

No domínio do poder, a mediação é a falsa necessidade na qual as pessoas aprendem a se perder racionalmente. O poder da mediação para alienar está sendo reforçado e também posto em questão pela ditadura do consumo (VII), pelo primado da troca sobre o dom (VIII), pela cibernetização (IX), pelo reino do quantitativo (X).

VII

A ERA DA FELICIDADE

O Welfare State[70] contemporâneo fornece anacronicamente as garantias da sobrevivência exigidas pelos deserdados da antiga sociedade de produção (1). – A riqueza da sobrevivência implica a pauperização da vida (2). – O poder aquisitivo é a licença de aquisição do poder, de se tornar um objeto na ordem das coisas. Oprimidos e opressores tendem a cair, mas a velocidades diferentes, sob uma mesma ditadura: a ditadura do consumo (3).

1

O rosto da felicidade já não aparece mais em filigrana nas obras de arte e na literatura desde que se multiplicou infinitamente ao longo dos muros e outdoors, oferecendo a cada transeunte a imagem universal na qual é convidado a se reconhecer.

Com o Volkswagen, acabaram os seus problemas!

---

70 Em inglês no original: estado em que o bem-estar dos cidadãos é conseguido pelos esforços organizados do governo e não pelas organizações privadas. (N.E.)

Viva sem preocupações com Balamur!

Este homem de gosto é também um homem sensato. Ele escolheu Mercedes Benz.

Aplausos para Adam Smith[71] e Jeremy Bentham[72]: a felicidade não é um mito! "Quanto mais produzirmos, melhor viveremos", escreve o humanista Fourastié, ao mesmo tempo em que um outro gênio, o general Eisenhower[73], responde fazendo eco: "Para salvar a economia, é preciso comprar, comprar seja o que for". Produção e consumo são os mamilos da sociedade moderna. Assim amamentada, a humanidade cresce em força e em beleza: elevação do nível de vida, todas essas conveniências modernas, divertimentos variados, cultura para todos, o conforto dos seus sonhos. No horizonte do relatório Krutchev[74], a aurora radiosa do comunismo ergue-se finalmente, inaugurando o seu reino por dois decretos revolucionários: a supressão dos impostos e o transporte gratuito a todos. Sim, os anos dourados estão à vista, à distância de uma cuspidela.

Nessa confusão, algo desapareceu: o proletariado. Aonde ele foi parar? Foi para o meio do mato? Foi relegado aos museus? *Sociologi disputant*. Garantem alguns que nos países altamente industrializados o proletariado deixou de existir, desaparecendo debaixo da avalanche de geladeiras, televisores, aparelhos de som, carros populares e bairros planejados. Outros, pelo contrário, denunciam o truque de prestidigitação, indignam-se apontando o dedo para uma camada de trabalhadores cujos baixos salários e condições miseráveis evocam inegavelmente o século XIX. "Setores retardatários respondem os primeiros, bolsões em vias de reabsorção, vocês negariam que a direção da evolução econômica nos leva à Suécia, à Tchecoslováquia, ao *Welfare State*, e não à Índia?"

---

[71] Adam Smith (1723-1790), pensador liberal escocês cujas ideias influenciaram muito o liberalismo econômico. (N.T.)

[72] Jeremy Bentham (1748-1832), pensador liberal inglês, foi a maior figura do utilitarismo. (N.T.)

[73] Dwight D. Eisenhower (1890-1969), presidente dos EUA de 1953 a 1961. (N.T.)

[74] Relatório que expunha as atrocidades cometidas por Stalin. (N.T.)

A cortina negra sobe: abre-se a temporada de caça aos esfomeados e ao último proletário. Vamos ver quem lhe vende o carro e o *mixer*, o bar e a biblioteca. Vamos ver quem lhe ensinará a se identificar com o herói sorridente de um anúncio confortante: "Felizes os que fumam Lucky Strike".

E feliz, feliz humanidade, que num futuro próximo receberá as encomendas enviadas com tanto custo pelos revoltosos do século XIX, o custo das lutas que conhecemos. Os revoltosos de Lyon e de Fourmies têm bastante sorte, a título póstumo. Milhões de seres humanos fuzilados, torturados, aprisionados, esfomeados, embrutecidos e sabiamente ridicularizados têm pelo menos, na paz das valas comuns, a garantia histórica de terem morrido para que, isolados em apartamentos com ar-condicionado, os seus descendentes aprendam a repetir, crentes nos programas cotidianamente televisionados, que são felizes e livres. "Os *Communards* caíram, lutando até o fim, para que também você possa comprar uma TV de 20 polegadas de alta resolução". Um belo futuro, não há dúvida, que realizaria os sonhos do passado.

Só o presente não encontra satisfação nisso. Ingrata e inculta, a nova geração não quer saber desse passado glorioso oferecido como brinde a todo consumidor de ideologia trotskista-reformista. Ela acha que reivindicar é reivindicar para o aqui e agora. Ela lembra que a razão das lutas passadas está enraizada no presente dos homens que as fizeram, e que esse presente, apesar das condições históricas diferentes, é também o seu. Em suma, se poderia dizer que as correntes revolucionárias radicais são animadas por um projeto constante: o projeto do homem total, uma *vontade de viver integralmente* à qual Marx teria sido o primeiro a dar uma tática de realização científica. Mas essas são teorias abomináveis que as igrejas cristãs e stalinistas nunca perderam a chance de difamar. Aumento de salários, mais carros, mais santos sacramentos, mais Teatro Nacional Popular, é isso que seria necessário para saciar nossos apetites revolucionários.

Estaremos condenados ao estado de bem-estar? Os espíritos ponderados não deixarão de deplorar a forma como se realiza a contestação de um programa que, de Krutchev[75] a Albert Schweitzer[76], do Papa a Fidel Castro, de Aragon[77] ao falecido Kennedy, consegue a unanimidade.

Em dezembro de 1956, mil jovens estudantes se revoltaram nas ruas de Estocolmo, incendiando automóveis, quebrando os anúncios luminosos, destruindo os painéis publicitários e saqueando os supermercados. Em Merlebach, durante uma greve desencadeada para forçar o patronato a retirar os corpos de sete mineiros soterrados por um desabamento, os operários se voltaram contra os carros estacionados diante dos edifícios. Em janeiro de 1961, os grevistas de Liège saquearam a estação de Guillemins e destruíram as instalações do jornal La Meuse. No litoral da Bélgica e da Inglaterra, em uma operação combinada, algumas centenas de blousons noirs devastaram as instalações dos balneários, em março de 1964. Em Amsterdã, em 1966, os operários ocuparam a rua durante vários dias. Não passa um mês sem que estoure uma greve selvagem, colocando os trabalhadores simultaneamente contra os patrões e contra os dirigentes sindicais. *Welfare State*? O bairro de Watts[78] respondeu.

Um operário francês resumia da seguinte maneira a sua divergência de posição com os proponentes do *Welfare State* e outros cães de guarda do futuro: "Desde 1936 que eu tenho lutado por aumentos salariais. Antes de mim, meu pai lutou por aumentos salariais. Tenho televisão, geladeira, um Volkswagen. Mas, no todo, ainda não deixei de ter uma vida de cão".

Em palavras e gestos, a nova poesia não se adapta bem ao *Welfare State*.

---

75 Nikita Krutchev (1894-1971), sucessor de Stalin após sua morte, em 1953, deposto em 1964. (N.T.)

76 Albert Schweitzer (1875-1965), ganhador do Prêmio Nobel da Paz de 1952, músico, filósofo, teólogo, médico e missionário, foi um dos precursores da Bioética. Primo de Sartre.(N.T.)

77 Louis Aragon (1897-1982), escritor francês que criou conjuntamente com André Breton e Philippe Soupault a revista Littérature, propulsora do surrealismo. (N.T.)

78 Vaneigem se refere à sublevação da população negra de Los Angeles que ocorreu entre os dias 13 e 16 de agosto de 1965 no bairro de Watts. (N.T.)

2

Os mais belos modelos de aparelho de som ao *alcance de todos* (1). Faça parte você também da *grande família Renault (2)*. A Carven lhe oferece qualidade. Escolha livremente dentro da variedade dos nossos produtos (3).

No reino do consumo, o cidadão é rei. Uma monarquia democrática: igualdade diante do consumo (1), fraternidade no consumo (2) e liberdade por meio do consumo (3). A ditadura do consumo finalmente apagou as barreiras de sangue, de linhagem ou de raça. Seria conveniente nos alegrarmos por isso sem reservas, não fosse ela ter proibido, pela lógica das *coisas*, qualquer diferenciação qualitativa, tolerando apenas diferenças quantitativas entre os valores e os homens.

A distância entre aqueles que possuem muito e aqueles que possuem pouco, mas cada vez mais, não mudou. Mas multiplicaram-se os graus intermediários, que de algum modo aproximam os extremos, dirigentes e dirigidos, a um mesmo centro de mediocridade. Ser rico consiste hoje em dia em possuir um grande número de objetos pobres.

Os bens de consumo tendem a perder valor de uso. A sua natureza é serem consumíveis a qualquer custo. (Tornou-se conhecida a recente moda nos EUA do *nothing box*, um objeto completamente impróprio a qualquer utilização.) E como explicava com grande sinceridade o general Eisenhower, a economia atual só pode se salvar transformando o homem em consumidor, identificando-o à maior quantidade possível de valores consumíveis, ou seja, não-valores ou valores vazios, fictícios, abstratos. Após ter sido o "capital mais precioso", segundo a feliz expressão de Stalin, o homem tem que se tornar o mais apreciado bem de consumo. A imagem, o estereótipo do astro, do pobre, do comunista, do assassino passional, do cidadão honesto, do rebelde, do burguês, irá substituir o homem pondo no seu lugar um sistema de categorias ordenadas de maneira mecanográfica segundo a lógica irrefutável da robotização. Já a noção de *teenager* tende a conformar o comprador ao produto comprado, a reduzir a sua variedade a uma gama variada, mas limitada, de objetos (discos, guitarras, jeans...). Não se tem mais a idade do coração ou da pele, mas a idade daquilo que se compra. O tempo de produção, que antes se dizia ser dinheiro, dará lugar ao tempo de consumo e de consumação; um tempo medido pelo ritmo com que produtos são comprados, usados, jogados fora; um tempo de envelhecimento precoce, que é a eterna juventude das árvores e das pedras.

A teoria da pauperização encontra hoje em dia uma demonstração brilhante não, como Marx esperava, no quadro dos bens necessários à sobrevivência, já que estes, longe de se tornarem raros, se tornaram cada vez mais abundantes, mas, sim, na própria sobrevivência, que é sempre antagônica à verdadeira vida. O conforto, do qual se esperava um enriquecimento da vida já vivida ricamente pela aristocracia feudal, não viria a ser mais que o filho da produtividade capitalista, um filho prematuramente destinado a envelhecer, mal o circuito de distribuição o tiver metamorfoseado em simples objeto de consumo passivo. Trabalhar para sobreviver, sobreviver consumindo e para consumir, assim se fecha o ciclo infernal. Sobreviver é, sob o reinado do "economicismo", ao mesmo tempo necessário e suficiente. É a verdade primeira que fundamenta a era burguesa. E é verdade que uma fase histórica fundada numa verdade tão anti-humana não pode constituir mais que uma fase de transição, uma passagem entre a vida obscuramente vivida dos senhores feudais e a vida que será racionalmente e apaixonadamente construída pelos senhores sem escravos. Sobram apenas uns trinta anos para impedir que a era transitória dos escravos sem senhor dure dois séculos.

3

Com relação à vida cotidiana, a revolução burguesa toma ares de contrarrevolução. O mercado de valores humanos raramente conheceu tal queda; nunca a concepção de existência do homem sofreu tamanha desvalorização. A promessa – lançada como um desafio ao universo – de instaurar o reino da liberdade e do bem-estar tornava mais sensível ainda a mediocridade de uma vida que a aristocracia soube enriquecer com paixões e aventuras e que, quando se tornou acessível a todos, já não passava de um palácio dividido em quartos de empregada.

De agora em diante se viveria menos de ódio do que de desprezo, menos de amor do que de apego, menos do ridículo do que de estupidez, menos de paixões do que de sentimentos, menos de desejos do que de vontade, menos da razão do que de cálculo e menos de gosto de viver do que de zelo em sobreviver. A moral do lucro, totalmente desprezível, substituía a moral da honra, completamente odiosa; ao misterioso poder do sangue, perfeitamente ridículo, sucedia o poder do dinheiro, perfeitamente ubuesco[79]. Os filhos da noite de 4 de agosto de 1789 fizeram das contas de banco e dos gráficos de venda o seu brasão; a mistificação passou a habitar o livro de contabilidade.

Onde reside o mistério do dinheiro? Evidentemente no fato de representar uma soma de seres e de coisas apropriáveis. O brasão nobiliárquico exprime a escolha de Deus e o poder real exercido pelo eleito; o dinheiro é somente o sinal daquilo que pode ser adquirido, é uma letra de câmbio sobre o poder, uma possível escolha. O Deus dos feudais, aparentemente a base da ordem social, era na verdade somente seu pretexto extravagante, sua coroação. O dinheiro, esse deus sem cheiro dos burgueses, é também uma mediação, um contrato social. É um deus manipulado não mais por padres ou juramentos, mas pela ciência e técnicas especializadas. O seu mistério não reside mais em uma totalidade obscura, impenetrável, mas em uma soma de infinitas certezas parciais; não mais na qualidade de senhor, mas na qualidade de seres e coisas vendáveis (que um milhão de dólares colocam, por exemplo, ao alcance do seu possuidor).

Na economia capitalista do livre comércio, dominada pelos imperativos da produção, a riqueza confere por si só o poder e as honras. Senhora dos instrumentos de produção e da força de tra-

---

79 Adjetivo derivado de Ubu, personagem da comédia burlesca Ubu Rei (1896), de Alfred Jarry, caracterizado por um comportamento ao mesmo tempo grotesco e cruel. Aplica-se a pessoas e a situações, com nuanças, por vezes mal definidas, que variam entre o cômico e o absurdo. (N.T.)

balho, ela controla o desenvolvimento das forças produtivas e dos bens de consumo, e assim seus donos têm a escolha de uma miríade de frutos de um progresso infinito. Contudo, à medida que esse capitalismo se transforma em seu oposto, uma economia planejada do tipo estatista, o prestígio do capitalista que atira no mercado o peso de sua fortuna desaparece e, com ele, a caricatura do comerciante de carne humana, barrigudo e de charuto na boca. Hoje em dia temos os managers, que obtêm o seu poder do talento como organizador; e os computadores já estão aí lhes tirando o emprego. Os managers, é claro, ganham seus gordos contracheques mensais. Mas como eles podem ostentar sua riqueza? Xanadus, haréns, e todas as pompas dos ricos extravagantes estão além do seu alcance. Infelizmente para eles, os imperativos de consumo democratizaram tanto a necessidade de ostentar poder, que a força simbólica da riqueza foi perdida. Sob a ditadura do consumo, o dinheiro derrete como a neve ao sol. A sua importância decresce em proveito de objetos com maior valor representativo, mais tangíveis, mais bem adaptados ao espetáculo do Welfare State. Os bens de consumo usurpam o poder do dinheiro porque, revestidos de ideologia, eles são os verdadeiros símbolos de poder. A sua última justificação residirá em breve na quantidade de objetos e de *gadgets* que ele permite adquirir e jogar fora a um ritmo cada vez mais acelerado; somente a quantidade e a velocidade importam, já que a distribuição em massa e a padronização lhes retiram automaticamente o atrativo da raridade e da qualidade. A capacidade de consumir muito e a um ritmo acelerado, trocando de carro, álcool, casa, som, namorada, indica a partir de agora o grau de poder na escala hierárquica a que cada um pode aspirar. Da superioridade do sangue ao poder do dinheiro, da superioridade do dinheiro ao poder do gadget, a civilização cristã e socialista atinge o seu último estágio: uma civilização do prosaísmo e da minúcia vulgar. Um ninho perfeito para os anões de que falava Nietzsche.

O poder aquisitivo é a licença de aquisição do poder. O velho proletariado vendia a força de trabalho para subsistir; o seu escasso tempo livre era gasto mais ou menos agradavelmente em discussões, conversas, nos bares, fazendo amor, caminhando, em festas e motins. O novo proletariado vende a força de trabalho para consumir. Quando não busca no trabalho forçado uma promoção hierárquica, o trabalhador é convidado a comprar objetos (carro, gravata, cultura...) que lhe atribuirão o seu lugar na escala social. Esta é a era em que a ideologia do consumo se torna o consumo da ideologia. A expansão cultural leste-oeste não é um acidente. De um lado, o homo consumitor compra um litro de uísque e recebe como prêmio a mentira que o acompanha. Do outro, o homem comunista compra ideologia e recebe como prêmio um litro de vodka. Paradoxalmente, os regimes soviéticos e os regimes capitalistas seguem um caminho comum, os primeiros graças à sua economia de produção, os segundos pela sua economia de consumo.

Na URSS, o sobretrabalho dos trabalhadores não enriquece, estritamente falando, diretamente o camarada diretor da empresa. Simplesmente reforça seu poder como organizador e burocrata. A sua mais-valia é uma mais-valia de poder. (Mas esse novo tipo de mais-valia não deixa por isso de obedecer à baixa tendencial da taxa de lucro. As leis de Marx da vida econômica demonstram hoje a sua veracidade na economia da vida.) Ele a ganha, não sobre a base de um capital-dinheiro, mas sobre uma acumulação primitiva de capital-confiança obtido por meio de uma dócil absorção de matéria ideológica. O carro e a *datcha*[80], acrescentados como recompensa pelos serviços prestados à pátria, ao proletariado, ao rendimento, à Causa, deixam prever uma organização social na qual o dinheiro desaparecesse, dando lugar a distinções honoríficas, a patentes, a um mandarinato de bíceps e do pensamento especializados. (Lembre-se dos direitos concedidos aos stakhanovistas[81], aos "heróis do espaço", aos arranhadores de cordas de violino e borradores de lona.)

---

80 Em russo no original: "casa de campo". (N.T.)

81 Stakhanov (1905-1977) era um operário da URSS que montava mais tijolos do que todos os outros. Ao fazer casas, chegou a montar por dia 10 mil ou 12 mil tijolos, e era elogiado como "o novo comunista". O stalinismo adotou-o como herói e exemplo, dando origem ao chamado "movimento stakhanovista". (N.T.)

Nos países capitalistas, o lucro material do patrão, tanto na produção quanto no consumo, distingue-se ainda do lucro ideológico, o qual o patrão não é o único a extrair por meio da organização do consumo. É isso que impede ainda de ver entre o manager e o operário mais que uma diferença entre um novo Rolls Royce todo ano e um Fusca carinhosamente mantido durante cinco anos. Mas reconheçamos que o planejamento, para a qual tudo concorre hoje confusamente, tende a quantificar as diferenças sociais segundo as possibilidades de consumir e de fazer consumir. Com as diferenças crescendo em número e se tornando menores, a distância entre ricos e pobres diminui de fato, e a humanidade é nivelada, com as variações de pobreza sendo as únicas variações. O ponto culminante seria a sociedade cibernética composta de especialistas hierarquizados segundo a sua aptidão de consumir e de fazer consumir as doses de poder necessárias ao funcionamento de uma gigantesca máquina social da qual eles seriam ao mesmo tempo a entrada e a saída de dados. Uma sociedade de exploradores-explorados onde alguns escravos são mais iguais do que outros.

Resta o "terceiro mundo". Restam as formas antigas de opressão. Que o servo dos *latifundia* seja o contemporâneo do novo proletariado me parece ser a fórmula perfeita para a mistura explosiva da qual nascerá a revolução total. Quem ousaria supor que o índio dos Andes irá depor as armas após ter obtido a reforma agrária e a cozinha equipada, quando os mais bem pagos trabalhadores da Europa exigem uma mudança radical do seu modo de vida? Sim, a revolta no estado de bem-estar fixa agora o grau de exigências mínimas para todas as revoluções do mundo. Àqueles que o esquecerem soará ainda mais dura a frase de Saint-Just[82]: "Aqueles que fazem as revoluções pela metade se limitam a cavar o próprio túmulo".

---

[82] Louis Antoine Saint-Just (1767-1794), um dos líderes da revolução francesa. (N.T.)

VIII

TROCA E DOM

A nobreza e o proletariado concebem as relações
humanas pelo modelo do dom, mas o dom do
proletariado é a superação do dom feudal.
A burguesia, a classe da troca, é a alavanca que
permite derrubar o projeto feudal e a sua superação
na longa revolução (1). – A história é a transformação
contínua da alienação natural em alienação social,
e também, paradoxalmente, o contínuo reforço de
um movimento de contestação que irá dissolvê-la,
"desalienando-a". A luta histórica contra a alienação
natural transforma a alienação natural em alienação
social, mas o movimento de "desalienação" histórica
atinge por sua vez a alienação social e denuncia
a sua magia fundamental. Essa magia deve-se à
apropriação primitiva. Exprime-se pelo sacrifício.
O sacrifício é a forma arcaica da troca. A extrema
quantificação das trocas reduz o homem a um puro
objeto. Dessa estaca zero pode nascer um novo tipo
de relação humana sem troca nem sacrifício (2).

1

A burguesia garante um interregno precário e pouco glorioso entre a hierarquia sagrada do feudalismo e a ordem anárquica das
futuras sociedades sem classes. O *no man's land* da burguesia é o
lugar inabitável que separa o velho prazer doentio de se dar, ao
qual se entregavam os aristocratas, e o prazer de dar por amor
próprio, ao qual as novas gerações de proletários estão pouco a
pouco começando a descobrir.

O toma-lá-dá-cá é a absurdidade favorita do capitalismo e dos
seus prolongamentos antagônicos. A URSS "oferece" hospitais e

técnicos, os EUA "oferecem" investimentos e ajuda, cereais matinais "oferecem" brindes-surpresa.

A verdade é que o sentido do dom foi extirpado da mentalidade, dos sentimentos, dos gestos. Pense em André Breton e seus amigos oferecendo uma rosa a cada bela transeunte do Boulevard Poissonnière e suscitando imediatamente a desconfiança e a animosidade do público.

O apodrecimento das relações humanas pela troca e pela contrapartida está evidentemente ligado à existência da burguesia. Que a troca persista em uma parte do mundo em que se diz que a sociedade sem classes se realizou atesta que a sombra da burguesia continua a reinar debaixo da bandeira vermelha. Enquanto isso, entre as pessoas que vivem nos países industrializados, o prazer de dar delimita muito claramente a fronteira entre o mundo do cálculo e o mundo da exuberância, da festa. Esse modo de dar não tem nada a ver com o dom que acrescentava prestígio à nobreza, irremediavelmente prisioneira da noção de sacrifício. Na verdade, o proletariado traz consigo o projeto de plenitude humana, de vida total. A aristocracia só tinha conseguido levar esse projeto ao seu mais rico fracasso. Reconheçamos pelo menos que um tal futuro se torna acessível ao proletariado pela presença histórica da burguesia, e por seu intermédio. Não é graças ao progresso técnico e às forças de produção desenvolvidas pelo capitalismo que o proletariado se dispõe a realizar, no projeto cientificamente elaborado de uma nova sociedade, os sonhos igualitários, as utopias de onipotência, a vontade de viver sem tempos mortos? Tudo confirma hoje a missão, ou melhor, a oportunidade histórica do proletariado: destruir o feudalismo, superando-o. E ele irá fazê-lo pisando com seus pés na burguesia, destinada a representar no desenvolvimento do homem apenas uma etapa transitória, mas uma etapa transitória sem a qual nenhuma superação do projeto feudal poderia ser concebida, e portanto uma etapa essencial, que criou a alavanca indispensável sem a qual o poder unitário jamais teria sido derrubado; e sobretudo jamais teria sido invertido e corrigido de acordo com o projeto do homem total.

A invenção de Deus atesta que o sistema de poder unitário já era um mundo para o homem total, mas para o homem total de cabeça para baixo. Apenas faltava desvirá-lo.

Não existe libertação possível diante do reino do econômico. Porém a única economia possível sob esse reino é uma hipotética economia da sobrevivência. É sob o aguilhão dessas duas verdades que a burguesia empurra os homens para uma superação do econômico, para um ponto além da história. Ter colocado a técnica ao serviço de uma nova poesia não será o seu mérito. Nunca a burguesia terá sido dão grandiosa como no momento do seu desaparecimento.

2

A troca está ligada à sobrevivência das hordas primitivas da mesma forma que a apropriação primitiva. Ambas constituem o postulado sobre o qual se construiu a história dos homens até nossos dias.

Por proporcionar aos primeiros homens uma segurança maior contra a natureza hostil, a demarcação de territórios de caça lançava as bases de uma organização social que ainda continua a nos aprisionar. (Cf. Raoul e Laura Makarius, *Totem e Exogamia*.) A unidade do homem primitivo com a natureza é de essência mágica. O homem só se separa verdadeiramente da natureza transformando-a por meio da técnica e, transformando-a, dessacraliza-a. Mas o emprego da técnica é determinado pela organização social. O nascimento da sociedade coincide com o surgimento da ferramenta. Mais ainda: a organização social é a primeira técnica coerente de luta contra a natureza. A organização social – hierárquica, uma vez que é baseada na apropriação privada – destrói aos poucos o laço mágico existente entre o homem e a natureza, mas carrega-se por sua vez de magia, cria entre ela e os homens uma unidade mítica calcada na sua participação no mistério da natureza. Enquadrada pelas relações "naturais" do homem pré-histórico, ela vai dissolver lentamente esse quadro que a define e a aprisiona. Desse ponto de vista, a história não passa da transformação da alienação natural em alienação social: um processo de "desalienação" transformado em um processo de alienação social, um movimento de libertação que produz novos grilhões; embora, no final, a vontade de emancipação humana ataque diretamente o conjunto dos mecanismos paralisantes, ou seja, a organização social baseada na apropriação privada. Esse é movimento de "desalienação" que vai desfazer a história e realizá-la em novos modos de vida.

A ascensão da burguesia ao poder anuncia a vitória do homem sobre as forças naturais. Mas, na mesma hora, a organização social hierárquica, nascida da necessidade de luta contra a fome, a doença, o desconforto etc., perde sua justificação e é obrigada a endossar a responsabilidade pelo mal-estar nas civilizações industriais. Hoje os homens já não atribuem a sua miséria à hostilidade da natureza, mas, sim, à tirania de uma forma social totalmente inadequada, totalmente anacrônica. Destruindo o poder mágico dos senhores feudais, a burguesia condenou a magia do poder hierárquico. O proletariado executará a sentença. O que a burguesia começou por meio de processos históricos será agora finalizado contra a sua estreita concepção de história. Mas será também uma luta histórica, uma luta de classes que *realizará* a história.

O princípio hierárquico é o princípio mágico que resistiu à emancipação dos homens e às suas lutas históricas pela liberdade. De agora em diante nenhuma revolução será digna desse nome se não implicar pelo menos a eliminação radical de toda hierarquia.

*

A partir do momento em que os membros de uma horda delimitam um território de caça e que portanto garantem a sua propriedade privada, encontram-se confrontados com um tipo de hostilidade que não é mais a hostilidade das feras, do clima, das regiões inóspitas, da doença, mas a dos grupos humanos excluídos da utilização da área de caça. O gênio humano vai lhe permitir escapar à alternativa do reino animal: ou esmagar o grupo rival ou ser esmagado por ele. O pacto, o contrato, a troca fundamenta a existência das comunidades primitivas. A sobrevivência dos clãs anteriores às sociedades agrícolas e posteriores às hordas da chamada era da "colheita" passa necessariamente por uma troca tripla: troca das mulheres, troca de alimento, troca de sangue. A mentalidade mágica fornece a essa operação um ordenador supremo, um senhor das trocas, um poder situado além e acima dos contratantes. O nascimento dos deuses coincide com o nascimento gêmeo do mito sagrado e do poder hierárquico.

A troca está longe de dar aos dois clãs um benefício igual. O problema foi sempre o de assegurar a neutralidade do clã excluído sem lhes permitir o acesso ao território de caça. As sociedades agrícolas aperfeiçoaram essas táticas. Os excluídos, que eram arrendatários antes de se tornarem escravos, entram no grupo dos possuidores, não como proprietários, mas como seu reflexo degradado (o famoso mito da Queda original), como a mediação entre a terra e seus senhores. Como se efetua a submissão dos excluídos? Pelo domínio coerente de um mito que dissimula – não por uma vontade deliberada dos senhores, já que isso seria supor que eles possuem uma racionalidade que lhes era ainda estranha – a astúcia das trocas, o desequilíbrio dos sacrifícios consentidos por ambos os lados. Ao proprietário, os excluídos sacrificam *realmente* uma fração importante da vida: aceitam a sua autoridade e trabalham para ele. Aos dominados, o senhor sacrifica *miticamente* a sua autoridade e o seu poder de proprietário: ele está pronto a pagar pela salvação comum do povo. Deus é o fiador da troca e o guardião do mito. Ele pune aqueles que quebram o contrato e recompensa aqueles que o cumprem lhes conferindo poder: um poder mítico para aqueles que se sacrificam realmente e um poder real para aqueles que se sacrificam miticamente. (A história e a mitologia mostram que o senhor poderia chegar a sacrificar sua vida ao princípio mítico.) Pagar o preço da alienação que ele impunha aos outros reforçava o caráter divino do senhor. Mas, desde muito cedo, ao que parece, uma morte encenada ou uma substituição livrava o senhor de uma contrapartida tão dura. Quando o Deus dos cristãos enviou o seu filho ao mundo, Ele deu a muitas gerações de chefes um modelo perfeito para autenticar o seu sacrifício.

O sacrifício é a forma arcaica da troca. Trata-se de uma troca mágica, não quantificada, não racional. Domina as relações humanas, incluindo as relações comerciais, até que o capitalismo mercantil e o seu dinheiro medida-de-todas-as-coisas tenham adquirido uma tal extensão na estrutura escravagista, feudal, e depois burguesa, até que a economia apareça como uma zona particular, um domínio separado da vida. Quando o dinheiro aparece, o elemento de troca no dom feudal começa a levar a melhor. O dom-sacrifício, o *potlatch* – esse *jogo* de troca e de quem -perde-ganha no qual o tamanho do sacrifício aumenta o peso do prestígio –, obviamente não tinha lugar em uma economia de troca racionalizada. Expulso dos setores dominados pelos imperativos econômicos, irá reemergir em valores tais como a hospitalidade, a amizade e o amor: refúgios condenados a desaparecer à medida que a ditadura da troca quantificada (o valor mercantil) coloniza a vida cotidiana e a transforma em mercado.

O capitalismo mercantil e o capitalismo industrial aceleraram a quantificação das trocas. O dom feudal foi racionalizado segundo o rígido modelo das trocas comerciais. O jogo como troca cessou de ser um jogo, tornando-se cálculo. A lúdica promessa romana de sacrificar um galo aos deuses em troca de uma viagem tranquila permaneceu fora do âmbito da medida mercantil em razão da disparidade do que era trocado. Podemos compreender bem que uma época em que Fouquet[83] se arruinava para brilhar mais aos olhos de seus contemporâneos (e para ofuscar Luís XIV) tenha produzido uma poesia que o nosso tempo já não conhece, acostumado como está a tomar por modelo de relações humanas a troca de 12,80 francos por um bife de 750 gramas.

---

[83] Nicolas Fouquet (1615-1680), homem brilhante, precoce e ambicioso que, após se tornar superintendente de finanças de Luís XIV, passou a ser a pessoa mais rica e poderosa do reino, a ponto de às vezes ser chamado de "o verdadeiro rei da França". Foi condenado à prisão perpétua, supostamente por especulações financeiras ilegais, e passou três anos totalmente incomunicável e com uma máscara de ferro na cabeça. Morreu na prisão. (N.T.)

Por conseguinte, o sacrifício veio a ser quantificado, racionalizado, pesado, cotado na bolsa. Mas o que sobrou da magia do sacrifício no mundo dos valores mercantis? E o que sobrou da magia do poder, o terror sagrado que leva o empregado-modelo a saudar respeitosamente o chefe de serviço?

Numa sociedade em que a quantidade de *gadgets* e de ideologia indica a quantidade de poder consumida, assumida, despendida, as relações mágicas evaporam-se, deixando o poder hierárquico no centro da contestação. A queda do último bastião sagrado será o fim de um mundo se o demolirmos logo, ou será o fim do mundo, já que ele arrastará consigo a humanidade.

Rigidamente quantificado (pelo dinheiro e depois pela quantidade de poder, por aquilo a que poderíamos chamar "unidades sociométricas de poder"), a troca polui todas as relações humanas, todos os sentimentos, todos os pensamentos. Onde quer que a troca domine, só sobram coisas, um mundo de homens-objetos congelados nos organogramas do poder cibernético: o mundo da reificação. Mas é também, paradoxalmente, a oportunidade de uma reestruturação radical dos nossos modelos de vida e de pensamento. Uma estaca zero em que *tudo* pode verdadeiramente começar.

*

O espírito feudal aparentemente concebia o dom como uma espécie de recusa altiva da troca, uma vontade de negar o intercambiável. Essa recusa vinha ao lado do desprezo pelo dinheiro e pela medida comum. É verdade que o sacrifício exclui o dom puro, mas foi deixado tanto espaço para o jogo, o gratuito, o humano, que a desumanidade, a religião, a seriedade muitas vezes apareciam como preocupações secundárias em relação à guerra, ao amor, à amizade ou à hospitalidade.

Pelo dom de si, a nobreza selava o seu poder à totalidade das forças cósmicas e pretendia ao mesmo tempo obter o controle da totalidade sacralizada pelo mito. Trocando o *ser* pelo *ter*, o poder burguês perde a unidade mítica do ser e do mundo; a totalidade esmigalha-se. A troca semirracional da produção se equipara implicitamente à criatividade, reduzida à força de trabalho e com um salário-hora. A troca semirracional do consumo se equipara implicitamente à experiência vivida consumível (a vida reduzida à atividade de consumo) com uma quantidade de poder capaz de prender o consumidor em seu lugar no organograma hierárquico. Ao sacrifício do senhor sucede o último estágio do sacrifício, o sacrifício do especialista. Para consumir, o especialista faz outros consumirem de acordo com um programa cibernético no qual a hiper-racionalidade das trocas suprimirá o sacrifício – e o homem ao mesmo tempo! Se a troca pura regular um dia as modalidades de existência dos cidadãos-robôs da democracia cibernética, o sacrifício deixará de existir. Para obedecer, os objetos não têm necessidade de justificação. O sacrifício não faz parte do programa das máquinas assim como do seu oposto, o projeto do homem total.

*

O desmoronamento dos valores humanos sob a influência dos mecanismos de troca arrasta consigo a própria troca. A insuficiência do dom aristocrático convida a fundar novas relações humanas sobre um dom puro. É necessário reencontrar o prazer de dar; dar por excesso de riqueza; dar porque se possui em superabundância. Que belos *potlatchs* sem contrapartida irá suscitar a sociedade do bem-estar – quer ela goste ou não – quando a exuberância das novas gerações descobrir o dom puro! (A paixão, cada vez mais difundida entre os jovens, de roubar livros, casacos, bolsas, armas e joias pelo único prazer de oferecê-las, felizmente deixa pressagiar o que a vontade de viver reserva à sociedade de consumo.)

As necessidades pré-fabricadas engendram a necessidade unitária de um novo estilo de vida. A arte, essa economia da experiência vivida, foi absorvida pelo mercado. Os desejos e os sonhos trabalham para o marketing. A vida cotidiana desintegra-se em sequências de momentos tão intercambiáveis quanto os *gadgets* que lhes distinguem: *mixers*, aparelhos de som, anticoncepcionais, estimulantes, pílulas para dormir. Em toda parte, partículas iguais entre si se agitam na luz uniforme do poder. Igualdade? Justiça? Troca de nadas, de limites e de proibições. Nada se move, somente uma sucessão de tempos mortos.

É necessário reatar com a imperfeição feudal, não para aperfeiçoá-la, mas para superá-la. É necessário redescobrir a harmonia da sociedade unitária libertando-a do fantasma divino e da hierarquia sagrada. A nova inocência não está longe das provações e dos juízos de Deus: a desigualdade do sangue está, mais que a igualdade burguesa, próxima da igualdade de indivíduos livres e irredutíveis uns aos outros. O estilo rígido da nobreza não passa de um esboço grosseiro do grande estilo que hão de conhecer os senhores sem escravos. Mas que abismo entre um estilo de vida e o mundo da sobrevivência que destroça tantas existências em nosso tempo!

IX

A TÉCNICA E O SEU USO MEDIATIZADO

Contrariamente aos interesses daqueles que controlam seu uso, a técnica tende a desmistificar o mundo. – O reino democrático do consumo retira qualquer valor mágico das mercadorias. Ao mesmo tempo, a organização (a técnica das novas técnicas) priva as novas forças de produção do seu poder de subversão e de sedução. A organização é assim pura organização da autoridade (1). – As mediações alienadas enfraquecem o homem ao tornarem-se indispensáveis. – Uma máscara social cobre os seres e objetos. No estado atual de apropriação primitiva, essa máscara transforma aquilo que ela cobre em coisas mortas, em mercadorias. Não existe mais natureza. – Reencontrar a natureza é reinventá-la como adversário vantajoso construindo novas relações sociais. – A excrescência do equipamento material arrebenta o casulo da velha sociedade hierárquica (2).

1

A mesma carência fulmina as civilizações não industriais, nas quais ainda se morre de fome, e as civilizações automatizadas, nas quais já se morre de tédio. Qualquer paraíso é artificial. Rica apesar dos tabus e dos ritos, a vida de um trobriandês está à mercê de uma epidemia de varíola. Pobre apesar do conforto, a vida de um sueco médio está à mercê do suicídio e do mal de sobreviver.

Rousseaunismo e poesias pastoris acompanham os primeiros roncos da máquina industrial. A ideologia do progresso, tal como a encontramos em Smith ou Condorcet[84], provém do velho mito das quatro eras. Como a idade do ferro precede a idade do ouro, parece "natural" que o progresso se realize também como um retorno: é necessário alcançar o estado de inocência anterior à Queda.

A crença no poder mágico das técnicas anda de mãos dadas com o seu oposto, o movimento de dessacralização. A máquina é o modelo do inteligível. Não há mistério, nada obscuro nas suas correias, nas suas transmissões, nas suas engrenagens; tudo nela pode ser explicado perfeitamente. Mas a máquina é também o milagre que deve fazer aceder a humanidade ao reino da felicidade e da liberdade. Além disso, essa ambiguidade é útil aos senhores: a mística dos amanhãs felizes justifica em vários níveis a exploração racional dos homens hoje. Portanto, não é tanto a lógica da dessacralização que abala a fé no progresso, mas, sim, o emprego desumano do potencial técnico, o modo que a mística barata em torno dele se torna estridente. Enquanto as classes laboriosas e os povos subdesenvolvidos ofereceram o espetáculo da miséria material lentamente decrescente, o entusiasmo pelo progresso alimentou-se amplamente na manjedoura da ideologia liberal e do seu prolongamento, o socialismo. Mas, um século após a manifestação espontânea dos operários de Lyon que quebraram os teares mecânicos, a crise geral eclode desta vez originada pela crise da grande indústria. É a regressão fascista, o sonho idiota de um regresso ao artesanato e ao corporativismo, o ubuesco "bom selvagem" ariano.

As promessas da velha sociedade de produção caem em nossas cabeças em uma avalanche de bens de consumo que ninguém se arrisca a atribuir ao maná celeste. Dificilmente alguém pode acreditar no poder mágico dos *gadgets* do mesmo modo com que as pessoas costumavam acreditar no poder mágico das forças produtivas. Existe uma literatura hagiográfica a respeito do martelo-pilão. Não se pode imaginá-la a respeito do *mixer*. A produção em massa dos instrumentos de conforto – todos igualmente revolucionários

---

84 Jean-Antoine-Nicolas de Caritat ou Marquês de Condorcet (1743-1794), filósofo liberal, matemático e homem político francês. (N.T.)

se acreditarmos na publicidade – deu ao mais rústico o direito de expressar uma opinião sobre as maravilhas da inovação tecnológica de uma forma tão despreocupada e segura como a mão que tateia as nádegas de uma moça condescendente. A chegada do homem a Marte passará despercebida na Disneylândia.

Reconhecidamente, o surgimento das rédeas, da máquina a vapor, da eletricidade, da energia nuclear perturbaram e alteraram a infraestrutura das sociedades (mesmo quando foram descobertas quase que incidentalmente). Seria inútil esperar hoje das novas forças produtivas uma transformação do modo de produção. A expansão das técnicas foi acompanhada por uma supertécnica de síntese, talvez tão importante quanto a comunidade social, essa primeira síntese fundada na alvorada da humanidade. Talvez mais importante ainda, já que foi arrancada dos seus senhores, é possível que a cibernética liberte os grupos humanos do trabalho e da alienação social. O projeto de Charles Fourier nada mais é do que isso, em uma época em que era possível a utopia.

Dito isto, entre Fourier e os cibernéticos que controlam a organização operacional das técnicas, existe a distância que vai da liberdade à escravidão. O projeto cibernético afirma já estar suficientemente desenvolvido para ser capaz de resolver o conjunto dos problemas surgidos pela aparição de uma nova técnica. Nada é menos seguro, por várias razões:

1. Nada mais se pode esperar do desenvolvimento das forças produtivas e da produção em massa de bens de consumo. Nada de odes ditirâmbicas aos condicionadores de ar musicais ou poemas cantados aos fornos solares! Vemos um cansaço chegando, que já está manifestamente presente a ponto de correr o risco de se converter mais cedo ou mais tarde em uma crítica da própria organização.

2. Nem com toda a flexibilidade da síntese cibernética se conseguirá dissimular que ela não passa da síntese superadora das diferentes formas de governo que foram exercidas so-

bre os homens, e seu último estágio. Como ela poderia mascarar a função alienante que nenhum poder pôde subtrair às armas da crítica e à crítica das armas? Ao assentarem as bases de uma estrutura de poder perfeita, os cibernéticos apenas promoverão a perfeição da recusa a ela. A sua programação das novas técnicas será quebrada por essas mesmas técnicas, desvirtuadas do seu uso por um outro tipo de organização. Uma organização revolucionária.

2

A organização tecnocrática eleva a mediação técnica a seu mais alto ponto de coerência. Sabe-se já há muito tempo que o senhor utiliza os escravos como meio de se apropriar do mundo objetivo; que o instrumento só aliena o trabalhador a partir do momento que é o senhor que o possui. Do mesmo modo no domínio do consumo, não são os bens que são intrinsecamente alienantes, mas a escolha condicionada e a ideologia que os envolve. O instrumento na produção e a escolha condicionada no consumo tornam-se os suportes da mentira: eles são as mediações que incitam o homem produtor e o homem consumidor a *agir* ilusoriamente em uma *passividade* real, e o transformam em ser essencialmente dependente. As mediações controladas separam o indivíduo de si mesmo, dos seus desejos, dos seus sonhos, da sua vontade de viver; e assim as pessoas passam a acreditar na lenda segundo a qual ninguém pode ficar sem elas nem sem o poder que as governa. Quando o poder fracassa em paralisar pela coação, o faz pela sugestão: impondo a todos muletas que ele controla e é dono. O poder como soma de mediações alienantes aguarda apenas a água benta dos cibernéticos para batizá-lo como estado de Totalidade. Mas não existe poder total, existem apenas poderes totalitários. E os cibernéticos são sacerdotes tão medíocres que a organização sacralizada por eles é apenas fonte de riscos.

Por ter sido apreendido por mediações alienadas (instrumentos, pensamentos, necessidades falsificadas), o mundo objetivo (ou a natureza, como se preferir) acabou ficando rodeado por uma espécie de tela que paradoxalmente aliena o homem de si mesmo à medida que o homem transforma esse mundo objetivo e se transforma. O véu das relações sociais envolve inextricavelmente o mundo natural. Aquilo a que se chama "natural" é tão artificial quanto a cor "natural" dos perfumes. Os instrumentos da *praxis* não pertencem aos agentes da *praxis*, aos trabalhadores. E é exatamente por isso que a zona de opacidade que separa o homem de si mesmo e da natureza se tornou uma parte do homem e da natureza. Não há uma natureza a reencontrar, mas uma natureza a refazer, a reconstruir.

A busca da verdadeira natureza, da vida natural que é totalmente oposta à mentira da ideologia social, representa uma das ingenuidades mais comoventes de uma boa parte do proletariado revolucionário, dos anarquistas, e de figuras tão notáveis como o jovem Wilhelm Reich[85], por exemplo.

Sob o reino da exploração do homem pelo homem, a transformação real da natureza passa pela transformação real da mentira social. Em sua luta, nunca a natureza e o homem estiveram realmente frente a frente. A mediação do poder social hierárquico e a sua organização da aparência os uniam, porém os mantinham separados. Transformar a natureza era socializá-la, mas a natureza foi mal socializada. Se toda natureza existente é social, é porque a história nunca conheceu uma sociedade sem poder.

Um tremor de terra é um fenômeno natural? Ele atinge os homens, mas atinge-os somente como seres sociais alienados. O que é um tremor de terra em si? Suponha que nesse instante houvesse um terremoto em Alfa Centauro. Quem se incomodaria a não ser os chatos metafísicos das universidades e dos centros de pensamento puro?

E a morte: também ela atinge os homens socialmente. Não só porque a energia e a riqueza desperdiçadas por meio do militaris-

---

85 Wilhelm Reich (1897-1957), discípulo dissidente de Freud que desenvolveu uma ampla pesquisa sobre os processos energéticos vitais. Seu marxismo heterodoxo o fez ser expulso do Partido Comunista alemão, e suas descobertas e posições no campo psicanalítico o fizeram ser excomungado pelo meio psicanalítico. (N.T.)

mo e da anarquia capitalista e burocrática poderiam oferecer uma contribuição vital à luta científica contra a morte, mas sobretudo porque o caldo de cultura no qual se desenvolvem os germes da morte se mantém, com a benção da ciência, no gigantesco laboratório da sociedade (estresse, desgaste nervoso, condicionamento, poluição, curas piores que as doenças etc.). Só os animais têm direito à morte natural, e mesmo assim...

Desligando-se na animalidade superior pela história, os homens chegariam a sentir a nostalgia do contato animal com a natureza? Creio que é esse o sentido pueril que se deve atribuir à busca do natural. Porém, em uma forma enriquecida e transformada, esse desejo significa a superação de 30 mil anos de história.

Atualmente, a tarefa é apreender uma natureza nova como um adversário que vale a pena, isto é, ressocializá-la libertando o aparato técnico da esfera da alienação, tirando-o das mãos dos dirigentes e dos especialistas. Somente no final do processo de "desalienação" a natureza se tornará um adversário conveniente, em uma sociedade na qual a criatividade do homem não encontre, como primeiro obstáculo à sua expansão, o próprio homem.

*

A organização técnica não sucumbe sob a pressão de uma força exterior. A sua falência é o efeito de um apodrecimento interno. Longe de sofrer o castigo de uma vontade prometeica, morre, pelo contrário, por nunca ter se emancipado da dialética do senhor e do escravo. Mesmo se reinassem um dia, os cibernéticos sempre teriam dificuldade de se manter lá. As suas visões complacentes de seu próprio futuro cor-de-rosa já merecem estas palavras ditas por um operário negro a um patrão branco (*Présence Africaine*, 1956): "Quando vimos os seus caminhões e os seus aviões, pensamos que vocês fossem deuses, e anos depois aprendemos a guiar os seus aviões, e compreendemos que o que mais lhes interessava era fabricar os caminhões e os aviões e ganhar dinheiro. Da nossa parte, o que nos interessa é fazermos uso deles. Agora vocês são apenas os nossos ferreiros".

X

O REINO DO QUANTITATIVO

Os imperativos econômicos tentam impor
ao conjunto dos comportamentos humanos a
medida padronizada do sistema de mercado.
A grande quantidade toma o lugar do qualitativo,
mas mesmo a quantidade é racionada e
economizada. O mito funda-se na qualidade,
a ideologia na quantidade. A saturação
ideológica é uma fragmentação em pequenas
quantidades contraditórias, incapazes de não
se destruírem e de não serem destruídas pela
negatividade qualitativa da recusa popular
(1). – O quantitativo e o linear são indissociáveis.
Um tempo e uma vida medidos linearmente
definem a sobrevivência: uma sucessão de
momentos intercambiáveis. Essas linhas
são parte da confusa geometria do poder (2).

1

O sistema de trocas comerciais acabou por governar as relações
cotidianas do homem com ele mesmo e com os seus semelhan-
tes. Todos os aspectos da vida pública e privada são dominados
pelo quantitativo.

O comerciante em A *Exceção e a Regra*[86] confessa: "Não sei o
que é um homem. Só sei seu preço". Na medida em que os indiví-

---

[86] Obra de Bertold Brecht. (N.T.)

duos aceitam e fazem existir o poder, o poder também os reduz à sua medida, padroniza-os. O que é o indivíduo para um sistema autoritário? Um ponto devidamente situado na sua perspectiva. Um ponto que ele certamente reconhece, mas reconhece somente por meio da matemática, em um diagrama no qual os elementos, colocados em abscissas e ordenadas, lhe atribuem o lugar exato.

O cálculo da capacidade humana de produzir e de fazer produzir, de consumir e de fazer consumir concretiza com perfeição essa expressão tão cara aos filósofos (e aliás tão reveladora da sua missão): a medida do homem. Até o simples prazer de um passeio de carro se avalia habitualmente pelo número de quilômetros percorridos, pela velocidade atingida e pelo consumo de gasolina. Ao ritmo com que os imperativos econômicos se apropriam dos sentimentos, das paixões, das necessidades, pagando à vista a falsificação deles, em breve nada mais restará ao homem além da lembrança de um dia ter existido. A história, com as suas lembranças dos dias passados, será o consolo de se sobreviver. Como poderia a verdadeira alegria caber em um espaço-tempo mensurável e medido? Nem sequer um riso franco. No máximo, a grosseira satisfação do homem-que-alcançou-o-valor-do-seu-dinheiro, e que existe por esse padrão. Só o objeto é mensurável, é por isso que todas as trocas reificam.

*

O tesão que subsistia entre o prazer e a sua busca aventurosa acaba se desagregando em uma sucessão ofegante de gestos reproduzidos mecanicamente, e em vão se espera que seu ritmo possa levar a algo pelo menos parecido com um orgasmo. O Eros quantitativo da velocidade, da mudança rápida, do amor contra o relógio deforma em toda parte o rosto autêntico do prazer.

O qualitativo reveste lentamente o aspecto de uma infinita quantidade, uma sequência sem fim e cujo fim momentâneo é sempre a negação do prazer, uma insatisfação profunda e irremediável de um Don Juan. Ao menos se a sociedade atual encorajasse uma insatisfação desse gênero, se deixasse à sede insaciável de absoluto uma licença para realizar suas devastações e expressar suas atrações delirantes! Quem recusaria conceder algum encanto à vida de um ocioso, um pouquinho despreocupado talvez, mas que goza à vontade tudo que torna a passividade deliciosa: um harém com lindas garotas, amigos agradáveis, drogas requintadas, comidas exóticas, licores fortes e perfumes suaves. Trata-se de um homem menos inclinado a mudar a vida do que buscar refúgio naquilo que ela oferece de mais acolhedor: um libertino de grande estilo.

Realmente, não existe hoje ninguém que tenha uma tal opção: a própria quantidade é racionada nas sociedades tanto ocidentais quanto orientais. Um magnata das finanças ao qual restasse apenas um mês de vida recusaria ainda assim torrar a sua fortuna toda numa imensa orgia. A moral do lucro e da troca não larga tão fácil a sua presa. A economia capitalista, mesmo quando se compra em um container tamanho gigante, sempre se refere à mesma coisa: a parcimônia.

Que golpe feliz foi para a mistificação vestir a quantidade como qualidade, para manter a poderosa ilusão de que uma mera multiplicidade de possibilidades poderia ser a base de um mundo multidimensional! Englobar as trocas no Dom, deixar que se expandam todas as aventuras (a de Gilles de Rais[87], a de Dante) entre a Terra e o Céu, era isso precisamente o que a classe burguesa não poderia fazer, era isso que ela destruía em nome do comércio e da indústria. E a que nostalgia ela se condenava assim! A burguesia é um pobre e precioso catalisador – ao mesmo tempo tudo e nada –, graças ao qual a sociedade sem classes e sem poder autoritário realizará os sonhos da sua infância aristocrática.

As sociedades unitárias feudais e tribais tinham no ato de fé um elemento mítico e mistificante da maior importância. Mal a

---

87 Gilles de Rais (1404-1440), nobre morto pela Inquisição após um processo em que foi acusado de sacrificar mãos e corações de criancinhas para obter o segredo da pedra filosofal, ou seja, descobrir a maneira de transformar metais em ouro. (N.T.)

burguesia quebrou a unidade do poder e de Deus, logo se esforçou em envolver em espírito unitário aquilo que nas suas mãos já não passava de fragmentos e migalhas de poder. Infelizmente sem unidade não há qualitativo! A democracia triunfa com a atomização social. A democracia é o poder limitado do maior número e o poder do maior número limitado. As grandes ideologias logo abandonam a fé pelos números. O que é a pátria? Hoje em dia não é mais do que alguns milhares de veteranos combatentes. E aquilo que Marx e Engels chamavam "nosso partido"? Hoje em dia são alguns milhões de votos, alguns milhares de cabos eleitorais: um partido de massa.

Na verdade, a essência da ideologia provém da quantidade: ela não passa de uma ideia reproduzida no tempo (o condicionamento pavloviano[88]) e no espaço (a sua adoção pelos consumidores) um grande número de vezes. A ideologia, a informação, a cultura tendem cada vez mais a perder o seu conteúdo para se tornarem quantitativo puro. Quanto menos uma informação tem importância, mais ela é repetida e com mais êxito afasta as pessoas dos seus verdadeiros problemas. Goebbels[89] disse que quanto maior a mentira, mais facilmente ela é engolida. Mas estamos longe dessa grande mentira de que falava Goebbels. As promessas redobradas da ideologia exibem uma centena de livros, cem detergentes ou cem concepções políticas, que com igual convicção ela demonstra ser incontestavelmente superiores a todos os outros. Mesmo na ideologia, a quantidade é destruída pela própria quantidade: condicionamentos conflitantes acabam eliminando uns aos outros. É esse o modo de reencontrar a virtude do qualitativo, que é capaz de mover montanhas?

---

88 Ivan Pavlov (1849 – 1936), fisiologista russo, ganhador do Prêmio Nobel de medicina, descobridor do "reflexo condicionado". (N.T.)

89 Joseph Paul Goebbels foi Chefe da Propaganda Nazista e Ministro do Terceiro Reich. Nascido em 1897, Goebbels, por não aceitar a rendição incondicional exigida pelos Aliados, envenenaria os seus próprios filhos e sua esposa, tirando sua própria vida logo em seguida, no dia 1º de maio de 1945. (N.T.)

Pelo contrário, os condicionamentos contraditórios podem levar a um trauma, a uma inibição, a uma recusa radical da "estupidificação". É certo que a ideologia ainda tem uma carta na manga: a de colocar falsas questões, levantando falsos dilemas e deixando o indivíduo condicionado resolver qual entre duas mentiras é a mais verdadeira. Porém, a inutilidade de tais distrações pesa pouco para aliviar o mal de sobreviver ao qual a sociedade de consumo expõe seus membros.

Do tédio pode nascer a cada momento a irresistível recusa da uniformidade. Os acontecimentos de Watts, de Estocolmo e de Amsterdã mostraram que um ínfimo pretexto pode dar origem a uma perturbação salutar. Que quantidade de mentiras reiteradas um só gesto de poesia revolucionária não é capaz de aniquilar? De Villa a Lumumba[90], de Estocolmo a Watts, a agitação qualitativa, a que radicaliza as massas porque originada no radicalismo das massas, corrige as fronteiras da submissão e do embrutecimento.

2

Sob os regimes unitários, o sagrado cimentava a pirâmide social na qual, do senhor ao servo, cada ser particular tinha lugar estabelecido segundo a vontade da Providência, a ordem do mundo e o bel-prazer do rei. A coesão do edifício, corroída pela crítica dissolvente da jovem burguesia, desapareceu sem que se apagasse, como se sabe, a sombra da hierarquia divina. O desmantelamento da pirâmide, longe de suprimir o cimento desumano, somente o esmigalha. Assiste-se à "absolutização" de pequenos seres particulares, de pequenos "cidadãos" disponíveis devido à atomização social. A imaginação inflada do egocentrismo erige em universo aquilo que cabe em um ponto, igualzinho a milhares de outros pontos,

---

90 Patrice Lumumba foi um dos principais líderes do movimento de independência do Congo nos anos 1950, então colônia da Bélgica. Lumumba foi assassinado em janeiro de 1960. (N.T.)

grãos de areia livres, iguais, fraternos, correndo para lá e para cá como formigas quando o seu ninho é desmanchado. Todas as linhas de conduta enlouqueceram desde que Deus deixou de lhes oferecer um ponto de convergência, linhas que se entrelaçam e se quebram em uma aparente desordem. Mas que ninguém se engane: a despeito da anarquia da competição e do isolamento do individualismo, estabeleceram-se interesses de classe e de casta, estruturando-se uma geometria impaciente para rivalizar a geometria divina em coerência.

A coerência do poder unitário, embora fundada no princípio divino, é uma coerência palpável, intimamente vivida por todos. O princípio material do poder fragmentário, paradoxalmente, só fornece uma coerência abstrata. Como a organização da sobrevivência econômica poderia esperar substituir sem conflito a esse Deus imanente, onipresente, em toda parte invocado a testemunhar mesmo os gestos mais triviais (como cortar pão, espirrar...)? Suponhamos que o governo laicizado dos homens, com a ajuda dos cibernéticos, possa igualar a onipotência (aliás totalmente relativa) do modo de domínio feudal. Mas, mesmo assim, como se poderia substituir o ambiente mítico e poético que envolvia a vida das comunidades socialmente solidárias e que, de algum modo, lhes proporcionava uma terceira dimensão? A burguesia, indubitavelmente, caiu na armadilha da semirrevolução.

*

O quantitativo e o linear confundem-se. O qualitativo é plurivalente, o quantitativo unívoco. A vida quantificada se torna uma linha uniforme que se segue em direção à morte.

A ascensão radiosa da alma ao céu deu lugar a especulações ocas sobre o futuro. Nenhum momento se irradia mais, como faziam no tempo cíclico das antigas sociedades. O tempo é um fio, do nascimento à morte, da memória do passado ao futuro esperado, uma eterna sobrevivência alonga sua sucessão de instantes e de presentes híbridos igualmente roídos pelo tempo que foge e pelo tempo que vem. O sentimento de viver em simbiose com as forças cósmicas – esse sentido de simultaneidade – revelava aos Antigos alegrias que o nosso *escoamento no mundo* dificilmente pode nos conceder. O que sobra dessa alegria? A vertigem de atravessar, a pressa de caminhar ao mesmo passo do tempo. Ser do seu tempo, como dizem aqueles que disso fazem comércio.

Não se trata de lamentar a perda do tempo cíclico, o tempo da efusão mística, mas, sim, de corrigi-lo, de centrá-lo no homem, não no animal divino. O homem não é o centro do tempo atual, mas apenas um ponto. O tempo é composto por uma sucessão de pontos, cada um tomado independentemente dos outros como um absoluto, mas um absoluto repetido e requentado. Uma vez que se localizam na mesma linha, todas as ações e todos os momentos assumem igual importância. Isso é o prosaísmo. No reino do quantitativo, tudo é sempre o mesmo. Os fragmentos absolutizados são intercambiáveis. Dissociados uns dos outros – e portanto separados do próprio homem –, os momentos da sobrevivência se sucedem e se assemelham, como se sucedem e se assemelham as atitudes especializadas que correspondem a eles: os papéis sociais. Pratica-se amor da mesma forma que se dirige um carro. Cada instante tem o seu estereótipo, e os fragmentos de tempo arrastam os fragmentos de homens para um passado incorrigível.

Para que enfiar as pérolas para fazer um colar de recordações? Ao menos se o peso das pérolas destruísse o colar, mas não. Momento por momento, o tempo cava o seu poço, tudo se perde, nada se cria...

Não desejo uma sequência de momentos, mas, sim, um grande momento. Uma totalidade vivida, sem o sentimento de "tempo passando", sem duração. O sentimento de "tempo passando" é simplesmente o sentimento de envelhecimento. E entretanto, uma vez que é necessário também sobreviver para viver, nesse tempo necessariamente se enraízam os momentos virtuais, as possibilidades. Federar os momentos, torná-los leves pelo prazer, extrair deles a promessa da vida já é aprender a construir uma "situação".

*

As linhas de sobrevivência individuais se cruzam, se chocam, se intersectam. Cada uma põe limites à liberdade das outras, os projetos se anulam em nome da sua autonomia. Assim se funda a geometria do poder fragmentário.

Julgamos viver no mundo, mas na verdade adotamos uma perspectiva. Não mais a perspectiva simultânea dos pintores primitivos, mas a dos racionalistas do Renascimento. Dificilmente os olhares, os pensamentos, os gestos escapam à atração do longínquo ponto de fuga que os ordena e os altera, situando-os no seu espetáculo. O poder é o maior urbanista. Ele loteia a sobrevivência em partes privada e pública, compra a preço baixo os terrenos roçados, proíbe que se construa sem passar pelas suas normas. Ele próprio constrói para expropriar cada um de si mesmo. Os seus construtores de cidades invejam esse estilo monolítico sem graça, e o imitam ao substituir a velha arquitetura confusa da santa hierarquia por regiões de magnatas, bairros de funcionários, blocos de trabalhadores (como em Mourenx)[91].

A reconstrução da vida, a reedificação do mundo: uma única e mesma vontade.

---

91 A cidade planejada de Mourenx (no sudoeste da França) foi o primeiro grande exemplo francês do novo urbanismo tecnocrata. Motivo de um ensaio do sociólogo Henri Lefebvre, bem próximo de Vaneigem em determinado período. (N. da E.)

XI

ABSTRAÇÃO MEDIATIZADA E MEDIAÇÃO ABSTRATA

A realidade está hoje aprisionada na metafísica como outrora esteve aprisionada na visão teológica. O modo de ver imposto pelo poder "abstrai" as mediações da sua função original, que é prolongar no mundo real as demandas da experiência vivida. Mas a mediação nunca perde totalmente o contato com a experiência vivida: ela resiste à atração do campo autoritário. O ponto no qual a resistência começa é o posto de observação da subjetividade. Até hoje, os metafísicos se limitaram a organizar o mundo, trata-se agora de transformá-lo, contra eles (1). – O regime da sobrevivência garantida provoca lentamente o desmoronamento da crença na necessidade do poder (2). – Assim se anuncia uma recusa crescente das formas que nos governam, uma recusa do seu princípio ordenador (3). – A teoria radical, que é a única garantia de uma recusa coerente, penetra as massas porque prolonga a criatividade espontânea delas. A ideologia "revolucionária" é a teoria recuperada pelos dirigentes. – As palavras existem na fronteira da vontade de viver e da sua repressão; o seu emprego determina o seu significado; a história controla as modalidades de emprego. A crise histórica da linguagem anuncia uma superação possível em direção à poesia dos gestos, em direção ao grande jogo com os signos (4).

1

Que trilha é essa na qual, ao me procurar, acabo me perdendo? Que cortina é essa que me separa de mim mesmo sob pretexto de me proteger? E como me reencontrar nesses fragmentos desintegrados que me compõem? Avanço a uma terrível incerteza de que um dia eu consiga me apoderar de mim. Tudo se passa como se os meus passos me precedessem, como se pensamentos e afetos seguissem os contornos de uma paisagem mental que eles pensam criar, e que na realidade os modela. Uma força absurda – tanto mais absurda quanto se inscreve na racionalidade do mundo e parece incontestável – coage a saltar sem parar para atingir um solo que os meus pés nunca abandonaram. E com esse salto inútil em direção a mim, só o que consigo é que o meu presente seja tirado de mim: a maior parte do tempo eu vivo afastado daquilo que sou, ao ritmo do tempo morto...

A meu ver, é muito grande a indiferença das pessoas quando em certas épocas se vê o mundo tomar as *formas* de metafísica dominante. A crença em Deus e no diabo, por mais bizarra que seja, faz desses dois fantasmas uma realidade viva logo que uma coletividade os julga presentes o suficiente para inspirar os textos das suas leis. Do mesmo modo, a estúpida distinção entre causa e efeito foi capaz de reger a sociedade na qual os comportamentos humanos e os fenômenos em geral eram analisados em tais termos. E ainda hoje, ninguém pode subestimar a dicotomia aberrante entre pensamento e ação, teoria e prática, real e imaginário... essas são forças da organização. O mundo da mentira é um mundo real: nele se mata e se morre, é melhor que não se esqueça isso. Enquanto ironizamos sem dó o apodrecimento da filosofia, os filósofos contemporâneos se retiram com um sorriso de entendidos por trás da mediocridade do seu pensamento: sabem ao menos que o mundo continua a ser uma construção filosófica, um grande sótão ideológico. Sobrevivemos numa paisagem metafísica. A mediação abstrata e alienante que me afasta de mim mesmo é terrivelmente concreta.

A Graça, uma parte de Deus concedida ao homem, sobreviveu ao próprio Deus. Laicizou-se. Abandonando a teologia pela metafísica, permaneceu incrustada no corpo do indivíduo como um guia, uma agência internalizada do governo. Quando as fantasias freudianas penduram por cima da porta do ego o monstro do Superego, é menos à tentação de uma simplificação abusiva do que a uma recusa de investigar mais profundamente sobre a origem social da coação que elas sucumbem (o que Reich compreendeu perfeitamente). A opressão reina porque os homens estão divididos, não só entre eles mas também em si mesmos. Aquilo que nos separa de nós mesmos e nos enfraquece nos une ao poder por meio de laços falsos, reforçando esse poder e nos fazendo escolhê-lo como protetor, como *pai*.

"A mediação", diz Hegel, "é a igualdade consigo mesmo se movendo". Mas mover-se pode significar também se perder. E quando ele acrescenta: "É o momento do *morrer* e *tornar-se*", não é preciso mudar uma palavra para que o sentido difira radicalmente conforme a perspectiva em que nos colocamos: a do poder autoritário ou a do homem total.

Quando a mediação escapa ao meu controle, um movimento que julgo ser meu me arrasta imediatamente para o estranho e para o desumano. Engels mostrou meticulosamente que uma pedra, um fragmento de natureza estranha ao homem, se tornava humana logo que se tornava uma extensão da mão ao servir como instrumento (e a pedra humaniza por sua vez a mão do hominídeo). Mas, apropriado por um senhor, um patrão, um ministro do planejamento, uma organização dirigente, o significado do instrumento se altera: ele desvia os gestos do seu usuário para outros fins. Aquilo que é válido para o instrumento é válido para as mediações.

Do mesmo modo que Deus era o supremo outorgador das Graças, o magnetismo do princípio governante apodera-se do maior número possível de mediações. O poder é a soma das mediações alienadas e alienantes. A ciência (*scientia theologiae ancilla*[92]) operou a reconversão da mentira divina em informação operacional,

---

92 Expressão em latim que significa: "a ciência é serva da teologia". (N.T.)

em abstração organizada, devolvendo à palavra o seu sentido etimológico *ab-trahere*, tirar de.

A energia gasta pelo indivíduo para se realizar, para se prolongar no mundo de acordo com seus desejos e sonhos é repentinamente bloqueada, suspensa, encaminhada para outras vias, recuperada. Aquilo que seria normalmente a fase de realização muda de plano, é forçado assim a abandonar a experiência vivida, e afunda-se na transcendência.

Ora, o mecanismo de abstração não obedece pura e simplesmente ao princípio autoritário. Por mais rebaixado que se encontre devido à sua mediação roubada, o homem entra no labirinto do poder com as armas da agressividade e da determinação de Teseu[93]. Se acontecesse de se perder nesse labirinto é por antes ter perdido Ariana[94], suave laço que prende à vida, vontade de ser ele próprio. Pois só a incessante relação da teoria e da *praxis* vivida permite esperar o fim de todas as dualidades, o início do reino da totalidade, o fim do poder do homem sobre o homem.

A energia humana não é desviada para o desumano sem resistência, sem combate. Onde se situa o campo de combate? Sempre no prolongamento imediato da experiência vivida, na espontaneidade. Não que eu oponha à mediação abstrata uma espécie de espontaneidade bruta, digamos instintiva, o que seria reproduzir em um nível superior a opção imbecil entre a especulação pura e o ativismo limitado, a disjunção entre teoria e prática. A tática adequada consiste antes em desencadear o ataque no lugar exato em que estão emboscados os salteadores da experiência vivida, na fronteira em que o gesto esboçado é transformado e pervertido, no preciso momento em que o gesto espontâneo é aspirado pelo despropósito e pelo equívoco. Nesse ponto há uma cristalização

---

93 Herói da mitologia grega, Teseu derrotou o Minotauro, monstro que habitava o célebre labirinto mantido pelo rei Minos, na ilha de Creta. (N.T.)

94 Filha de Minos, rei de Creta, e de Pasífae, filha de Zeus. Quando Teseu foi à casa do rei Minos, Ariana enamorou-se pelo herói e entregou-lhe uma espada e um novelo de fio graças ao qual ele conseguiu escapar do labirinto depois de matar o Minotauro. (N.T.)

momentânea da consciência, que ilumina ao mesmo tempo as exigências da vontade de viver e o destino que a organização social tem guardado para elas: a experiência vivida e sua recuperação pela maquinaria do autoritarismo. O ponto no qual a resistência começa é o posto de observação da subjetividade. Por razões idênticas, o meu conhecimento do mundo só existe efetivamente no momento em que eu ajo para transformar o mundo.

2

A mediação do poder exerce uma chantagem permanente sobre o imediato. É claro que a ideia de que um gesto não pode se completar na totalidade das suas implicações reflete exatamente a realidade de um mundo empobrecido, de um mundo da não-totalidade, mas ao mesmo tempo reforça o caráter metafísico dos fatos, a sua falsificação oficial. O senso comum é um compêndio de falsidades como: "Os chefes são sempre necessários", "Sem a autoridade a humanidade se precipitará na barbárie e nos caos" e assim por diante. É verdade que o hábito mutilou de tal modo o homem que ele pensa que, ao mutilar-se, obedece à lei natural. Talvez seja também o esquecimento de sua própria perda que o amarra tão bem ao pelourinho da submissão. Seja como for, condiz à mentalidade do escravo associar o poder à única forma de vida possível: a sobrevivência. E cabe bem aos desígnios do senhor encorajar esse sentimento.

Na luta da espécie humana pela sobrevivência, a organização social hierárquica marcou inegavelmente uma fase decisiva. A coesão de uma coletividade em torno do chefe representou em um momento da história a mais segura possibilidade de salvação, ou até a única. Mas a sobrevivência era garantida ao preço de uma nova alienação: a salvaguarda aprisionava, preservando a vida, mas impedindo-a de crescer. Os regimes feudais exibem cruamente a contradição: servos, meio homens meio bestas, convivem com um punhado de privilegiados, entre os quais alguns se esforçam por aceder individualmente à exuberância e à energia de viver.

A concepção feudal se importa pouco com a sobrevivência propriamente dita: as fomes, as epidemias, os massacres retiram do melhor dos mundos possíveis milhões de seres sem comover muito gerações de letrados e de hedonistas requintados. De modo inverso, a burguesia encontra na sobrevivência a matéria-prima dos seus interesses econômicos. A necessidade de se alimentar e de subsistir materialmente motiva necessariamente o comércio e a indústria. De tal modo que não é abusivo ver no primado da economia, esse dogma do espírito burguês, a própria fonte do seu célebre humanismo. Se os burgueses preferem o homem a Deus, é porque ele produz e consome, compra e fornece. O universo divino, que se situa para aquém da economia, tem tudo para lhe desagradar tanto como o mundo pós-econômico do homem total.

Ao saciar a sobrevivência por meio de uma alimentação artificial, a sociedade de consumo suscita um novo apetite de viver. Onde quer que a sobrevivência esteja tão garantida quanto o trabalho, as antigas salvaguardas transformam-se em obstáculos. Não só a luta para sobreviver impede de viver: uma vez que se torna uma luta sem objetivos reais, ela corrói até a própria sobrevivência, tornando precário o que era irrisório. A sobrevivência cresceu tanto que, se não trocar de pele, ela nos sufocará na sua pele à medida que morre.

A proteção fornecida pelos senhores perdeu razão de ser desde que a solicitude mecânica dos *gadgets* teoricamente pôs fim à necessidade do escravo. Agora o terror sabiamente mantido de uma apoteose termonuclear é a *ultima ratio* dos dirigentes. O pacifismo da coexistência garante a existência deles. Mas a existência dos dirigentes já não garante a dos homens. O poder já não protege, ele protege a si próprio contra todos. Essa criação espontânea do desumano pelo humano já não passa hoje de desumana proibição de criar.

3

Sempre que a consumação total e imediata de um gesto é protelada, o poder é reforçado na sua função de grande mediador. Pelo contrário, a poesia espontânea é a antimediação por excelência.

Falando em termos gerais, há razões para pensar que o aspecto "soma de coações" que caracteriza os poderes fragmentários de tipo burguês ou soviético se torna cada vez menos apto à medida que esses sistemas passam a depender cada vez mais de mediações alienadas. A hipnose ideológica substitui a baioneta. Esse modo aperfeiçoado de governo não deixa de evocar os computadores da cibernética. Planejando e suprimindo, conforme as diretivas prudentes da esquerda tecnocrática e especializada, os pequenos intermediários (chefes espirituais, generais golpistas, stalino-franquistas e outros filhos de Ubu), o Argus[95] eletrônico constrói o seu absolutismo e o estado de bem-estar. Mas quanto mais as medições são alienadas, mais a sede de imediato se torna insaciável, mais a poesia selvagem das revoluções suprime as fronteiras.

A autoridade, em sua fase final, irá culminar na união do abstrato e do concreto. O poder já produz o abstrato concreto, mesmo se ele ainda ocasionalmente recorre à cadeira elétrica. A face do mundo iluminada por ele ordena-se segundo uma metafísica da realidade; e é um deleite para os olhos ver os fiéis filósofos retomarem o seu serviço em seus novos uniformes de tecnocrata, de sociólogo ou de especialista disso ou daquilo.

A forma pura que frequenta o espaço social é o aspecto visível da morte da humanidade. É a neurose antes da necrose, o mal de sobreviver que se estende à medida que a experiência vivida é substituída por imagens, formas, objetos, que a mediação alienada transmuta a experiência vivida em coisa, que lhe atribui caráter coralino. É um homem ou uma árvore ou uma pedra... profetizava Lautréamont.

---

95 Argus é o nome de um gigante da mitologia grega que tinha cem olhos. (N.T.)

Gombrowicz[96] presta uma homenagem merecida à *forma*, velha intermediária do poder, hoje promovida ao lugar de honra das instâncias do governo: "Vocês nem sequer souberam apreciar devidamente, e fazer compreender aos outros a importância que tem a Forma na sua vida. Mesmo na psicologia, vocês não souberam garantir à Forma o seu devido lugar. Até agora, continuamos a pensar que são os sentimentos, os objetivos ou as ideias que comandam o nosso comportamento, enquanto consideramos a Forma no máximo como um inofensivo ornamento acessório. E quando a viúva, acompanhando o caixão do marido, chora ternamente, pensamos que ela chora porque sente dolorosamente a sua perda. Quando um engenheiro qualquer, um médico ou um advogado, assassina a esposa, os filhos ou um amigo, pensamos que ele se deixa levar ao assassinato por instintos sanguinários e violentos. Quando algum político se exprime tolamente, com falsidade ou mesquinhez em um discurso público, dizemos que ele é tolo porque se exprime tolamente. Mas, na realidade, o caso é o seguinte: o ser humano não se exterioriza de uma maneira mediata e conforme a sua natureza, mas sempre por meio de uma Forma definida e essa Forma, essa maneira de ser, essa maneira de falar e de reagir não derivam unicamente dele mesmo, mas lhe são impostas do exterior.

"E eis que esse mesmo homem pode se manifestar ora com sabedoria, ora tola ou sanguinária ou angelicamente, de forma madura ou não, segundo a forma que é apresentada a ele e segundo a pressão do condicionamento... Quando vocês irão se opor conscientemente à forma? Quando vocês deixarão de se identificar àquilo que lhes define?"

---

96 Witold Gombrowicz (1904-1969), escritor polonês. (N.T.)

4

Na *Crítica da Filosofia do Direito de Hegel*, Marx escreve: "A teoria se torna uma força material quando penetra nas massas. A teoria é capaz de penetrar nas massas quando faz demonstrações *ad hominem* e faz demonstrações *ad hominem* quando se torna radical. Ser radical é tomar as coisas pela raiz. E a raiz do homem é o próprio homem".

Resumindo, a teoria radical penetra nas massas porque ela é, antes de tudo, emanação delas. Depositária de uma criatividade espontânea, ela tem por missão garantir o poder de ataque dessa criatividade. Ela é a técnica revolucionária a serviço da poesia. Uma análise das insurreições passadas e presentes que se exprima fora da vontade de retomar a luta com mais coerência e eficácia serve fatalmente ao inimigo: incorpora-se na cultura dominante. Só tem sentido falar de momentos revolucionários quando se está preparado para lhes dar vida em curto prazo. Critério simples para distinguir os pensadores errantes e tilintantes da esquerda planetária[97].

Aqueles que sabem liquidar uma revolução encontram-se sempre em primeiro plano para explicá-la àqueles que a fizeram. Dispõem de argumentos tão excelentes para explicá-la quanto para terminá-la, é o mínimo que se pode dizer. Quando escapa aos artífices de uma revolução, a teoria acaba por se erguer contra eles. Já não os penetra, mas domina-os, condiciona-os. A teoria que não é mais ampliada pela força das armas do povo aumenta a força daqueles que desarmam o povo. O leninismo é também a revolução explicada a tiro de espingarda aos marinheiros de Kronstadt e aos partidários de Makhno. Uma ideologia.

Quando os dirigentes se apoderam da teoria, esta se transforma em ideologia nas mãos deles, em uma argumentação *ad hominem* contra o próprio homem. A teoria radical emana do indivíduo, do ser como sujeito; penetra nas massas por meio do

---

97 Trata-se provavelmente de uma referência à revista *Planète*, na época conceituada nos meios intelectuais. (N.T.)

que há de mais criativo em cada um, pela subjetividade, pela vontade de realização. De modo inverso, o condicionamento ideológico é a manipulação técnica do desumano, do peso das coisas. Transforma os homens em objetos que não possuem sentido, além da Ordem em que se arranjam. Junta-os para isolá-los, faz da multidão uma multiplicidade de solitários.

A ideologia é a mentira da linguagem; a teoria radical, a verdade da linguagem. O conflito entre elas, que é o do homem e da parte de desumano que ele segrega, preside à transformação do mundo em realidades humanas, assim como à sua transmutação em realidades metafísicas. Tudo aquilo que os homens fazem e desfazem passa pela mediação da linguagem. O campo semântico é um dos principais campos de batalha em que se defrontam a vontade de viver e o espírito de submissão.

*

A luta é desigual. As palavras servem ao poder melhor do que os homens se servem delas; servem-no mais fielmente que a maioria dos homens, mais escrupulosamente que as outras mediações (espaço, tempo, tecnologia...). Isso ocorre porque toda transcendência tem sua fonte na linguagem, é elaborada em um sistema de sinais e símbolos (palavras, dança, rito, música, escultura, construção...). No instante em que o gesto repentinamente suspenso, inacabado, procura se prolongar sob uma forma que cedo ou tarde ele espera que lhe permita se completar e se realizar – da mesma maneira que um gerador transforma a energia mecânica em energia elétrica que será reconvertida em energia mecânica por um motor a quilômetros de distância –, a linguagem apodera-se da experiência vivida, aprisiona-a, esvazia-a da sua substância, *abstrai-a*. Ela sempre possui categorias prontas para condenar à incompreensão, ao *nonsense* tudo aquilo que não se enquadra nos seus esquemas, que apela à existência no poder daquilo que jaz no nada porque ainda não tem lugar no seio da Ordem. A repetição dos sinais familiares é a base da ideologia.

E entretanto os homens se servem também das palavras e sinais para tentar completar os seus gestos interrompidos. E é porque o fazem que existe uma linguagem poética: uma linguagem da experiência vivida que, para mim, se confunde com a teoria radical, com a teoria que penetra as massas, que se torna força material. Mesmo recuperada e dirigida contra a sua finalidade inicial, mais cedo ou mais tarde a poesia consegue se realizar. O "Proletários de todo mundo, uni-vos" que produziu o Estado stalinista realizará um dia a sociedade sem classes. Nenhum signo poético pode ser definitivamente açambarcado pela ideologia.

A linguagem que desvia da sua realização os gestos radicais, os gestos criativos, gestos humanos por excelência, entra na antipoesia, define a linguística do poder: sua ciência informacional. Essa informação é o modelo da falsa comunicação do inautêntico, do não-vivido. Um princípio me parece bem estabelecido: logo que uma linguagem deixa de obedecer à vontade da realização, ela falseia a comunicação; não comunica mais nada além dessa excessiva promessa de verdade que se chama mentira. Mas essa mentira é a verdade daquilo que me destrói, me corrompe, me submete. Os signos são por isso o ponto de fuga do qual divergem as perspectivas antagonistas que dividem o mundo e o constroem: a perspectiva do poder e a perspectiva do querer-viver. Cada palavra, cada ideia, cada símbolo é um agente duplo. Alguns, como a palavra "pátria" ou o uniforme da polícia, servem na maioria das vezes à autoridade. Mas não nos enganemos, o choque das ideologias rivais ou o seu simples desgaste podem fazer do pior signo mercenário um bom anarquista (penso nesse caso no belo título escolhido por Bellegarrigue[98] para a sua publicação: *A Anarquia, Jornal da Ordem*).

O sistema semiológico dominante – que é o das castas dominantes – possui apenas signos mercenários, e o rei, como diz

---

[98] Anselme Bellegarrigue (1823-?), anarquista francês, escreveu o que é considerado o primeiro manifesto anarquista. (N.T.)

Humpty-Dumpty[99], paga em dobro às palavras muito empregadas por ele. Mas no fundo não existe mercenário que não sonhe em matar o rei um dia. Condenados como estamos à mentira, precisamos aprender a introduzir nela uma parcela de verdade corrosiva. O agitador não age de outra forma: dá às suas palavras e aos seus signos um peso de realidade vivida que tira todos os outros do lugar. Ele os *subverte*.

De modo geral, a luta pela linguagem é a luta pela liberdade de viver. Pela inversão de perspectiva. Nela se confrontam os fatos metafísicos e a realidade dos fatos. Quero dizer: os fatos apreendidos de modo estático em um sistema de interpretação do mundo e os fatos apreendidos em seu desenvolvimento, na *praxis* que o transforma.

Não se derrubará o poder como se derruba um governo. A frente única contra a autoridade cobre a extensão da vida cotidiana e conta com a imensa maioria dos homens. Saber viver é saber lutar contra a renúncia sem recuar uma polegada. Que ninguém subestime a habilidade do poder em empanturrar os seus escravos com palavras até fazer deles os escravos das suas palavras.

De que armas dispõe cada um de nós para garantir a sua liberdade? Podemos citar três:

1. A informação corrigida na direção da poesia: decodificação de notícias, tradução de termos oficiais (de modo que "sociedade", na perspectiva oposta ao poder, se torne "*racket*" ou "área do poder hierárquico") – levando eventualmente a criação de um glossário ou enciclopédia (Diderot tinha compreendido perfeitamente a importância disso; os situacionistas também).

2. O diálogo aberto, a linguagem da dialética. As conversas e qualquer forma de discussão não espetacular.

---

99 Personagem de Lewis Carrol. (N.T.)

3. Aquilo que Jacob Boehme[100] chama a "fala sensual" (*sensualische Sprache*) "porque ele é um espelho límpido dos nossos sentidos". E o autor de *Caminho para Deus* precisa: "Na fala sensual, todos os espíritos conversam entre si, não necessitam de linguagem alguma, porque a linguagem deles é a da natureza". No contexto daquilo que chamei a recriação da natureza, a linguagem da espontaneidade, do "fazer", da poesia individual e coletiva; a linguagem situada no eixo do projeto de realização, conduzindo a experiência vivida para fora das "cavernas da história". A isso se liga também o que Paul Brousse[101] e Ravachol entendiam por "propaganda pelo fato".

*

Existe uma comunicação silenciosa. Os amantes a conhecem bem. Parece que nesse estágio a linguagem perde importância como mediação essencial, o pensamento deixa de ser uma distração (no sentido de nos afastar de nós mesmos), as palavras e os signos são dados por acréscimo, como luxo, uma extravagância. Pense nos amantes namorando, na extravagância dos seus gritos e carícias – tão absurda para aqueles que não compartilham a embriaguez deles. Mas é também à comunicação direta que remete a resposta de Léauthier, a quem o juiz perguntava que anarquistas conhecia em Paris: "os anarquistas não precisam se conhecer para pensarem a mesma coisa". Para os grupos radicais que souberem se elevar à mais alta coerência teórica e prática, as palavras atingirão *às vezes* esse privilégio de jogar e fazer amor: comunicação erótica.

---

100 Jacob Boehme (1575-1624), um dos maiores pensadores do misticismo cristão dos séculos XVI e XVII. Sua obra influenciou de Hegel a Goethe. (N.T.)

101 Paul Brousse (1844-1912), anarquista francês que depois veio a se tornar um socialista reformista. (N.T.)

Abro agora um parêntese. Muitas vezes a história foi acusada de acontecer de trás para a frente. A questão da linguagem que se torna supérflua, da linguagem-jogo, é mais um exemplo. Uma corrente barroca percorre a história do pensamento, troçando das palavras e dos signos com a intenção subversiva de perturbar a ordem semiológica e a Ordem em geral. A série de atentados contra a linguagem que vai das fatrasias[102] a Jean-Pierre Brisset[103], passando pelas hordas iconoclastas, encontra a sua mais fina expressão na explosão dadaísta. A vontade de desconjuntar os signos, o pensamento, as palavras, corresponde pela primeira vez em 1916 a uma verdadeira crise da comunicação. A liquidação da linguagem tantas vezes empreendida especulativamente encontrava enfim a realização histórica.

Em uma época que ainda tinha toda a sua fé transcendental na linguagem e em Deus, o senhor de toda transcendência, dúvidas a respeito dos signos só poderiam levar à atividade terrorista. Quando a crise das relações humanas quebrou a rede unitária da comunidade mítica, o atentado contra linguagem tomou ares de revolução. E tanto que quase somos tentados a afirmar, à maneira de Hegel, que a decomposição da linguagem escolheu o movimento Dada para se revelar à consciência dos homens. Sob o regime unitário, a mesma vontade de jogar com os signos foi traída de algum modo pela história e não encontrou eco. Denunciando a comunicação falsificada, Dada esboçava o estágio de superação da linguagem, a busca da poesia. A linguagem do mito e a linguagem do espetáculo dão lugar hoje à realidade que está sob ela: a linguagem dos fatos. Essa linguagem, que contém a crítica de todos os modos de expressão, traz em si a sua própria crítica. Pobres subdadaístas! Por nada terem compreendido da superação que Dada

---

102 Poemas da Idade Média que tinham um aspecto absurdo e incoerente, formados por provérbios satíricos. (N.T.)

103 Jean-Pierre Brisset (1837-1919), escritor francês, um dos santos do calendário Patafísico. Defendia que os seres humanos são descendentes dos sapos. (N. da E.)

necessariamente implica, continuam a se queixar que os nossos diálogos são diálogos de surdos. Por isso têm a sua manjedoura bem guarnecida no espetáculo da decomposição cultural.

*

A linguagem do homem total será a linguagem total. Talvez o fim da velha linguagem das palavras. Inventar essa linguagem é reconstruir o homem até em seu inconsciente. No casamento rompido dos pensamentos, das palavras, dos gestos, a totalidade se busca em meio à não-totalidade. Ainda será preciso falar até o momento em que os fatos nos permitam que nos calemos.

A REALIZAÇÃO IMPOSSÍVEL OU O PODER COMO SOMA DE SEDUÇÕES

A coação quebra os homens, a mediação ilude-os, a sedução do poder torna a sua miséria agradável. Eles renunciam ao que têm de mais rico:

1. Por uma causa que os mutila (XII);

2. Por uma unidade fictícia que os fragmenta (XIII);

3. Por uma aparência que os reifica (XIV);

4. Por papéis que os despojam da vida autêntica (XV);

5. Para entrar em um tempo cuja passagem os define e os confina (XVI).

XII

O SACRIFÍCIO

Existe um reformismo do sacrifício que não passa
de um sacrifício ao reformismo. A automutilação
humanista e a autodestruição fascista não nos
deixam nada, nem a opção da morte. – Todas as
causas são igualmente desumanas. – A vontade
de viver afirma-se contra a epidemia masoquista
onde quer que apareçam pretextos de revolta;
sob aparentes reivindicações parciais, ela
prepara a revolução sem nome, a revolução da
vida cotidiana (1). – Recusar o sacrifício
é recusar a contrapartida, o indivíduo não se
troca. – O apelo ao autossacrifício voluntário
conta com três estratégias: o apelo à arte,
a apelo aos grandes sentimentos humanos
e o apelo ao presente (2).

1

Quando a força e a mentira fracassam em quebrar o homem e
em domesticá-lo, é aplicada a sedução. Quais são os métodos de
sedução do poder? A coação interiorizada que assegura uma boa
consciência baseada na mentira: o masoquismo do cidadão honesto. Foi de fato necessário chamar de desprendimento ao que
não passava de castração, pintar com as cores da liberdade a escolha entre várias formas de servidão. O "sentimento do dever
cumprido" faz de cada um o respeitável carrasco de si próprio.

Mostrei em *Banalidades Básicas*[104] como a dialética do senhor e do escravo implicava que o sacrifício mítico do senhor englobasse o sacrifício real do escravo – sacrificando espiritualmente o seu poder real ao interesse geral, enquanto o escravo sacrifica materialmente a sua vida real a um poder que ele só aparentemente partilha. A rede de *aparência generalizada* ou, se se preferir, a mentira essencial exigida inicialmente pelo movimento de apropriação privada (apropriação das coisas pela apropriação dos seres) é um aspecto intrínseco à dialética do sacrifício e fundamenta assim a famosa separação. O erro dos filósofos foi construir uma ontologia e uma ideia de homem eterno (imutável) com base em algo que não passava de um acidente social, uma necessidade contingente. A história se esforça para liquidar a apropriação privada desde que ela deixou de responder às condições que lhe deram origem. Mas o erro, mantido metafisicamente pelos filósofos, age em proveito dos senhores, da "eterna" minoria dominante.

*

A decadência do sacrifício se confunde com a do mito. O pensamento burguês revela a materialidade do mito, dessacralizando-o e fragmentando-o. Entretanto não o liquida, já que isso significaria para a burguesia deixar de explorar, ou seja, deixar de ser. O espetáculo fragmentário não passa de uma fase da decomposição do mito: uma decomposição que hoje acelera a ditadura do consumo. Do mesmo modo o velho sacrifício-dom ligado às forças cósmicas acabou minguado em um sacrifício-troca tabelado segundo a tarifa da Previdência Social e das leis democráticas. Aliás, o sacrifício atrai cada vez menos devotos, do mesmo modo que cada vez menos seduz o lamentável show de ideologias. O fato é que as

---

104 Originalmente publicado na revista *Internationale Situationniste* no 7 e 8, e publicado no Brasil no livro *Situacionista – Teoria e Prática da Revolução*, Internacional Situacionista, Conrad Editora, 2002 dentro da coleção Baderna. (N.T.)

pequenas masturbações privadas são um fraco substituto da grande orgia da salvação eterna. Não se compensa a esperança – embora insana – na eternidade, com a expectativa de uma promoção. Nossos únicos deuses são os heróis da pátria, os heróis do trabalho, os heróis do esporte, os heróis do pensamento fragmentado... A glória dos grandes se quebrou.

Não importa. O fim próximo de um mal nunca me consolará de ter de suportá-lo agora. A virtude do sacrifício é elogiada em toda parte. Aos padres vermelhos unem-se os burocratas ecumênicos. Vodka misturada com água-benta. Entre os dentes, já não trazemos a faca, mas a baba de Cristo! Sacrificai-vos com alegria, meus irmãos! Pela Causa, pela Ordem, pela Revolução, pelo Partido, pela Unidade, pelo Feijão com Arroz!

Os velhos socialistas costumavam dizer esta célebre frase: "Eles dizem que estamos morrendo pela pátria, mas estamos morrendo pelo capital". Os seus herdeiros são agora fustigados por fórmulas idênticas: "Eles dizem que se luta pelo proletariado, mas na verdade se morre pelos seus dirigentes", "Você não está construindo o futuro: homens e aço são a mesma coisa aos olhos do plano quinquenal". E após ter descarregado essas verdades óbvias, o que fazem os jovens radicais de esquerda? Entram para o serviço de uma Causa; a "melhor" das Causas. O tempo que têm para a atividade criativa eles desperdiçam entregando panfletos, colando cartazes, participando de manifestações públicas ou incomodando políticos com perguntas. Eles se tornam militantes, "fetichizando" a ação já que outros pensam por eles. O sacrifício parece ter infinitos truques guardados na manga.

A melhor das Causas é aquela na qual o indivíduo se perde melhor de corpo e alma. O princípio da morte é meramente o princípio negado da vontade de viver. Um dos dois princípios leva a melhor. Não há meio termo, nem compromisso possível no nível da consciência. É necessária a defesa integral de um ou de outro. Os fanáticos das ordens estabelecidas – chuans, nazistas, carlistas – demonstraram sua escolha inequívoca pelo partido da morte com absoluta consistência. Ao menos a linha fascista do *Viva la muerte!* é clara, sem rebarbas. Por outro lado, os reformistas da morte em pequenas doses – os socialistas do tédio – nem sequer têm a honra extravagante de ter uma estética de destruição total. Apenas sabem moderar a paixão de viver, endurecendo-a de modo que, voltando-se contra si mesma, se torna paixão de destruir e de se destruir. Eles são adversários dos campos de concentração, mas somente em nome da moderação: em nome do poder moderado, em nome da morte moderada.

Grandes desprezadores da vida que são, os partidários do sacrifício absoluto ao Estado, à Causa, ao Führer têm uma coisa em comum com aqueles cuja paixão de viver desafia as morais e as técnicas de renúncia: embora antagônicos, ambos têm um sentido identicamente aguçado da festa. A vida assemelha-se tão espontaneamente a uma festa que, quando torturada por um monstruoso ascetismo, emprega todo o brilho que lhe foi roubado para se destruir de uma só vez. A festa que as legiões ascéticas, os mercenários, os fanáticos, os grupos suicidas conhecem no instante de morrer é porém uma festa macabra, petrificada como diante da eternidade de um flash fotográfico, estetizada. Os paraquedistas de que fala Bigeard[105] entram na morte por meio da estética, com estátuas em sua honra, ornados de madrepérola, conscientes talvez da sua última histeria. A estética é de fato a festa esclerosada, privada de movimento, separada da vida como uma cabeça de Jívaro[106], a festa da morte. O elemento estético, o elemento de *pose*, corresponde aliás ao elemento de morte que segrega a vida cotidiana. Todos os apocalipses são belos, mas é uma beleza morta. Ó, canção dos guardas suíços, que Louis-Ferdinand Céline[107] nos ensinou a amar!

---

105 Marcel Bigeard, militar francês que atuou na Argélia,sendo acusado posteriormente de barbaridades tais como seviciar prisioneiros. (N.T.)

106 O povo Jívaro (Equador) decapitava e encolhia a cabeça dos inimigos numa prática ritual, confeccionando assim uma espécie de cabeça-troféu. (N.T.)

107 Louis-Ferdinand Céline (1894-1961), escritor francês reacionário, antissemita e pró-nazista, foi sobretudo criador de um estilo truculento e extremamente musical. Seu clássico Viagem ao Fim da Noite, tem como epígrafe um trecho da "Chanson des Gardes Suisses": "Nossa vida é uma jornada/ No inverno e na noite/ Procuramos nossa passagem/ no céu onde nada reluz" (N.T.)

O fim da Comuna de Paris não foi um apocalipse. Dos nazistas que sonham em trazer abaixo o mundo junto com eles aos *Communards* incendiando Paris existe a distância da morte total brutalmente afirmada à vida total brutalmente negada. Os primeiros limitam-se a desencadear o processo de aniquilamento lógico instaurado pelos humanistas que ensinam a submissão e a renúncia. Os últimos sabem que uma vida apaixonadamente construída não pode mais ser afastada; que existe prazer maior em destruí-la por inteiro do que em deixar que a mutilem; que mais vale desaparecer nas chamas do prazer vivo do que ceder tudo ao ceder um só palmo. "É melhor morrer em pé do que viver ajoelhado!" Se lhe tirarmos a ênfase, esse grito abusivamente proferido pelo stalinista Ibarruri parece-me que é pronunciado com altivez a favor de uma certa forma de suicídio, de uma forma feliz de despedida. Aquilo que foi válido para a Comuna permanece válido para um indivíduo.

Contra o suicídio por cansaço, contra essa renúncia que coroava outras renúncias, que se dê uma última gargalhada, à maneira de Cravan, ou se cante uma última canção, à maneira de Ravachol.

*

A revolução termina no momento em que passa a ser necessário se sacrificar por ela. O indivíduo não pode se entregar a uma revolução, somente a um fetiche. Os momentos revolucionários são as festas nas quais a vida individual celebra a sua união com a sociedade regenerada. O apelo ao sacrifício soa nesse contexto como um dobre de finados. Jules Vallès[108], ao escrever: "Se a vida dos resignados não dura mais que a dos rebeldes, mais vale então ser rebelde em nome de uma ideia", ficava aquém da sua intenção. Um militante só pode ser revolucionário *apesar* das ideias que aceitou servir. O verdadeiro Vallès, o Vallès que combateu pela Comuna, é antes de tudo essa criança e depois esse jovem que num longo

---

108 Jules Vallès (1832-1885), jornalista e romancista. (N.T.)

domingo recupera as infinitas semanas do passado. A ideologia é a lápide do túmulo do rebelde. Ela quer impedi-lo de ressuscitar.

Quando o rebelde começa a acreditar que luta por um bem superior, o princípio autoritário ganha impulso. Nunca faltaram razões à humanidade para renunciar ao humano. De fato algumas pessoas possuem um verdadeiro reflexo de submissão, um medo irracional da liberdade, um masoquismo visível em toda parte da vida cotidiana. Com que amarga facilidade se abandona um desejo, uma paixão, a parte essencial de si. Com que passividade, com que inércia se aceita viver por uma coisa qualquer, agir por qualquer coisa, com a palavra "coisa" arrastando por toda parte o seu peso morto. Uma vez que é difícil ser si mesmo, abdica-se o mais rápido possível, ao primeiro pretexto: o amor pelos filhos, pela leitura, pela alcachofra. Nosso desejo de cura apaga-se sob tal generalidade abstrata da doença.

Contudo, também o reflexo de liberdade sabe abrir caminho através dos pretextos. Em uma greve por aumento salarial ou em um motim não vemos o espírito festivo despertar e tomar consistência? No momento em que escrevo, milhares de trabalhadores paralisam o trabalho ou pegam em armas, obedecendo a palavras de ordem ou a um princípio. Mas, na verdade, lá no fundo, eles agem em resposta ao seu desejo apaixonado de mudar o emprego de suas vidas. Transformar o mundo e reivindicar a vida é a palavra de ordem efetiva dos movimentos insurrecionais. Essa reivindicação não é criada por nenhum teórico; em seu lugar, ela funda por si só a criação poética. A revolução se faz todos os dias, apesar dos especialistas da revolução e em oposição a eles: *uma revolução sem nome*, como tudo aquilo que pertence à experiência vivida. Ela prepara, na clandestinidade cotidiana dos gestos e dos sonhos, a sua coerência explosiva.

Nenhum problema é tão importante para mim quanto aquele que é colocado todo dia pela dificuldade de inventar uma paixão, de realizar um desejo, de construir um sonho da forma espontânea como durante a noite ele é construído na minha mente enquanto durmo. Os meus gestos inacabados é que me perseguem, e não o futuro da raça humana, nem o estado do mundo no ano de 2030, nem as hipotéticas possibilidades, nem as abstrações sinuosas dos futurologistas. Se escrevo, não é, como se costuma dizer, "para os outros". Não pretendo exorcizar o fantasma dos outros. Vou ligando as palavras ponta a ponta para sair do isolamento, de onde os outros terão de me puxar. Escrevo por impaciência e com impaciência. Para viver sem tempo morto. O que as outras pessoas dizem só me interessa na medida em que me diga respeito. Elas precisam de mim para que se salvem assim como eu preciso delas para que eu me salve. O nosso projeto é comum. Mas está fora de questão que o projeto do homem total esteja ligado à redução da individualidade. Não existe castração maior ou menor. A violência apocalíptica da nova geração – o seu desprezo pelos bens intercambiáveis expostos nas prateleiras dos supermercados da cultura, da arte, da ideologia – é uma confirmação concreta de que a realização individual será obra do "cada um por si" compreendido em termos coletivos – e acima de tudo de modo *radical*.

Na altura de um texto em que as pessoas costumavam procurar explicações, quero de agora em diante que elas encontrem o ajuste de contas.

2

Recusar o sacrifício é recusar a contrapartida. Nada existe no universo das coisas, redutíveis a dinheiro ou não, que possa ser tratado como equivalente ao ser humano. O indivíduo é irredutível. Ele muda, mas não se troca. Ora, basta passar os olhos sobre os movimentos de reforma social para nos convencermos de que eles nunca reivindicaram mais do que o saneamento da troca e do sacrifício, fazendo disso ponto de honra para humanizar o desumano e torná-lo sedutor. Todas as vezes que o escravo torna a sua escravidão suportável, ele está voando em socorro do senhor.

O caminho para o socialismo consiste nisto: quanto mais as relações sórdidas da reificação prendem os homens, mais se exacerba a tendência dos humanitários de mutilar *com igualdade*. E com a incessante degradação da virtude de abnegação e de devotamento gerando uma tendência à recusa radical, alguns sociólogos, esses cães de guarda da sociedade moderna, têm exaltado uma forma mais sutil de sacrifício: a arte.

*

As grandes religiões souberam transformar a miserável vida terrestre em uma espera voluptuosa: o vale de lágrimas desaguava na vida eterna em Deus. A arte, segundo a concepção burguesa, assume melhor que Deus o privilégio de conferir a glória eterna. À arte-na-vida-e-em-Deus dos regimes unitários (a estatuária egípcia, a arte negra...), sucede uma arte complementar da vida, uma arte que preenche a ausência de Deus (século IV grego, Horácio[109], Ronsard[110], Malherbe[111], os românticos...). Os construtores de catedrais preocupavam-se tão pouco quanto Sade em passar para a posteridade. Garantiam sua salvação em Deus como Sade nele próprio: não a sua conservação nos museus da história. Trabalhavam para um estado supremo de ser, não para que seu trabalho sobrevivesse no tempo ou para a admiração dos séculos que viriam.

A história é o paraíso terrestre da ideia burguesa de transcendência. A ele se chega não pela mercadoria, mas por uma aparente gratuidade: pelo sacrifício da chamada obra de arte, por aquilo que escapa à necessidade imediata de aumentar o capital. O filantropo faz boas ações, o patriota produz heroísmo, o militar constrói a vitória, o poeta ou o acadêmico produz obra literária ou científica... Mas a expressão "fazer uma obra de arte" é em si mesma ambígua, já que ela inclui tanto a experiência vivida do artista quanto o abandono dessa experiência em favor de uma abstração

---

109 Horácio Flaco (65-8 a.C.), poeta lírico, satírico e filósofo latino nascido em Venosa, Itália. (N.T.)

110 Pierre de Ronsard (1524-1585), poeta francês. (N.T.)

111 François de Malherbe (1555-1628), poeta e escritor francês. (N.T.)

da substância criadora: a forma estética. Assim o artista sacrifica a intensidade vivida, o momento da criação, em favor da duração daquilo que ele cria, da recordação imperecível do seu nome, da sua entrada na glória fúnebre dos museus. Não é, contudo, a vontade de fazer uma obra duradoura que o impede de criar o momento imperecível da vida?

Na verdade, exceto no caso da arte acadêmica, o artista não sucumbe integralmente à recuperação estética. Sacrificando a sua experiência vivida pela bela aparência, o artista – e qualquer um que tenta viver é um artista – obedece também ao desejo de aumentar a sua parte de sonhos no mundo objetivo dos outros homens. Nesse sentido, ele atribui à coisa criada a missão de completar a sua própria realização individual na coletividade. Nesse sentido, a criatividade é por essência revolucionária.

A função do espetáculo ideológico, artístico ou cultural consiste em transformar os lobos da espontaneidade em pastores do saber e da beleza. As antologias literárias estão repletas de textos de agitação, os museus de apelos insurrecionais. A história conserva-os tão bem nos trilhos da perpetuação que não podemos nem vê-los nem ouvi-los. E é nesse campo que a sociedade de consumo efetua uma tarefa salutar de dissolução. Já não existe estética que, sob a ditadura do consumo, não desapareça antes de ter produzido as suas obras-primas. O enterro prematuro é a lei do consumismo. A imperfeição é a precondição de uma obsolescência programada. A única condição de um súbito fulgor estético ocorre quando momentaneamente alguém encontra um modo de sobrepujar o espetáculo da decomposição artística dentro dos seus próprios termos. E qualquer originalidade desse tipo se acha rapidamente de olhos fechados em qualquer shopping center. Bernard Buffet[112], Pop Art, Andy Warhol, Georges Mathieu[113], Alain Robbe-Grillet[114]

---

112 Bernard Buffet (1928-1999), pintor francês. (N.T.)
113 Georges Mathieu (1921-), artista plástico francês. (N.T.)
114 Alain Robbe-Grillet (1922-), escritor francês. (N.T.)

e o rock'n'roll, onde estão vocês agora? É tão ridículo falar na perenidade de uma obra como nos valores eternos da Shell.

Quando os sociólogos mais evoluídos finalmente compreenderam como o objeto de arte se tornava um valor mercantil, e que os artistas trabalhavam de acordo com as normas da rentabilidade, eles acharam que era necessário regressar à origem da arte, à vida cotidiana – não para transformá-la, pois não é essa a sua atribuição, mas para fazer dela a própria matéria-prima de uma estética nova que desafiaria as técnicas de empacotamento, escapando assim ao mecanismo de compra e venda. Como se não existisse uma maneira de consumir imediatamente! Sabe-se o resultado: sociodramas e *happenings*, que supostamente provocam a participação espontânea dos espectadores. No entanto, os espectadores só participam de fato é da estética do nada. No modo do espetáculo, só o vazio da vida cotidiana é passível de expressão. Em matéria de consumo, que existe de melhor que a estética do vazio? À medida que se acelera, a decomposição dos valores se tornou a única forma de distração possível. O truque consiste em transformar os espectadores do vazio cultural e ideológico em seus organizadores. A inanidade do espetáculo é preenchida pela participação obrigatória do espectador, do agente passivo por excelência. A lógica última do *happening* e dos seus derivados é fornecer à sociedade de escravos sem senhores, que os cibernéticos nos preparam, o espetáculo sem espectador que ela requer. Para os artistas, no sentido estrito do termo, a via de recuperação absoluta está totalmente traçada. Eles terão somente que seguir os sociólogos mais avançados e seus consortes na grande corporação de especialistas. O poder saberá recompensá-los por terem aplicado seu talento à tarefa de vestir em cores novas e sedutoras o velho condicionamento à passividade.

Vista da perspectiva do poder, a vida cotidiana não passa de um emaranhado de renúncias e mediocridades. Um verdadeiro vazio. Uma estética da vida cotidiana faria de cada artista um organizador desse vazio. A última manobra da arte oficial será tentar modelar sob uma forma terapêutica aquilo a que Freud tinha chamado com simplicidade suspeita de "instinto da morte", ou seja, a submissão alegre ao poder. Sempre que a vontade de viver não emana espontaneamente da poesia individual, estende-se a sombra do sapo crucificado de Nazaré. Não se salvará o artista que vive em cada ser humano regredindo a formas artísticas dominadas pelo espírito do sacrifício. Tudo deve ser retomado da estaca zero.

*

Os surrealistas, alguns pelo menos, compreenderam que a única superação válida da arte estava na experiência vivida: uma obra que nenhuma ideologia recupera na coerência da sua mentira. Eles fracassaram, é claro, exatamente por causa da sua atitude complacente perante o espetáculo cultural. A decomposição contemporânea em matéria de pensamento e de arte oferece, é verdade, riscos menores de recuperação estética do que no decorrer dos anos 1930. A conjuntura atual pode apenas reforçar a agitação situacionista.

Muito já se lamentou – precisamente após os surrealistas – a desaparição de determinadas relações idílicas como a amizade, o amor, a hospitalidade. Não nos deixemos enganar: a nostalgia de virtudes mais humanas do passado limita-se a obedecer à necessidade futura de avivar a noção de sacrifício, demasiado contestada. De agora em diante já não pode haver nem amizade, nem amor, nem hospitalidade, nem solidariedade onde existir abnegação, sob pena de reforçar a sedução do desumano. Brecht exprime isso com perfeição na seguinte anedota: como exemplo da maneira apropriada de servir aos amigos, o senhor K, entretendo seus ouvintes, contava esta história. Três jovens foram à casa de um velho árabe e lhe disseram: "O nosso pai morreu. Deixou-nos 17 camelos e no testamento dispõe que o mais velho fique com a metade, o segundo com um terço e o mais novo com um nono. Não conseguimos chegar a um acordo a respeito das partilhas. Cabe a ti tomar a decisão". O árabe refletiu e disse: "Verifico que, para poder fazer a partilha, vos falta um camelo. Tenho o meu, é o único que tenho, mas está à vossa disposição. Fiquem com ele, façam a partilha e me tragam apenas aquilo que vos sobrar". Eles lhe agradeceram por esse serviço de amigo, levaram o camelo e partilharam os 18 animais: o mais velho recebeu metade, ou seja, nove, o segundo um terço, ou seja, seis, e o mais novo um nono, ou seja, dois. Com espanto, quando separaram os seus camelos, sobrou um. Devolveram-no ao velho amigo, renovando os agradecimentos. O senhor K, dizia que essa forma de servir como amigo era boa, porque não exigia o sacrifício de ninguém. O exemplo merece ser alargado ao conjunto da vida cotidiana com a força de um princípio indiscutível.

Não se trata de escolher a arte do sacrifício como oposta ao sacrifício da arte, mas, sim, o fim do sacrifício como arte. O triunfo de uma arte de viver, da construção de situações autenticamente vividas está presente em toda parte como potencialidade, e em toda parte desnaturada pelas falsificações do que é humano.

*

O sacrifício do presente será talvez o último estágio de um rito que mutilou o homem desde as origens. Cada minuto se esboroa em retalhos de passado e de futuro. Exceto talvez no orgasmo, nunca nos entregamos àquilo que fazemos. Nosso presente é ocupado por aquilo que vamos fazer e aquilo que acabamos de fazer, fazendo-o ter sempre a marca do desprazer. Na história coletiva assim como na história individual, o culto do passado e o culto do futuro são igualmente reacionários. Tudo o que se deve construir deve ser construído no presente. De acordo com uma crença popular, um homem afogado revê no momento da sua morte todo o filme de sua vida. Tenho certeza de que existem intensos flashes de lucidez que destilam e refazem nossa vida inteira. Futuro e passado são peões dóceis da história que apenas cobrem o sacrifício do presente. Não quero trocar nada, nem por uma coisa, nem pelo passado, nem pelo futuro. Quero viver intensamente, para mim, agarrando cada prazer firmemente e na consciência de que aquilo que vale *radicalmente* para mim vale para todos. E acima de tudo eu promoveria esse lema: "Aja como se não houvesse amanhã".

XIII

A SEPARAÇÃO

Base da organização social, a apropriação privada
nos mantém separados de nós mesmos e dos
outros. Paraísos unitários artificiais se esforçam
por dissimular a separação recuperando com
maior ou menor sucesso as quimeras de unidade
prematuramente quebradas. Em vão. –
As pessoas podem ser forçadas a oscilar entre
o prazer de criar e o prazer de destruir, mas essa
oscilação é o suficiente para destruir o poder.

Os homens vivem separados uns dos outros, separados daquilo
que são nos outros, e separados de si mesmos. A história dos homens é a história de uma separação fundamental que provoca
e condiciona todas as outras: a distinção social entre senhores
e escravos. Por meio da história, os homens se esforçam para se
encontrar e atingir a unidade. A luta de classes é apenas uma fase,
mas uma fase decisiva, na luta pelo homem total.

Do mesmo modo que a classe dominante tem os melhores
motivos do mundo para negar a existência da luta de classes, assim a história da separação não pode deixar de se confundir com

a história da dissimulação. Mas essa mistificação procede menos de uma vontade deliberada do que de um longo combate confuso no qual o desejo de unidade se transforma na maioria das vezes no seu oposto. Aquilo que não suprime radicalmente a separação reforça-a. Acedendo ao poder, a burguesia lança uma luz fresca sobre aquilo que divide tão essencialmente os homens, e gera uma tomada de consciência do caráter social e material da separação.

*

O que é Deus? O fiador e a quintessência do mito usado para justificar o domínio do homem pelo homem. Essa repugnante invenção não tem outra razão de ser. À medida que o mito, decompondo-se, passa ao estágio de espetáculo, o Grande Objeto Exterior, como diz Lautréamont, despedaça-se ao vento da atomização social e se degenera em um Deus para uso íntimo, uma espécie de remédio para doenças sociais.

No ponto mais alto da crise aberta pelo fim da filosofia clássica e do mundo antigo, o gênio do cristianismo vai subordinar a remodelação de um novo sistema mítico a um princípio fundamental: a doutrina da Trindade. O que significa o dogma das três pessoas em Deus, que fará correr tanta tinta e tanto sangue?

Pela alma, o homem pertence a Deus, pelo corpo à autoridade temporal, pelo espírito a ele mesmo. A sua salvação está na alma, a liberdade no espírito, a existência terrestre no corpo. A alma envolve o corpo e o espírito, sem ela estes nada são. Olhando com mais cuidado, encontramos uma analogia da união do senhor e do escravo sob o princípio do homem encarado como criatura divina. O escravo é o corpo, a força de trabalho de que o senhor se apropria. O senhor é o espírito que, governando o corpo, lhe concede uma parcela da sua essência superior. O escravo se sacrifica portanto por meio do corpo ao poder do senhor, ao passo que o senhor se sacrifica por meio do espírito à comunidade dos seus escravos (o rei servindo ao povo, De Gaulle servindo à França, o lava-pés da Igreja etc.). O primeiro oferece a sua existência terrestre, em troca recebe a consciência de ser livre, ou seja, o espírito do senhor que nele desce. A consciência mistificada é a consciência do mito. O segundo oferece idealmente o seu poder de senhor ao conjunto daqueles que dirige. Mergulhando a alienação dos corpos na alienação mais sutil do espírito, ele economiza na dose de violência necessária à manutenção da escravidão. Pelo espírito, o escravo se identifica, ou pelo menos pode se identificar ao senhor ao qual entrega a sua força vital. Mas a quem poderá se identificar o senhor? Não aos escravos como coisas possuídas, como corpos, mas aos escravos como emanação do espírito do senhor em si, do senhor supremo. Uma vez que o senhor individual se sacrifica no plano espiritual, deve procurar na coerência do mito um par para o seu sacrifício: uma ideia de domínio em si à qual ele participe e se submeta. É por isso que a classe contingente dos senhores criou um Deus diante do qual se ajoelha espiritualmente para com ele se identificar. Deus autentifica o sacrifício mítico do senhor ao bem público, e o sacrifício real do escravo ao poder privado e privativo do senhor. Deus é o princípio de toda submissão, a noite que legaliza todos os crimes. O único crime ilegal é a recusa de aceitar um senhor. Deus é a harmonia da mentira, uma forma ideal na qual se unem o sacrifício voluntário do escravo (Cristo), o sacrifício consentido do senhor (o Pai; o escravo é o filho do senhor) e o seu laço indissolúvel (o Espírito Santo). O homem ideal, criatura divina, unitária e mítica na qual a humanidade é convidada a se reconhecer, realiza o mesmo modelo trinitário: um *corpo* submetido ao *espírito* que o guia para a maior glória da *alma* – em que esta última é a síntese abrangente.

Esse é portanto um tipo de relação no qual dois termos tiram seu sentido de um princípio absoluto, de uma obscura e inacessível norma de indiscutível transcendência (Deus, o sangue, a santidade, a graça etc.). Durante séculos, inumeráveis dualidades desse tipo cozinharam, como um bom caldo, no fogo da unidade mítica. E então a burguesia tirou o caldo do fogo, e ficou apenas com uma nostalgia do calor do mito unitário e uma série de frias abstrações sem sabor: corpo e espírito, ser e consciência, indivíduo e coletividade, público e privado, geral e particular etc. etc. Paradoxalmente, a burguesia, movida pelos seus interesses de classe, destruiu o mito unitário e sua estrutura tripartida em seu próprio detrimento. A aspiração à unidade tão engenhosamente satisfeita pelo pensamento mítico dos regimes unitários, longe de desaparecer com ela, exacerba-se, à medida que as pessoas tomam consciência da natureza material da separação. Revelando os fundamentos econômico-sociais da separação, a burguesia fornece as armas que devem garantir o seu fim. Mas o fim da separação implica o fim da burguesia e o fim de qualquer poder hierárquico. É por isso que qualquer classe ou casta dirigente se encontra incapaz de operar a transformação da unidade feudal em unidade real, em participação social autêntica. Essa missão só pode ser cumprida pelo novo proletariado, que deve arrancar dos deuses a terceira força, a criação espontânea, a poesia, para a guardar viva na vida cotidiana de todos. A era transitória do poder fragmentário não terá passado de uma insônia no sono, indispensável fim da linha para a inversão de perspectiva, o necessário pé de apoio antes do salto da superação.

*

A história atesta a luta contra o princípio unitário, e o modo como uma realidade dualista começa a emergir. Inicialmente feito em uma linguagem teológica, que é a linguagem oficial do mito, o enfrentamento se exprime em seguida em uma linguagem ideológica: a linguagem do espetáculo. Maniqueus, cátaros, hussitas, calvinistas etc. têm muitas preocupações em comum com figuras como Jean de Meung[115], La Boétie[116] ou Vanini[117]. Não se vê Descartes

---

115 Jean de Meung (1240-1305), escritor francês. (N.T.)

116 Etienne de La Boétie (1530-1563), pensador francês autor do *Discurso Sobre a Servidão Voluntária* que o imortalizou como pensador crítico. (N.T.)

117 Lucilio, também chamado Giulio Cesare, Vanini (1585- 1619) foi um filósofo e médico italiano. Libertino e anticlerical, acabou condenado e executado por blasfêmia e ateísmo. Foi o primeiro pensador a defender que o homem descende dos macacos. (N. da E.)

alocar desesperadamente na glande pineal uma alma com a qual não sabia o que fazer? Ao mesmo tempo, no cume de um mundo perfeitamente inteligível, o funâmbulo Deus cartesiano conserva um equilíbrio perfeitamente incompreensível. O Deus de Pascal, ao contrário, se esconde das vistas, privando o homem e o mundo de uma justificação sem a qual são deixados em um confronto sem sentido, cada um sendo o único critério de julgamento do outro: e como algo pode ser medido pelo nada?

Pelo fim do século XVIII, a dissociação aparece em toda parte, o processo de decomposição se acelera. A era dos anões concorrentes se abre. Fragmentos de seres humanos absolutizam-se: matéria, espírito, consciência, ação, universal, particular... Que Deus juntaria esse caos?

O espírito da dominação feudal encontrava justificação em uma transcendência. Mas não se pode imaginar um Deus capitalista. A dominação feudal supõe um sistema trinitário. Ora, as relações de exploração são dualistas. Além disso, são indissociáveis da natureza material das relações econômicas. O econômico não tem mistério: do milagre conserva apenas o *acaso* do mercado ou o perfeito arranjo pragmático dos computadores de *plannings*. O Deus racional de Calvino seduz muito menos que o empréstimo a juros que o calvinismo tão prontamente autoriza. Quanto ao Deus dos anabatistas[118] de Münster e dos camponeses revolucionários de 1525, ele é uma expressão primitiva do impulso irreprimível das massas para uma sociedade do homem total.

A autoridade mística do senhor feudal era bastante diferente da autoridade instituída pela burguesia. O senhor não mudou sim-

---

118 O anabatismo foi um movimento religioso heterogêneo, surgido na Europa do século XVI, constituído por diferentes grupos que desvalorizavam os aspectos teológicos e rituais defendidos pela Igreja e pretendiam aplicar na prática os valores cristãos das primeiras comunidades cristãs. No âmbito social, os anabatistas recusavam a propriedade privada e defendiam a comunidade de bens. Pela sua repulsa ao Estado e à dominação, esse movimento messiânico aproxima-se de uma concepção libertária, que alguns historiadores chamam de anarquismo religioso. (N.T.)

plesmente o seu papel e se transformou em patrão. Uma vez que a misteriosa superioridade do sangue e da linhagem foi suprimida, sobrou apenas um mecanismo de exploração e uma corrida ao lucro que não tem outra justificação a não ser ela mesma. Patrão e trabalhador são separados por uma diferença quantitativa de dinheiro ou de poder, e não mais pela barreira qualitativa da raça. De fato, o que torna a exploração tão odiosa é que ela é exercida entre "iguais". Ainda assim, o trabalho de destruição da burguesia contém – sem querer, é claro – a justificação de todas as revoluções. Quando as pessoas deixam de ser iludidas, deixam de obedecer.

*

O poder fragmentário conduz a fragmentação ao ponto em que os seres humanos sobre os quais ele reina se tornam contraditórios. E simultaneamente a mentira unitária é fragmentada. A morte de Deus dissemina a consciência da separação. O que era o desespero romântico senão o grito de dor dessa ferida? Esse rasgo está em toda parte: no amor, no olhar, na natureza, no sonho, na realidade... O drama da consciência de que fala Hegel é muito mais a consciência do drama. Uma tal consciência é revolucionária em Marx. Uma imagem bem mais confortável, do ponto de vista do poder, é oferecida por exemplo quando Peter Schlemihl[119] parte em busca da sua sombra para esquecer que ele é, de fato, uma sombra em busca do seu corpo. Em um reflexo de autodefesa a burguesia "inventa" paraísos unitários artificiais que restauram com maior ou menor sucesso os desencantos e os sonhos de unidade prematuramente quebrados.

Ao lado das masturbações coletivas – ideologias, ilusão de estar em grupo, mentalidade de rebanho, ópio do povo – existe toda uma gama de produtos marginais, na fronteira do lícito e do ilícito:

---

119 Peter Schlemihl (1814) é nome do personagem-título da obra de Adelbert von Chamisso. (N.T.)

ideologia individual, obsessão, monomania, paixões únicas (e portanto alienantes), drogas e similares (álcool, ilusão de velocidade e de mudança rápida, sensações raras...). Isso permite perder-se totalmente com o pretexto de se autorrealizar, mas a corrosividade de tais atividades procede acima de tudo da característica fragmentária delas. A paixão pelo jogo deixa de ser alienante se aquele que a ele se entrega procura o jogo na totalidade da vida: no amor, no pensamento, na construção das situações. Do mesmo modo, o desejo de matar não é mais uma monomania quando se alia à consciência revolucionária.

Para o poder, portanto, o perigo dos paliativos unitários é duplo. Por um lado, nos deixam insatisfeitos. Por outro lado, desembocam na vontade de construir uma unidade social real. A elevação mística levava apenas a Deus. Pelo contrário, a progressão histórica horizontal em direção a uma unidade espetacular duvidosa é infinitamente finita. Ela provoca uma sede insaciável de absoluto, embora a sua natureza quantitativa seja em si mesma um limite. A corrida louca deve portanto, mais cedo ou mais tarde, se lançar no qualitativo, seja pela via negativa, seja, se é estabelecida a tomada de consciência, pela transformação da negatividade em positividade. Pela via negativa, ela não nos leva à autorrealização: precipita-nos na nossa autodestruição. O delírio provocado, a volúpia do crime e da crueldade, o fulgor convulsivo de perversidade são caminhos sedutores abertos à autoaniquilação sem reservas. Tomá-los é simplesmente responder com um entusiasmo inusitado à força gravitacional do poder que desmembra e destrói. Mas, se é para durar, o poder tem de algemar sua destrutividade: o bom general oprime seus soldados, não os mata. Por outro lado, resta saber se o nada pode ser dado a conta-gotas. Os prazeres limitados derivados da autodestruição poderiam terminar destruindo o poder que coloca limites ao prazer. Foi o que se viu nos motins de Estocolmo e Watts. Basta um empurrãozinho para que o prazer negativo se torne prazer total, para que a violência negativa *liberte sua positividade.* Afirmo que não há prazer que não busque saciar-se totalmente, unitariamente em todas as esferas. Huysmans[120] não tem, penso eu, o humor de perceber esse fato quando ele seriamente descreveu um homem com uma ereção como "insurgente".

O desencadeamento do prazer sem restrições é a via mais segura para a revolução da vida cotidiana, para a construção do homem total.

---

[120] Joris Karl Huysmans (1848-1907), escritor francês e crítico de arte inicialmente associado a Émile Zola e ao naturalismo e, posteriormente, ao decadentismo. (N.T.)

XIV

A ORGANIZAÇÃO DA APARÊNCIA

A organização da aparência é um sistema de proteção de fatos. Um racket. Ela representa os fatos na realidade mediata para que eles não surjam na forma imediata. O mito é a organização da aparência do poder unitário. O espetáculo é a organização da aparência do poder fragmentário. Contestada, a coerência do mito se torna mito da coerência. Acrescida historicamente, a incoerência do espetáculo se torna espetáculo da incoerência (a Pop Art, uma forma contemporânea de putrefação consumível, é também uma expressão da contemporânea putrefação do consumo) (1). – A pobreza do "drama" como gênero literário anda de mãos dadas com a colonização do espaço social pelas atitudes teatrais. O teatro é empobrecido no palco e enriquecido na vida cotidiana, cujas condutas se esforça por dramatizar. – Os papéis são os moldes ideológicos da experiência vivida. A missão de aperfeiçoá-los pertence aos especialistas (2).

1

"O mundo ideal", diz Nietzsche, "é uma mentira inventada para despojar a realidade do seu valor, da sua significação, da sua veracidade. Até agora o ideal tem sido a maldição da realidade. Essa mentira penetrou tanto a humanidade que ela tem pervertido e falsificado a própria humanidade até nos seus instintos mais profundos, até a adoração dos valores opostos àqueles que garantiam o desenvolvimento por assegurar a autotransformação do presente". O que é a mentira do ideal senão a verdade dos senhores? Quando o roubo necessita fundamentos legais, quando a autoridade levanta a bandeira do interesse geral para se exercer impunemente com fins privados, como se poderia pretender que a mentira não fascinasse os espíritos, não os dobrasse às suas leis até fazer disso uma disposição quase natural do homem? E é verdade que o homem mente porque em um mundo regido pela mentira não lhe é possível agir de outro modo: ele próprio é mentira, atado por sua própria mentira. O senso comum nunca subscreve nada além do decreto promulgado em nome de todos contra a verdade. Ele é uma codificação vulgarizada da mentira.

Mesmo assim, ninguém consegue fazer caretas 24 horas por dia sob o peso do inautêntico. Do mesmo modo que nos pensadores mais radicais a luz da verdade transparece por meio da mentira das palavras, existem poucas alienações cotidianas que não se quebrem, pelo tempo de um segundo, de uma hora ou de um sonho, por meio da recusa subjetiva. Do mesmo modo que as palavras não obedecem completamente ao poder, ninguém se ilude completamente com aquilo que o destrói. Basta alargar os momentos verdadeiros, os icebergs subjetivos que farão naufragar os Titanics da mentira.

*

Após despedaçar o mito, a maré de materialismo carrega os seus destroços. A burguesia, que foi a força motriz dessa maré e que já não passa de espuma, desaparece com eles. Quando Shakespeare descreve o mecanismo pelo qual o assassino contratado pelo rei retorna no tempo devido para cumprir suas ordens contra aquele que as deu, ele parece descrever com antecipação a sorte reservada à classe que matou Deus. A máquina de matar já não reconhece os seus senhores a partir do momento em que os assassinos da ordem deixam de obedecer à fé do mito ou, se se quiser, ao Deus que legaliza os seus crimes. Por isso a revolução é a mais bela invenção da burguesia, o nó corrediço graças ao qual ela dará seu pulo no esquecimento. Compreende-se que o pensamento burguês, suspenso como está pela corda radical que teceu, se agarre com a energia do desespero a todas as soluções reformistas, a tudo o que pode prolongar a sua duração, mesmo se o seu peso o arrasta irresistivelmente para a última convulsão. O fascismo é de alguma forma uma resposta consistente a essa situação desesperada. Ele é semelhante a um esteta que sonha em precipitar o universo no abismo, lúcido em relação à morte da sua classe, mas um sofista quando anuncia a inevitabilidade da aniquilação universal. Essa encenação da morte escolhida e recusada está hoje no centro do espetáculo da incoerência.

A organização da aparência pretende ser imóvel, como a sombra da ave que voa. Mas a sua imobilidade, ligada aos esforços da classe dominante para solidificar o seu poder, não passa de uma vã esperança de escapar à história que a arrasta. Contudo, existe entre o mito e o seu estado fragmentado e dessacralizado o espetáculo, uma diferença notável em sua resistência à crítica dos fatos. A importância variada, assumida nas civilizações unitárias pelos artífices, mercadores, banqueiros, explica a oscilação contínua entre a *coerência do mito* e o *mito da coerência*. Ao passo que o triunfo da burguesia, ao introduzir a história no arsenal das aparências, entrega a aparência à história e dá um sentido irreversível à evolução que vai da *incoerência do espetáculo* ao *espetáculo da incoerência*.

Nas sociedades unitárias, sempre que a classe comerciante, com o seu desrespeito pelas tradições, ameaçava dessacralizar os valores, a coerência do mito deu lugar ao mito da coerência. O que isso quer dizer? Que aquilo que até então caminhava por si precisou repentinamente ser reafirmado com força, a fé espontânea cedeu diante da profissão de fé: o respeito pelos grandes desse mundo teve de ser preservado por meio da monarquia absolutista. Eu desejo que se estude mais de perto o paradoxo desses interregnos do mito nos quais se assiste à tentativa de a burguesia sacralizar a sua própria importância por meio de uma nova religião e pelo autoenobrecimento... ao mesmo tempo em que os nobres com um movimento inverso se entregam ao grande jogo da impossível superação (a Fronda[121] vem à cabeça, assim como a dialética heraclitiana e Gilles de Rais). A aristocracia soube transformar em dito espirituoso o dito do seu fim; a burguesia ao desaparecer nada mais terá que a seriedade do seu pensamento. Para as forças da superação revolucionária certamente há mais a ganhar da morte despreocupada que do peso de sobreviver.

Minado pela crítica dos fatos, o mito da coerência não pôde fundamentar uma nova coerência mítica. A aparência, esse espelho no qual os homens dissimulam a si mesmos as suas próprias escolhas, desmancha-se em milhares de pedaços e cai no domínio público da oferta e da procura individuais. A sua desaparição será a do poder hierárquico, essa fachada "atrás da qual nada existe". A direção é clara, e não deixa dúvida sobre o final. No amanhã da grande revolução, os sucedâneos de Deus serão brindes no mercado do refugo. O Ser Supremo e a concordata bonapartista abrem a fila, seguidos de perto pelo nacionalismo, individualismo, socialismo, nacional-socialismo, pelos neoismos – sem contar os resíduos individualizados de todas as *Weltanschauung*[122] disponíveis e as milhares de ideologias portáteis oferecidas hoje como brinde a qualquer comprador de TV, de cultura ou de detergente. A decomposição do espetáculo passa de agora em diante pelo espetáculo da decomposição. Está na lógica das coisas que o último ator filme a sua própria morte. Neste caso, a lógica das coisas é a do consumo, daquilo que se vende consumindo-se. A patafísica, o subdadaísmo, a encenação da pobreza da vida cotidiana vão acompanhar a estrada que conduz hesitantemente para os últimos cemitérios.

---

121 Fronda foi como ficou conhecida a sublevação contra o Primeiro Ministro Mazarin, que se estendeu de Paris às províncias, de 1648 a 1652. (N.T.)

122 No original em alemão: "visão de mundo", "ideologia". (N.T.)

2

A evolução do teatro como gênero literário não deixa de esclarecer a organização da aparência. Afinal de contas, não é ele a sua forma mais simples, o protótipo para as mais sofisticadas, a sua nota explicativa? Como representações sagradas que revelavam aos homens o mistério da transcendência, as mais antigas formas teatrais foram de fato a organização da aparência do seu tempo. E o processo de dessacralização do teatro forneceu os modelos das futuras construções de tipo espetacular. Excetuando as máquinas de guerra, as máquinas antigas têm origem no teatro: gruas, roldanas, mecanismos hidráulicos eram usados como acessórios teatrais bem antes de transformarem as relações de produção. Este fato merece ser salientado: por mais longe que se recue, a dominação da terra e dos homens depende sempre de técnicas invariavelmente consagradas ao serviço do trabalho e da ilusão.

O nascimento da tragédia torna mais estreito o campo no qual os homens primitivos e os deuses se defrontavam em um diálogo cósmico. A participação mágica é distanciada, suspensa. Ela é assim organizada de acordo com as leis de refração dos ritos de iniciação, e não mais envolvia os próprios ritos. Tornou-se um *spectaculum*, uma coisa vista, ao passo que os deuses, relegados pouco a pouco ao papel de meros acessórios, parecem pressagiar a sua eliminação gradual de toda cena social. Quando a dessacralização tiver dissolvido as relações míticas, a tragédia será sucedida pelo drama. A comédia é um bom indicador dessa transição: com todo o vigor de uma energia completamente nova, o seu humor corrosivo devasta a tragédia no seu estado senil. O *Don Juan* de Molière, a paródia de Haendel na *Ópera dos Mendigos* de John Gay são eloquentes a esse respeito.

Com o drama, a sociedade humana toma o lugar dos deuses no palco. Se no século XIX o teatro não passa de um divertimento entre outros, não devemos deixar isso obscurecer o fato de que durante esse período o teatro deixou o teatro, por assim dizer, e *colonizou todo espaço social*. O clichê de comparar a vida a um drama parece evocar um fato tão óbvio que dispensa discussão. Tão difundida está a confusão entre o teatro e a vida que até mesmo não ocorre questioná-la. Porém, o que há de natural no fato de eu deixar de ser eu mesmo uma centena de vezes por dia e entrar na pele de um personagem cujas preocupações e importância não tenho o mínimo desejo de assumir? Não que eu não possa escolher ser ator em determinada ocasião, e desempenhar um papel por diversão ou prazer. Mas esse não é o tipo de papel de que falo. O ator encarregado de desempenhar um condenado à morte em uma peça realista tem toda a margem para permanecer ele próprio – não é esse o paradoxo do bom ator? Mas se ele goza dessa liberdade é evidentemente porque o cinismo dos carrascos não o atinge na carne, apenas cai sobre a imagem estereotipada que ele encarna à custa da técnica e do sentido dramático. Na vida cotidiana, os papéis impregnam o indivíduo, o mantêm afastado daquilo que ele é e daquilo que ele quer ser autenticamente. Eles são a alienação incrustada na experiência vivida. Nesse caso os dados já estão lançados, e é por isso que não formam um jogo. Os estereótipos impõem a cada pessoa em particular – quase que se poderia dizer "intimamente" – aquilo que as ideologias impõem coletivamente.

*

Um condicionamento fragmentário substitui a onipresença do condicionamento religioso. E o poder esforça-se por atingir, com grande quantidade de pequenos condicionamentos, a mesma efetividade na manutenção da ordem que era possibilitada anteriormente pelo condicionamento religioso. Isso significa que a coação e a mentira se individualizaram, cercam mais de perto cada indivíduo para melhor o transvasar em uma forma abstrata. Isso significa também que de um ponto de vista – o do governo dos homens – o progresso dos conhecimentos humanos aperfeiçoa os mecanismos de alienação: quanto mais o homem se conhece pelos olhos da oficialidade, mais se aliena. A ciência é o álibi da polícia. Ela ensina até que ponto se pode torturar sem levar à morte, ela ensina acima de tudo até que ponto podemos nos tornar um *héautontimorouménos*, o respeitável carrasco de nós mesmos. Ela ensina como se tornar coisa conservando uma aparência humana, e em nome de uma certa aparência humana.

Não é por meio da disseminação de ideias que o cinema ou a sua forma individualizada, a televisão, consegue as suas mais belas vitórias. Em pouca coisa ela consegue dirigir a opinião. A sua influência se exerce de outro modo. De um palco de teatro, os personagens tocam o espectador pela linha geral da sua atitude e pela convicção da sua fala. Na tela grande ou na pequena, o mesmo personagem se decompõe em uma série de detalhes precisos que agem sutilmente e separadamente sobre o olho do espectador. É uma escola de expressão corporal, uma lição de arte dramática na qual uma determinada expressão facial ou um movimento de mão traduzem o modo apropriado de exprimir um sentimento, um desejo... Por meio ainda da técnica rudimentar da imagem, o indivíduo aprende a modelar as suas atitudes existenciais segundo os retratos-robôs que dele traça a psicologia moderna. Os seus tiques e manias pessoais se tornam os meios pelos quais o poder o integra nos seus esquemas. A miséria da vida cotidiana atinge o ápice ao pôr-se em cena na tela. Do mesmo modo que a passividade do consumidor é uma passividade ativa, a passividade do espectador reside na sua capacidade de assimilar papéis para depois desempenhá-los de acordo com as normas oficiais. A repetição de imagens, os estereótipos oferecem uma série de modelos na qual cada um deve escolher um papel. O espetáculo é um museu de imagens, um armazém de sombras chinesas. É também um teatro experimental. O homem-consumidor se deixa condicionar pelos estereótipos (lado passivo) segundo os quais modela os seus diferentes comportamentos (lado ativo). Dissimular a passividade, renovando as formas de participação espetacular e a variedade de estereótipos, é aquilo a que hoje se dedicam os fabricantes de *happenings*, de Pop Art, e de sociodramas. As máquinas da sociedade de produção tendem a se tornar inteiramente máquinas da sociedade do espetáculo: o computador como objeto de arte. Regressase assim a uma concepção original de teatro, a participação geral dos homens no mistério da divindade, mas em um estágio superior, com o apoio da técnica. E ao mesmo tempo com possibilidades de superação que não podiam existir na mais remota antiguidade.

Os estereótipos não são mais do que formas degeneradas das antigas categorias éticas (o cavaleiro, o santo, o pecador, o herói, o traidor, o fiel, o cidadão honesto etc.). As imagens, que conseguiam sua efetividade no seio do sistema da aparência mítica pela força do qualitativo, só conseguem ser efetivas no contexto da aparência espetacular graças à frequência da sua reprodução como fator de condicionamento (o slogan, a fotografia, os astros, as chamadas etc.). Como vimos, a reprodução técnica das relações mágicas como a crença e a identificação resultaram finalmente na dissolução da magia. Isso, mais o fim das grandes ideologias, precipitou o caos dos estereótipos e dos papéis. Daí as novas condições impostas ao espetáculo.

Os acontecimentos reais chegam a nós como roteiros unidimensionais. Apanhamos sua forma, nunca sua substância. E mesmo a sua forma é mais ou menos clara de acordo com a frequência com que ele é repetido e com o lugar que ele ocupa na estrutura da aparência. Porque, como sistema organizado, a aparência é um gigantesco fichário no qual os acontecimentos são fragmentados, isolados, rotulados e classificados arbitrariamente: questões amorosas, negócios políticos, gastronomia etc. No Boulevard Saint-Germain um jovem *blouson noir* mata um transeunte. Qual é a notícia difundida pela imprensa? Dão-nos um esquema preestabelecido encarregado de suscitar a piedade, a indignação, o desgosto, a inveja. O acontecimento é decomposto em seus componentes abstratos, que não passam de clichês: a juventude, a delinquência, a violência, a insegurança etc. A imagem, a foto, o estilo, construídos e coordenados segundo técnicas combinatórias, constituem uma espécie de distribuidor automático de explicações já prontas e sentimentos predeterminados. Indivíduos reais reduzidos a papéis servem de isca: o estrangulador, o príncipe de Gales, Brigitte Bardot, John Lennon – todos eles transam, se divorciam, pensam e limpam o nariz para milhares de pessoas. A promoção dos detalhes prosaicos investidos de importância pelo espetáculo leva à proliferação de papéis inconsistentes. O marido ciumento e assassino compete em atenção com o Papa no leito de morte, e a cueca de Mick Jagger junta-se ao chapéu de Mao. O avesso vale tanto quanto o direito, tudo é equivalente a tudo, no perpétuo espetáculo da incoerência. O fato é que a estrutura do espetáculo está em crise, muitas atrações têm que ser mantidas no ar ao mesmo tempo. Os temas são demasiado abundantes, o espetáculo está por toda parte, diluído, inconsistente. A velha relação tantas vezes utilizada, o maniqueísmo, tende a desaparecer: o espetáculo situa-se para além do bem e do mal. Os surrealistas estavam totalmente enganados quando, em 1930, eles saudaram o gesto de um exibicionista como se aquilo fosse subversivo. Eles não conseguiram ver que na esfera da moral o espetáculo precisa de temperos desse tipo para se manter. O entusiasmo surrealista nesse caso não foi em nada diferente da forma que age a imprensa sensacionalista. A mídia precisa de escândalo da mesma forma que precisa de humor negro e cinismo. O verdadeiro escândalo consiste na recusa e na sabotagem do espetáculo. Algo que o poder só pode evitar renovando e rejuvenescendo as estruturas da aparência. Essa poderia muito bem ser a função dos estruturalistas, em última análise. Mas, felizmente, a pobreza não pode ser diminuída por meio da sua extensão a novas áreas. O espetáculo se degrada pela força das coisas, e o peso que arrasta à passividade é tornado mais leve. Os papéis são desmanchados pela força da resistência da experiência vivida, e assim a espontaneidade arrebenta o abscesso da inautenticidade e da pseudoatividade.

XV
PAPÉIS

Os estereótipos são as imagens dominantes de uma época, as imagens do espetáculo dominante. O estereótipo é o modelo do papel. O papel é um comportamento modelo. A repetição de uma atitude cria um papel, a repetição de um papel cria um estereótipo. O estereótipo é uma forma objetiva na qual as pessoas são integradas por meio do papel. A habilidade em desempenhar e lidar com os papéis determina o lugar ocupado na hierarquia do espetáculo. A decomposição do espetáculo prolifera os estereótipos e os papéis, os quais justamente por isso caem no ridículo, e roçam demasiado perto a sua negação, isto é, o gesto espontâneo (1, 2). – A identificação é o caminho de entrada no papel. A necessidade de se identificar com ele é mais importante para a estabilidade do poder que a escolha dos modelos de identificação. A identificação é um estado doentio, mas só as identificações acidentais caem na categoria oficial chamada "doença mental". – O papel tem por função vampirizar a vontade de viver (3). – O papel representa a experiência vivida, porém ao mesmo tempo a reifica. Ele também oferece consolo pela vida que ele empobrece, tornando-se assim um prazer substituto e neurótico. – É importante se libertar dos papéis recolocando-os no domínio do lúdico (4). – Um papel adotado com sucesso garante a promoção na hierarquia do espetáculo, a passagem de uma dada posição a uma mais elevada. Esse é o processo de iniciação, que se manifesta notadamente no culto aos nomes e no uso da fotografia. Os especialistas são os iniciados que supervisionam a iniciação. A habilidade sempre parcial dos especialistas é um componente da estratégia sistemática do poder: poder que nos destrói mesmo quando destrói a si próprio (5). – A decomposição do espetáculo torna os papéis intercambiáveis. A proliferação das falsas mudanças cria as condições de uma mudança única e real, uma verdadeira mudança radical. O peso do inautêntico suscita uma reação violenta, quase biológica, do querer-viver.

1

Os nossos esforços, aborrecimentos, fracassos, o absurdo dos nossos atos provêm na maioria das vezes da imperiosa necessidade em que nos encontramos de desempenhar papéis híbridos, papéis que parecem responder aos nossos verdadeiros desejos, mas que na verdade são antagônicos a eles. "Queremos viver", dizia Pascal, "de acordo com a ideia dos outros, numa vida imaginária. E por isso cultivamos aparências. Lutamos para embelezar e conservar esse ser imaginário e desprezamos o verdadeiro". Essa observação de Pascal era original no século XVII, em uma época em que o sistema de aparências ainda tinha boa saúde, em que a crise da aparência organizada só aflorava na consciência dos mais lúcidos. Mas ela tornou-se hoje, no momento em que todos os valores se decompõem, banal, evidente para todos. Qual magia nos faz atribuir a formas sem vida a vivacidade das paixões humanas? Como sucumbimos à tentação das atitudes emprestadas? O que são os papéis?

Aquilo que leva o homem a buscar o poder será algo mais que a fraqueza a que esse poder o reduz? O tirano se irrita com os deveres que a própria submissão do povo lhe impõe. Ele paga a consagração divina da sua autoridade sobre os homens com um perpétuo sacrifício mítico, com uma humilhação permanente diante de Deus. Abandonando o serviço de Deus, ele não serve mais a seu povo. O *vox populi, vox Dei* deve ser interpretado da seguinte maneira: "Aquilo que Deus quer, o povo quer". O escravo logo se irritaria com uma submissão que não fosse compensada com um pedaço de poder. De fato, qualquer submissão dá direito a algum poder e só existe poder pelo preço de uma submissão. É por isso que há quem aceite tão facilmente ser governado. O poder se exerce por toda parte de forma parcial, em todos os níveis da cascata hierárquica. Ele é assim onipresente, mas sempre contestável.

O papel é um consumo de poder. Ele aloca o indivíduo na hierarquia da *representação*, consequentemente no espetáculo: no alto, em baixo, no meio, mas nunca fora da hierarquia, seja aquém ou além. O papel é assim o meio de acesso ao mecanismo cultural: uma forma de *iniciação*. Ele é também a moeda de troca do sacrifício individual. Como tal, exerce uma função *compensatória*. Resíduo da separação, esforça-se por fim em criar uma unidade comportamental: como tal, apela à *identificação*.

2

Em um sentido restritivo, a expressão "desempenhar um papel na sociedade" mostra de modo claro que os papéis são uma distinção reservada a um certo número de eleitos. O escravo romano, o servo da Idade Média, o boia-fria, o proletário embrutecido por treze horas de trabalho cotidiano, esses não têm papéis, ou têm papéis tão rudimentares que as pessoas civilizadas veem nesses seres mais animais do que homens. De fato existe uma miséria de ser para aquém da miséria do espetáculo. Desde o século XIX, a distinção entre bom e mau operário difundiu-se tal como a distinção entre senhor e escravo tinha se espalhado, ao lado de Cristo, no antigo sistema mítico. É verdade que a difusão dessa nova noção foi atingida com menos esforço, e que nunca adquiriu a importância da noção de senhor-escravo (apesar de Marx ter achado necessário ridicularizá-la). Por isso, os papéis, assim como o sacrifício mítico, foram democratizados. O inautêntico ao alcance de todos, é esse o tal triunfo do socialismo.

Imagine um homem de 35 anos. Todas as manhãs ele pega o carro, entra no escritório, classifica arquivos, almoça na cidade, joga na loteria, reclassifica arquivos, sai do trabalho, bebe uma cerveja, regressa à casa, encontra a mulher, beija os filhos, come um bife vendo televisão, deita-se, fornica, adormece. Quem reduz a vida de um homem a essa lamentável sequência de clichês? Um jornalista, um policial, um pesquisador, um romancista populista? De modo nenhum. É ele próprio, é o homem de que falo que se esforça em decompor o dia em uma sequência de poses escolhidas mais ou menos inconscientemente no meio de uma gama de estereótipos dominantes. Arrastado, de corpo e de consciência perdidos, numa sedução de imagens sucessivas, desvia-se do prazer autêntico para ganhar, por uma ascese sem paixão, uma alegria adulterada, excessivamente demonstrativa para ser mais do que de fachada. Os papéis assumidos um após o outro lhe proporcionam uma titilação de satisfação quando consegue modelá-los fielmente em estereótipos. A satisfação do papel bem desempenhado é diretamente proporcional à distância com que ele se afasta de si próprio, com que se nega, com que se autossacrifica.

Que poder tem o masoquismo! Assim como outros eram conde de Sandomir, palatino de Smirnov, margrave de Thorn, duque de Courlande, ele investe de uma majestade muito pessoal seus modos de motorista, de empregado, de chefe, de subordinado, de colega, de cliente, de sedutor, de amigo, de filatelista, de marido, de pai de família, de telespectador, de cidadão etc. E entretanto ele não pode ser inteiramente reduzido a uma máquina imbecil, a um fantoche amorfo. Durante breves momentos, a sua vida cotidiana liberta uma energia que, se não fosse recuperada, dispersa e dissipada nos papéis, bastaria para subverter o universo da sobrevivência. Quem conhece a força do golpe de uma fantasia apaixonada, do prazer de amar, de um desejo nascente, de um impulso de simpatia? Todos buscam espontaneamente aumentar esses momentos de vida autêntica, a fim de que alcancem a integridade da vida cotidiana. Mas o condicionamento reduz a maioria dos homens a procurar esses momentos exatamente da forma errada: por intermédio do desumano. Resultando na perda daquilo que mais queremos no exato momento em que o alcançamos.

*

Os estereótipos têm vida e morte próprias. Essa imagem seduz, serve de modelo a milhares de papéis individuais, depois se desmancha e desaparece segundo a lei do consumo, as leis da renovação constante e da obsolescência universal. Aonde a sociedade do espetáculo vai buscar os seus novos estereótipos? Ela os encontra graças à injeção de criatividade que impede que alguns papéis se conformem ao estereótipo decadente (da mesma forma que a linguagem se renova em contato com as formas populares). Graças, em outras palavras, ao elemento de jogo que transforma os papéis.

Na medida em que ele se conforma a um estereótipo, o papel tende a se petrificar, a tomar o caráter estático do seu modelo. Um tal papel não tem presente, nem passado, nem futuro porque ele é um tempo de pose, e, por assim dizer, uma pausa[123] no tempo: tempo comprimido no espaço-tempo dissociado que é o espaço do poder (sempre segundo a lógica de que a força do poder reside na sua força conjunta de separar realmente e de unir falsamente). O eterno momento do papel pode ser comparado à imagem cinematográfica, ou melhor, a um dos seus elementos, a um quadro, a uma imagem em uma série de imagens de atitudes predeterminadas com variações mínimas que reproduzidas rapidamente constituem uma cena. No caso dos papéis, a reprodução é garantida pelos ritmos de publicidade e de informação, cujo poder de disseminação é a precondição para o papel se erigir um dia em estereótipo (é o caso de Marylin Monroe, Brigitte Bardot, James Dean etc.). Mas, seja qual for o peso que alcança na balança das opiniões dominantes, o papel tem por missão principal adaptar às normas de organização social, integrar ao mundo pacífico das coisas. É por isso que existem as câmeras escondidas sempre prontas para catapultar o mais trivial dos mortais aos holofotes da fama instantânea, fazendo dos corações partidos matérias para colunas e dos pêlos do corpo supérfluos uma questão de beleza. Fazendo de um amante abandonado um Tristão[124], de um velho arruinado um símbolo do passado e de uma dona de casa uma fada do lar, o espetáculo enxertado na vida cotidiana há muito tempo se adiantou à Pop Art. Seria inevitável, talvez, que alguns tomassem por modelo

---

123 Em francês, as palavras *pose* e *pause* são foneticamente muito parecidas, semelhança essa com a qual o autor joga. (N.T.)

124 Personagem de lenda celta adaptada por Richard Wagner (1813-1883) na ópera *Tristão e Isolda*. (N.T.)

essas colagens de sorrisos conjugais, de crianças estropiadas e de gênios habilidosos. Por outro lado, o espetáculo está rapidamente se aproximando de um ponto de saturação, o ponto imediatamente anterior à verdadeira erupção da realidade cotidiana. Os papéis operam hoje demasiadamente perto da sua negação. O fracassado desempenha seu papel mediocremente, o inadaptado recusa-o. À medida que a organização espetacular se desmancha, ela engloba os setores desfavorecidos e retira seu alimento deles. Ela é obrigada, de fato, a comer sua própria merda. Cantores afônicos, artistas sem talento, premiados infelizes, vedetes insípidas, atravessam periodicamente o céu da informação com uma frequência que determina o seu lugar na hierarquia.

Restam os irrecuperáveis, aqueles que recusam os papéis, aqueles que elaboram a teoria e a prática dessa recusa. É sem dúvida da inadaptação à sociedade do espetáculo que virá uma nova poesia da experiência vivida e uma reinvenção da vida. Esvaziar os papéis precipita a decomposição do tempo espetacular em proveito do espaço-tempo vivido. Viver intensamente não é na verdade desviar o curso do tempo, perdido na aparência? E não é a vida nesses momentos mais felizes um presente expandido que recusa o tempo acelerado do poder, o tempo que escorre em leitos de anos vazios, o tempo de envelhecimento?

3

A *identificação* – O princípio do teste de Szondi[125] é bem conhecido. O paciente é convidado a escolher, no meio de 48 fotos de doentes em estado de crise paroxística, os rostos que lhe inspiram simpatia ou aversão. Invariavelmente são escolhidos os indivíduos que apresentam uma pulsão que o paciente aceita, ao passo que são rejeitados aqueles que expressam pulsões que ele rejeita. A partir

---

125 Teste psicológico desenvolvido pelo psicanalista húngaro Leopold Szonzi (1893-1986).

dos resultados o psiquiatra constrói um perfil pulsional do qual se serve para liberar o paciente ou para o dirigir ao crematório climatizado dos hospitais psiquiátricos.

Consideremos agora os imperativos da sociedade de consumo, uma sociedade na qual a essência do homem é consumir: consumir coca-cola, literatura, ideias, sexo, arquitetura, TV, poder. Os bens de consumo, as ideologias, os estereótipos são as fotos de um formidável teste de Szondi no qual cada um de nós é convidado a tomar parte, não por meio de uma simples escolha, mas por um compromisso, por uma atividade prática. A necessidade de vender objetos, ideias, comportamentos-modelo, implica um centro de decifração no qual uma espécie de perfil pulsional dos consumidores serviria para retificar as opções e para criar novas necessidades mais bem adaptadas aos bens de consumo. Pode-se considerar que as pesquisas de mercado, as técnicas de motivação, as sondagens de opinião, os inquéritos sociológicos, o estruturalismo são parte desse projeto, não importa o quão anárquicas e débeis possam ser ainda suas contribuições. Faltam a coordenação e a racionalização? Os cibernéticos tratarão disso, se lhes dermos a chance.

À primeira vista, a escolha da "imagem consumível" parece primordial. A dona-de-casa-que-lava-a-roupa-com-Omo difere – e a diferença é medida em lucros – da dona-de-casa-que-lava-a-roupa-com-Ariel. Do mesmo modo o eleitor democrata difere do eleitor republicano, o comunista do cristão. Mas a fronteira é cada vez menos perceptível. O espetáculo da incoerência chega ao ponto de valorizar a nulidade de valores. De tal modo que a identificação, seja com o que for, assim como a necessidade de consumir seja o que for, se torna mais importante do que a fidelidade na escolha de uma marca de carro, de um ídolo ou de um político. O essencial, afinal de contas, não é tornar o homem estranho aos seus próprios desejos e alojá-lo no espetáculo, em uma zona controlada? Bom ou mau, honesto ou criminoso, de esquerda ou de direita, pouco importa a forma desde que nela nos percamos. Aqueles que não se identificam com Krutchev se identificarão com Evtuchenko[126], exceto os *hooligans*, com os quais podemos lidar. Só a terceira força nada tem a que se identificar, nem oponente, nem chefe pretensamente revolucionário. Ela é a força da identidade, aquela em que cada indivíduo se reconhece e se encontra. Aí ninguém decide por mim nem em meu nome, aí a minha liberdade é a de todos.

*

A doença mental não existe. É uma categoria cômoda para agrupar e afastar os casos em que a identificação não ocorreu de forma apropriada. Aqueles que o poder não pode governar nem matar são rotulados de loucos. Aí se encontram os extremistas e os megalomaníacos do papel. Encontram-se também os que riem dos papéis ou os recusam. Mas é só o isolamento, e não simplesmente a loucura, que os condena à distinção. Se um general se identifica com a França e recebe o apoio de milhões de eleitores, logo aparece uma oposição que seriamente busca competir com ele na sua insanidade. Com êxito igual, Hörbiger[127] inventou uma física nazista. O general Walker[128] e Barry Goldwater[129] foram levados a sério quando traçaram uma distinção entre o homem superior, branco, divino e capitalista e o homem inferior, negro, demoníaco e comunista. Franco seria um mediador devotado pedindo a Deus a sabedoria para oprimir a Espanha. Em qualquer parte do mundo os dirigentes, por meio de seu delírio, alimentam a tese de que o homem é uma máquina de governar. A identificação pode fazer de alguém um louco, mas não um isolado.

O papel é essa caricatura de nós mesmos que arrastamos por toda parte, e que em toda parte nos leva à ausência. Mas essa

---

126 Eugênio Evtuchenko (1933-), poeta russo contemporâneo. (N.T.)

127 Hanns Hörbinger (1860-1931) inventou a "teoria do gelo cósmico", que foi utilizada por alguns ideólogos nazistas. (N.T.)

128 General Edwin A. Walker (1909-1993), político de extrema-direita norte-americano.

129 Barry Goldwater, o mais direitista dos principais políticos do Partido Republicano norte-americano nos anos 1960 (N.T.)

ausência é regulada, vestida, florida. Os papéis dos paranoicos, esquizofrênicos, psicopatas não carregam o selo de utilidade pública. Em outras palavras, eles não são distribuídos sob a marca do poder, como são os papéis de policial, de chefe ou de oficial. Mas eles são úteis em determinados lugares: sanatórios e prisões. Eles são uma espécie de museus dos quais o poder tira duplo proveito, ao eliminar concorrentes e ao enriquecer o espetáculo com estereótipos negativos. Os maus exemplos e a punição exemplar apimentam o espetáculo e protegem-no. Se a identificação for maximizada por meio do aumento do isolamento, a falsa distinção entre alienação mental e alienação social logo se tornará clara.

No extremo oposto da identificação absoluta está um modo de distanciar de nós mesmos o papel, de estabelecer uma zona lúdica, uma zona que é um verdadeiro ninho de atitudes rebeldes à ordem espetacular. Nunca nos perdemos completamente em um papel. Mesmo invertida, a vontade de viver conserva um potencial de violência sempre capaz de desviar o indivíduo do caminho que ele traça. O lacaio fiel que se identifica com o senhor pode também estrangulá-lo em tempo útil. Chega um momento em que o privilégio de morder como um cão excita o desejo de revidar como um homem. Bem o mostrou Diderot em *Le Neveu de Rameau* (O Sobrinho de Rameau), e o caso das irmãs Papin[130] melhor ainda. É que, como toda manifestação da desumanidade, a identificação tem origem no humano. A vida inautêntica alimenta-se de desejos autenticamente sentidos. E a identificação pelo papel é duplamente bem-sucedida a esse respeito. Em primeiro lugar, ela recupera o jogo das metamorfoses, o prazer de se fantasiar e de estar em toda parte sob todas as formas do mundo. Em segundo lugar, ela faz sua a velha paixão labiríntica de se perder para melhor se encontrar, o jogo de deriva e de metamorfoses. Restaura também o reflexo

---

130 As irmãs Christine e Léa Papin, de 28 e 21 anos respectivamente, trabalhavam como empregadas em uma casa de família burguesa. Em 2 de fevereiro de 1933, mataram a patroa e sua filha a sangue frio sem motivo aparente. (N.T.)

de identidade, a vontade de encontrar nos outros homens a parte mais rica e mais autêntica de si mesmo. O jogo deixa então de ser um jogo: petrifica-se, porque os jogadores não podem mais fazer as regras. A busca de identidade transforma-se em identificação.

Mas invertamos a perspectiva. Um psiquiatra escreveu: "O reconhecimento pela sociedade leva o indivíduo a gastar os impulsos sexuais com objetivos culturais, sendo que esta é a melhor maneira de se defender contra esses impulsos". Em outras palavras, atribui-se ao papel a missão de absorver a energia vital, de reduzir a energia erótica gastando-a por meio de uma sublimação permanente. Quanto menos realidade erótica existe, mais formas sexualizadas aparecem no espetáculo. O papel – Wilhelm Reich diria "a couraça" – garante a impotência orgástica. De modo inverso, o prazer, a alegria de viver, o gozo desenfreado quebram a couraça, quebram o papel. Se o indivíduo pudesse parar de ver o mundo através dos olhos do poder, e olhasse de uma perspectiva sua, eles não teriam problema em discernir quais atos são verdadeiramente libertadores, quais momentos são flashes de luz na escuridão dos papéis. A experiência autêntica pode iluminar os papéis – pode tirar um raio X deles, por assim dizer – de tal modo a reaver a energia investida neles, para desembaraçar a verdade das mentiras. Essa tarefa é ao mesmo tempo individual e coletiva. Embora sejam igualmente alienantes, alguns papéis são mais vulneráveis do que outros. Libertamo-nos mais facilmente de um papel de libertino do que de um papel de policial, de executivo ou de padre. Fato que convém ser estudado de perto.

4

A compensação – Por que razão os homens concedem aos papéis um preço por vezes superior ao preço que dão à própria vida? Na verdade, porque a vida não tem preço. Significando nesse caso, em sua ambiguidade, que a vida se situa para além de qualquer estimativa de preço, não pode ser comercializada. E também que uma riqueza tal, na ótica do espetáculo e das suas categorias, é uma pobreza intolerável. Para a sociedade de consumo, a pobreza é o que não pode ser reduzida em termos de consumo. Do ponto de vista do espetáculo a redução do homem a consumidor é um enriquecimento: quanto mais coisas e papéis temos, mais somos. Mas, do ponto de vista da realidade vivida, aquilo que se ganha em poder é quanto se perde em vontade de realização autêntica. Aquilo que se ganha em parecer perde-se em ser e em se tornar.

Por isso a experiência vivida oferece sempre a matéria-prima do contrato social, a moeda com que se paga o preço de entrada. É ela que é sacrificada, enquanto a compensação ocorre por meio de um ilusionismo no mundo da aparência. E quanto mais pobre é a vida cotidiana, mais o inautêntico se torna atraente. E quanto mais a ilusão vence, mais se empobrece a vida cotidiana. Desalojada do seu essencial pela força de proibições, coações e mentiras, a realidade vivida parece tão pouco digna de interesse que os caminhos da aparência se tornam o centro das atenções. Vive-se melhor o papel do que a própria vida. Em uma *ordem das coisas*, só a compensação dá a uma pessoa algum peso. O papel compensa uma falta: ora insuficiência de vida, ora insuficiência de um outro papel. Um operário dissimula sua prostração com o título de chefe de seção, e a própria pobreza desse papel com a aparência incomparavelmente superior de um carro do ano. Mas cada papel é pago com mutilações (acréscimo de trabalho, afastamento do conforto, sobrevivência etc.). Cada papel preenche como uma estopa inconsistente o vazio deixado pela expulsão do eu e da verdadeira vida. Se retirarmos bruscamente a estopa, o que sobra é um flagelo escancarado. O papel é ao mesmo tempo ameaça e proteção. Mas a ameaça é somente sentida subjetivamente, não existe oficialmente. Oficialmente, a única ameaça existe quando o papel corre o risco de se perder ou de se desvalorizar: quando se perde a honra ou a dignidade, quando, conforme expressão tão feliz, se perde a *face*. E essa ambiguidade do papel explica, a meu ver, por que razão as pessoas se agarram a ele, por que razão se amolda à pele, por que razão nele se abandona a vida. Eles empobrecem a experiência de vida, mas também a protegem contra a tomada de consciência de sua intolerável miséria. Um indivíduo isolado não sobrevive a uma revelação tão brutal. E o papel participa do isolamento organizado, da separação, da falsa unidade. A compensação, como o álcool, fornece o *doping* necessário à realização de todas as potencialidades da inautenticidade, e que nos embriaga em identificação.

A sobrevivência e as suas ilusões protetoras formam um todo indissolúvel. Os papéis evidentemente que se extinguem quando desaparece a sobrevivência (embora haja alguns mortos cujos nomes estão ligados a estereótipos). A sobrevivência sem os papéis é uma morte civil. Do mesmo modo que estamos condenados à sobrevivência, estamos condenados a "manter as aparências" no domínio do inautêntico. A armadura impede a liberdade dos gestos e amortece os choques. Debaixo dessa carapaça tudo é vulnerável. Resta portanto a solução lúdica do "fazer de conta" – ainda temos a possibilidade de empregar a astúcia com os papéis.

Convém adotar a sugestão de Rosanov: "Exteriormente, sou declinável. Subjetivamente, sou absolutamente indeclinável. Não tenho concordância. Sou uma espécie de advérbio". Em última análise, é o mundo que deve se modelar de acordo com a subjetividade: por conseguinte eu farei concordância comigo de modo a fazer concordância com os outros. Recusar os papéis como uma trouxa de roupa suja seria o mesmo que negar a separação e cair no misticismo ou no solipsismo. Estou em terreno inimigo e o inimigo está em mim. É preciso que ele não me mate, é por isso que me abrigo dentro da carapaça dos papéis. Eu trabalho, consumo, sei ser educado e não cometo atentado aos costumes. Mas contudo é necessário destruir um mundo tão artificial, por isso é um comportamento inteligente fingir desempenhar um papel. Passar por irresponsável é a melhor maneira de ser responsável consigo mesmo. Todos os trabalhos são nojentos: façamo-los com nojo! Todos os papéis são uma mentira: deixemos que se desmintam! Gosto da arrogância de Jacques Vaché quando escreve: "Vou de ruína em aldeia passeando com meu monóculo de cristal e uma teoria de pintura perturbadora. Fui sucessivamente um literato laureado, um conhecido desenhista pornográfico e um pintor cubista escandaloso. Agora, fico em casa e deixo aos outros o cuidado de explicar e discutir a minha personalidade à luz das indicações acima mencionadas". Minha única responsabilidade é ser totalmente verdadeiro com aqueles que estão do meu lado, os defensores da vida autêntica.

Quanto mais nos desligamos do papel, melhor o manipulamos contra o adversário. Quanto mais evitamos o peso das coisas, mais conquistamos leveza de movimentos. Os amigos não ligam muito para as *formas*... Discutem abertamente, certos de que não podem machucar um ao outro. Onde a comunicação real é buscada, os equívocos não são um crime. Mas se você se aproxima armado dos pés à cabeça, entendendo o acordo somente em termos de vitória para si próprio, da minha parte encontrará apenas uma pose evasiva, um silêncio formal para notificá-lo do fim do diálogo. A contenção dos papéis retira logo de entrada qualquer interesse à discussão. Só o inimigo quer lutar no terreno dos papéis, na arena do espetáculo. Já é difícil o bastante manter os fantasmas à distância: quem precisa de "amizades" que nos põe de volta à mesma posição? Ao menos se morder ou latir dessem consciência da vida de cão que os papéis impõem a essas pessoas, despertando-as subitamente para a importância de si próprios...

Felizmente, o espetáculo da incoerência introduz forçosamente nos papéis algum *jogo*. O nivelamento de todas as distinções éticas o torna impossível de ser levado a sério. A atitude lúdica deixa flutuar os papéis em sua indiferença. É por isso que a reorganização da aparência se esforça com tão pouco êxito em aumentar o elemento de jogo (gincanas de TV etc.), em colocar a impertinência a serviço do consumo. O distanciamento dos papéis afirma-se com a desintegração das aparências. Determinados papéis são duvidosos, ambíguos, contêm a sua própria crítica. Nada pode impedir de agora em diante a reconversão do espetáculo em um jogo coletivo para o qual a vida cotidiana criará, com seus próprios meios, as condições de expansão permanente.

5

A *iniciação* – Ao proteger a miséria da sobrevivência e ao protestar contra ela, o movimento de compensação distribui a todos os seres um certo número de possibilidades formais de participar no espetáculo – uma espécie de permissão que autoriza a representação cênica de uma ou mais fatias de vida, pública ou privada, tanto faz. Do mesmo modo que Deus conferia a graça a todos os homens, deixando a cada um a liberdade de escolher entre a salvação e a condenação, a organização social moderna dá a todos o direito de ser um sucesso ou um fracasso no mundo social. Mas, ao passo que Deus alienava globalmente a subjetividade, a burguesia a arranca por meio de um conjunto de alienações parciais. Num certo sentido, a subjetividade, que nada era, torna-se alguma coisa, possui a sua verdade, mistério, paixões, razão, direitos. Mas o seu reconhecimento oficial é conquistado pelo preço da sua subdivisão em elementos que são hierarquizados e homologados segundo as normas do poder. O subjetivo adquire as formas objetivas dos estereótipos por meio da identificação. Nesse processo ele tem de ser repartido em fragmentos absolutizados e reduzido de forma ridícula (é o que demonstra o tratamento grotesco do eu nos românticos e o seu antídoto, o humor).

Ser é possuir representações do poder. Para ser alguém, o indivíduo deve, como se diz, levar em conta as coisas, manter os papéis, poli-los, retomá-los, iniciar-se progressivamente até merecer a promoção espetacular. As escolas-fábricas, a publicidade, os mecanismos de condicionamento inseparáveis de qualquer Ordem, todos ajudam com solicitude a criança, o adolescente e o adulto a obterem lugar na grande família dos consumidores.

Existem diferentes estágios de iniciação. Nem todos os grupos socialmente reconhecidos dispõem da mesma dose de poder, e essa dose não é partilhada uniformemente entre os seus membros. Entre o presidente e os militantes, o cantor e os fãs, o deputado e os eleitores, estendem-se os caminhos da promoção. Alguns grupos possuem uma estrutura muito mais rígida do que outros. Contudo, todos se constroem graças ao ilusório sentimento de participação compartilhado por cada membro do grupo. Ilusão que é alimentada por assembleias, emblemas, pela distribuição de pequenas "responsabilidades" etc. A solidariedade fabricada por tais meios é espúria, e às vezes friável. Esse assombroso escotismo em todos os níveis vomita seus próprios estereótipos: mártires, heróis, modelos, gênios, pensadores, bons devotos e grandes sucessos. Por exemplo: Danielle Casanova[131], Cienfuegos[132], Brigitte Bardot, Bob Dylan, Sartre, o campeão nacional de arremesso de dardo e Lin Piao[133]. (O leitor pode acrescentar suas próprias categorias.)

A coletivização dos papéis poderá substituir o velho poder decaído das grandes ideologias? Não podemos esquecer que o poder está ligado à sua organização da aparência. A desagregação do mito em partículas ideológicas apresenta-se hoje numa poeira de papéis. Isso significa também que a miséria do poder só possui agora a sua mentira em pedaços para se dissimular. O prestígio de uma estrela, de um pai de família ou de um chefe de Estado já não vale nem um peido de desprezo. Nada escapa à decomposição niilista, exceto a sua superação. Mesmo uma vitória tecnocrática que impedisse essa superação entregaria os homens a uma atividade vazia, a um rito de iniciação sem objetivo, a um sacrifício sem compensação, a um recrutamento sem recruta, a uma especialização.

Na verdade, o especialista prefigura esse ser fantasmagórico, engrenagem, essa coisa mecânica alojada na racionalidade de uma organização social, na ordem perfeita dos zumbis. Por toda parte os encontramos, tanto na política quanto nos sequestros. Em certo sentido, a especialização é a ciência do papel, dá à aparência o brilho que outrora lhe conferia a nobreza, o saber, o luxo ou a

---

131 Mártir da resistência francesa ao nazismo. Foi deportada no primeiro comboio de mulheres para Auschwitz. (N.T.)
132 Camilo Cienfuegos (1932-1959), "herói" da revolução cubana. (N.T.)
133 Lin Piao (1908-1971), general e estadista chinês. (N.T.)

conta bancária. Mas o especialista faz mais: alista-se para alistar outros. Ele é este elo entre a técnica de produção e de consumo e a técnica de representação espetacular. Porém é um elo isolado, de certa maneira uma mônada. Conhecendo o todo de uma pequena área, leva os outros a produzir e consumir dentro dos limites dessa área de tal modo que recolhe uma mais-valia de poder e aumenta a importância da sua imagem hierárquica. Se for preciso, é capaz de renunciar à multiplicidade de papéis para conservar apenas um, condensar o poder em vez de dispersá-lo, reduzir a sua vida ao unilinear. Torna-se então um *manager*. Seu azar é que o círculo no qual se exerce a sua autoridade é sempre muito restrito, muito fragmentário. Encontra-se na situação do gastroentereologista que cura o estômago e envenena o resto do corpo. É certo que a importância do grupo em que ele exerce autoridade pode lhe dar a ilusão do poder, mas é tal a anarquia, e os interesses fragmentários tão contraditórios e concorrentes, que acaba tomando consciência da sua impotência. Assim como os chefes de Estado detentores da força nuclear se paralisam mutuamente, os especialistas, por meio de suas interferências mútuas, elaboram e acionam em última análise uma gigantesca máquina – o poder, a organização social – que a todos domina e esmaga com maior ou menor delicadeza, conforme a sua localização na engrenagem. Eles a elaboram e a operam cegamente, já que ela é o conjunto das suas interferências mútuas. Portanto devemos esperar da maioria dos especialistas que a súbita consciência de tão desastrosa passividade, e pela qual tão obstinadamente se exaurem, os empurre com igual arrebatamento para a vontade de viver autenticamente. É igualmente previsível que alguns deles, expostos por mais tempo ou com mais intensidade às radiações da passividade autoritária, venham a morrer com a máquina, torturados pelos seus últimos espasmos, semelhantemente ao oficial de *A Colônia Penal*, de Kafka. As interferências mútuas dos poderosos, dos especialistas, fazem e desfazem todos os dias a majestade cambaleante do poder. Sabe-se o resultado. Imaginemos agora o pesadelo gelado a que nos condenaria uma organização racional, um *pool* de cibernéticos que conseguisse eliminar as interferências, ou controlá-las pelo menos. Só sobrariam os defensores do suicídio termonuclear para disputar com eles o prêmio Nobel.

*

O uso mais corrente do nome e da fotografia, tal como nas folhas de papel curiosamente chamadas de "identidade", mostra claramente a cumplicidade que mantêm com a organização policial das sociedades contemporâneas. Não apenas com o trabalho vulgar de polícia, o das buscas, das perseguições, dos espancamentos, dos assassinatos metódicos, mas também com os métodos mais ocultos de manutenção da ordem. A frequência com que o nome ou uma foto de um indivíduo passa nos canais de comunicação visuais ou orais indica em que nível hierárquico e categoria o indivíduo se situa. É sabido que o nome mais pronunciado em um bairro, uma cidade, um país ou no mundo exerce uma fascinação poderosa. Um estudo estatístico realizado nessa base, num espaço-tempo determinado, levantaria facilmente uma espécie de mapa em relevo do poder.

Contudo, a deterioração dos papéis acompanha historicamente o aumento da insignificância do nome. Para o aristocrata, o nome cristaliza o mistério do nascimento e da raça. Na sociedade de consumo, a exposição espetacular de um Bernard Buffet serve para transformar um desenhista medíocre em pintor célebre. A manipulação do nome serve para fabricar dirigentes da mesma maneira que vende uma loção capilar. Isso significa também que um nome célebre não pertence mais àquele que o carrega. O nome Buffet não designa nada além de uma coisa em uma meia de seda. Ele é um pedaço de poder.

É cômico ouvir os protestos dos humanistas contra a redução dos homens a números, matrículas. Como se a destruição do homem sob a originalidade putrescente do nome fosse menos desumana que a destruição do homem em uma série de algarismos. Já foi dito que a divergência confusa entre os pretensos progressistas e os reacionários andava em torno da questão: deve-se destruir o homem a cacetadas ou utilizando recompensas? Uma bela recompensa é possuir um nome conhecido.

Mas os nomes colam-se tão intensamente às coisas que os seres os perdem. Invertendo a perspectiva, gosto de tomar consciência que nenhum nome esgota ou abrange aquilo que sou. O meu prazer não tem nome: os momentos demasiado raros em que ajo por mim mesmo não oferecem linhas que permitam manipulação externa. Só quando consinto com a espoliação do meu eu é que eu corro perigo de me petrificar em meio aos nomes de coisas que me oprimem. Desejo que seja compreendido também nesse sentido, e não apenas como simples recusa de controle policial, o gesto de Albert Libertad[134] ao queimar os documentos de identidade, deixando de ter um nome para passar a ter mil. Gesto que seria reeditado em 1959 pelos trabalhadores negros de Johannesburgo. Admirável dialética da mudança de perspectiva: já que a ordem das coisas não me permite um nome que, como para os feudais, seja emanação da *minha força*, renuncio a qualquer denominação; e ao mesmo tempo reencontro com o inominável, a riqueza da experiência vivida, a poesia indizível, a condição da superação; entro na floresta sem nome onde a corça de Lewis Carrol explica para Alice: "Imagine que a professora quer te pedir explicações. Mas, sem nome, ela grita 'ei, ei'. Mas ninguém tem esse nome, e portanto ninguém deve responder". Feliz floresta da subjetividade radical.

Giorgio de Chirico[135] segue a meu ver, de modo muito consequente, o caminho que leva à floresta de Alice. O que é verdadeiro no caso do nome permanece válido para a representação do rosto. A foto é a expressão por excelência do papel, da pose. Nela, a alma

---

134 Albert Libertad (1875-1908), militante anarquista individualista francês. Costumava dizer a quem lhe perguntava o nome: "Tanto faz, pode usar o que quiser", mas, ao que parece, seu verdadeiro nome era Albert Joseph. (N.T.)

135 Giorgio de Chirico (1888-1978), pintor italiano. Em 1925, participou da primeira exposição surrealista. (N.T.)

fica aprisionada, sujeita à inspeção – é por isso que uma foto tem sempre um aspecto triste. Examina-se ela como se examina um objeto. E, aliás, não nos tornamos objeto ao nos identificarmos a uma gama de expressões faciais, por mais variadas que sejam? O Deus dos místicos sabia ao menos evitar esse obstáculo. Mas voltemos a Chirico. Quase contemporâneo de Libertad (se fosse ser humano, o poder se orgulharia dos encontros que conseguiu impedir), os seus personagens de rostos vazios são uma perfeita acusação de desumanidade. As praças desertas e o cenário petrificado mostram o homem desumanizado pelas coisas que criou e que, imobilizados em um urbanismo que cristaliza a força opressora das ideologias, o esvaziam de sua substância, o vampirizam. (Já não sei quem fala, a propósito de uma tela de paisagem vampiresca – Breton, talvez.) Aliás, a ausência de traços apela em contrapartida para a presença de um rosto novo, uma presença que humanizasse as próprias pedras. Esse rosto é para mim o da criação coletiva. Como não tem o rosto de ninguém, o personagem de Chirico possui o rosto de todo mundo.

Enquanto a cultura contemporânea se esforça enormemente para exprimir o próprio nada e forja uma semiologia da própria nulidade, Chirico nos fornece uma pintura na qual a ausência é evocada unicamente como meio de insinuar o que está além dela – isto é, a poesia da realidade e a realização da arte, da filosofia, do homem. Vestígio de um mundo reificado, o espaço branco, introduzido na tela no lugar essencial, indica também que o rosto abandonou o lugar das representações e das imagens e que agora vai se integrar na *praxis* cotidiana.

O período entre 1910 e 1920 vai revelar um dia a sua incomparável riqueza. A genialidade desses anos, embora primitiva e intuitiva, reside no fato de pela primeira vez ter sido feita uma tentativa de construir uma ponte entre a arte e a vida. Ouso dizer que nada existe, excetuando a aventura surrealista, no período que vai dessa vanguarda da superação ao atual projeto situacionista. O desencanto da velha geração que patina há 40 anos, seja no domínio da arte ou no da revolução, não poderá me desmentir. O movimento

Dada, o quadrado branco de Malevitch[136], *Ulysses*, as telas de Chirico fecundam, pela presença do homem total, a ausência do homem reduzido ao estado de coisa. E o homem total nada mais é hoje que o projeto elaborado pela maioria dos homens em nome da criatividade proibida.

6

No mundo unitário, sob o olhar imóvel dos deuses, a aventura e a peregrinação definem a mudança no interior do imutável. Nada existe para descobrir, porque o mundo foi dado por toda a eternidade, mas a revelação espera o peregrino, o cavaleiro, o vagabundo nas encruzilhadas dos caminhos. Na verdade, a revelação reside em cada indivíduo: percorrendo o mundo, ele busca em si mesmo, busca-se ao longe, até repentinamente jorrar, como uma fonte mágica que a pureza de um gesto faz surgir no próprio lugar onde o perseguidor desprovido de graça nada teria encontrado. A *fonte* e o *castelo* dominam a imaginação criadora da Idade Média. O seu simbolismo é claro: sob o movimento reside o imutável, e sob o imutável, o movimento.

Onde reside a grandeza de Heliogabalo[137], de Tamerlão[138], de Gilles de Rais, de Tristão, de Percival? Vencidos, retiram-se para um Deus vivo: identificam-se ao demiurgo, abandonando a sua humanidade insatisfeita para reinar e morrer sob a máscara do terror divino. Essa morte dos homens, que é o Deus do imutável, deixa a

---

136 Kasimir Malevitch (1878-1935), artista russo fundador do suprematismo. O suprematismo defendia a supremacia da forma pura, em oposição ao mundo objetivo, que o suprematismo recusava como tema válido para a pintura. O extremo da pesquisa suprematista foi atingido com o quadro *Quadrilátero negro* sobre fundo branco. (N.T.)

137 Heliogabalo (204-222), imperador romano exótico e narcisista. Perto das orgias de Heliogabalo, as de Nero (37-68) pareciam singelas. Heliogabalo perseguiu brutalmente os cristãos. (N.T.)

138 Tarmelão, líder dos tártaros, em uma ocasião mandou esmagar sob os cavalos mil crianças que os sitiados lhe enviaram para comovê-lo. Depois de ocupar Bagdá, o mesmo tirano entregou os habitantes a uma matança que durou oito dias. Com as cabeças dos mortos, os soldados edificaram 120 pirâmides. (N.T.)

vida florescer à sombra da sua foice. O Deus morto pesa mais que o antigo Deus vivo. Na verdade, a burguesia não nos livrou de Deus, apenas climatizou o seu cadáver. O romantismo foi uma reação ao odor de Deus em putrefação, a fungadela de nojo diante das condições de sobrevivência.

Classe dilacerada pelas contradições, a burguesia fundamenta o seu domínio na transformação do mundo, mas recusa a própria transformação. É um movimento que quer escapar ao movimento. No regime unitário, a imagem do imutável continha o movimento. No regime fragmentário, o movimento busca reproduzir o imutável ("Sempre haverá guerras, pobres, escravos"). A burguesia no poder só tolera a mudança vazia, abstrata, cortada da totalidade. É uma mudança parcial e uma mudança de partes. Mas o hábito da mudança é intrinsecamente subversivo. Ora, a mudança é o imperativo que domina a sociedade de consumo. É preciso que as pessoas mudem de carro, de moda, de ideias. Isso é preciso para que não surja uma mudança radical que ponha termo a uma forma de autoridade que não tem outra saída para continuar a se exercer a não ser se oferecer para consumo: ser consumida a todo custo, e um desses custos é todos serem consumidos com ela. Infelizmente, nesta fuga abrupta em direção à morte, nesta corrida que não quer terminar, não existe futuro real, existe apenas um passado vestido às pressas e lançado para o futuro. Há algumas décadas as mesmas novidades sucedem-se no mercado de *gadget* e de ideias, apenas, e muito pouco, retocadas de véspera. O mesmo acontece no mercado dos papéis. Como poderíamos dispor de uma variedade grande o suficiente de papéis para compensar a *qualidade* perdida do papel na concepção feudal? Esta é uma causa perdida por dois motivos:

1. O caráter quantitativo dos papéis é em si mesmo um limite e apela para a reconversão em qualitativo;

2. A mentira da renovação não pode ser sustentada na pobreza do espetáculo. A constante necessidade por papéis novos força a reconstituição de antigos papéis. A proliferação das mudanças de detalhes exacerba o desejo de

mudança real sem nunca o satisfazer. Precipitando a mudança de ilusões, o poder não pode escapar à realidade da mudança radical.

Não só a multiplicação dos papéis tende a torná-los equivalentes, mas também os fragmenta, torna-os ridículos. A quantificação da subjetividade criou categorias espetaculares para os gestos mais prosaicos ou para as disposições mais comuns: um modo de sorrir, uma sutil reverência, um corte de cabelo etc. Cada vez menos existem grandes papéis, e cada vez mais existem figurantes. Mesmo os Ubus – Stalins, Hitlers ou Mussolinis – já não possuem mais que pálidos sucessores. A maioria das pessoas está bem inteirada do mal-estar que acompanha qualquer tentativa de entrar em um grupo e fazer contato com outros. É a angústia do comediante, o medo de desempenhar mal o papel. Somente com a destruição das atitudes e das poses oficialmente controláveis, a fonte dessa angústia se tornará clara para nós. E essa fonte não é a imperícia em desempenhar o papel, mas a perda de si mesmo no espetáculo, na ordem das coisas. No seu livro *Médicine et Homme total*, o doutor Solié afirma a propósito da terrível extensão dos distúrbios neurológicos: "Não existe doença em si mesma, do mesmo modo que não existe doente em si mesmo, apenas existe um ser-no-mundo autêntico ou inautêntico". A reconversão da energia roubada pela aparência – pelo parecer – em vontade de viver autenticamente inscreve-se na dialética da aparência. Desencadeando uma reação de defesa quase biológica, a recusa do inautêntico tem todas as possibilidades de destruir por meio da sua violência aqueles que têm orquestrado o espetáculo da alienação por todo esse tempo. Aqueles que encontram hoje a glória em ser artistas, sociólogos, pensadores, especialistas de todas as encenações deveriam refletir sobre isso. As explosões de cólera popular são acidentes do mesmo tipo que a erupção do Krakatoa.

*

Disse um filósofo chinês: "A confluência é a aproximação do nada. Na confluência total, a presença agita-se". A alienação estende-se a todas as atividades do homem dissociando-as extremamente. Mas perde a sua própria coerência e torna-se por toda parte mais vulnerável. Na desintegração do espetáculo vemos o que Marx chamou de "a vida nova que toma consciência de si, que arruína aquilo que estava arruinado, e rejeita aquilo que estava rejeitado". Sob a dissociação existe a unidade; sob a fadiga, a concentração de energia; sob a fragmentação do eu, a subjetividade radical. Em outras palavras, o qualitativo. Mas não basta querer refazer o mundo como se faz amor com a mulher que se ama.

Quanto mais se esgota aquilo que tem por função estiolar a vida cotidiana, mais o poderio da vida vence o poder dos papéis. Esse é o início da inversão de perspectiva. É nesse nível que a nova teoria revolucionária deve se concentrar a fim de abrir a brecha que leva à superação. Dentro da era do cálculo e da suspeita inaugurada pelo capitalismo e pelo stalinismo, opõe-se e constrói-se uma fase clandestina de tática, a era do jogo.

O estado de degradação do espetáculo, as experiências individuais, as manifestações coletivas de recusa fornecem o contexto para o desenvolvimento de táticas práticas para lidar com os papéis. Coletivamente é possível suprimir os papéis. A criatividade espontânea e o ambiente festivo que fluem livremente nos momentos revolucionários oferecem exemplos numerosos disso. Quando a alegria ocupa o coração do povo não existe líder ou encenação que dele se possa apoderar. Somente subnutrindo de alegria as massas revolucionárias é possível assenhorar-se delas, impedindo-as assim de ir mais longe e de ampliar as suas conquistas. De imediato, um grupo de ação teórica e prática como aquele que é constituído pelos situacionistas já é capaz de entrar no espetáculo político-cultural como uma força subversiva.

Individualmente, e portanto de maneira temporária, é preciso saber alimentar os papéis sem nunca engordá-los às nossas custas. É preciso proteger-se com eles protegendo-nos contra eles. É preciso recuperar a energia que absorvem, o poder que ilusoriamente proporcionam. Fazer o jogo de Jacques Vaché.

Se o seu papel impõe um papel aos outros, assuma esse poder que não é você e depois deixe vagar esse fantasma. Ninguém ganha em lutas por prestígio, portanto não se importes com elas. Nada de disputas vãs, nada de discussões inúteis, nada de fóruns, nada de colóquios, nada de semanas de pensamento marxista! Quando for necessário atacar para que verdadeiramente se liberte, ataque para matar! As palavras não podem matar.

As pessoas em sua volta querem discutir com você? Elas o admiram? Cuspa na cara delas. Elas riem de você? Ajude-as a se encontrarem no seu riso. Papéis são inerentemente ridículos. Nada mais há que papéis em seu redor? Lance no meio deles a sua desenvoltura, o seu humor e distância, brinque com eles como gato e rato. É possível que, com esse tratamento, um ou outro dos seus próximos desperte para si mesmo, descubra as condições do diálogo. Igualmente alienados, nem todos os papéis são por isso igualmente desprezíveis. Na gama dos comportamentos formalizados, alguns mal dissimulam a experiência vivida e as suas exigências alienadas. Alianças temporárias, parece-me, são permitidas com determinadas atitudes, com certas imagens revolucionárias desde que um vislumbre de radicalismo passe através da tela ideológica que pressupõem. Penso por exemplo no culto de Lumumba entre os jovens revolucionários congoleses. De qualquer forma, aquele que conserva presente no espírito que o único tratamento adequado para os outros e para si é o acréscimo da dose de radicalismo, não pode nem se enganar nem se perder.

XVI

A FASCINAÇÃO DO TEMPO

Por um imenso feitiço, a crença no tempo que
flui fundamenta a realidade do fluxo do tempo.
O tempo é o desgaste consequente da adaptação
a que o homem tem de se resignar sempre que
fracassa em transformar o mundo. A idade é
um papel, uma aceleração do tempo "vivido"
no plano da aparência, um apego às coisas.

O crescimento do mal-estar da civilização está forçando todos os
ramos terapêuticos a tomarem o caminho de uma nova demono-
logia. Tal como antigamente a invocação, a feitiçaria, a possessão, o
exorcismo, a orgia sabática, a metamorfose e o talismã possuíam a
capacidade suspeita de curar ou fazer sofrer, também hoje (e mais
efetivamente) o aparato que oferece a consolação ao homem oprimi-
do (medicina, ideologia, papéis compensadores, consumo de supérfluos, caminhos para transformação social etc.) alimenta a própria
opressão. Existe uma *ordem das coisas* que é doentia: e é isso que os
dirigentes querem esconder a todo custo. Wilhelm Reich explica
em uma bela página de *A Função do Orgasmo* como conseguiu curar

uma jovem operária vienense após longos meses de tratamento psicanalítico. Ela sofria de uma depressão causada pelas condições de vida e de trabalho. Depois de curada, Reich mandou-a de volta ao seu ambiente. Quinze dias mais tarde, ela suicidou-se. É sabido que a lucidez e a honestidade de Reich viriam a condená-lo à exclusão dos círculos psicanalíticos, ao isolamento, ao delírio e à morte na prisão: não é impunemente que se revela a duplicidade dos demonólogos.

Aqueles que organizam o mundo organizam o sofrimento e a sua anestesia, todo mundo sabe. As pessoas em sua maioria vivem como sonâmbulas, divididas entre o temor e o desejo de despertar, encurraladas entre o estado neurótico e a perspectiva traumática de um retorno à experiência vivida, à vida real. Porém, chegou a época em que a manutenção da sobrevivência exige doses de anestésicos que aproximam o organismo do ponto de saturação. Mas a analogia com a magia é mais adequada aqui do que com a medicina: os praticantes de magia esperam um "choque regressivo" em tais circunstâncias, e poderíamos esperar o mesmo. É a iminência dessa transformação e da sua natureza que permite comparar o atual condicionamento dos seres humanos a um imenso enfeitiçamento.

O enfeitiçamento pressupõe a existência de uma rede espacial que una os objetos mais afastados com a ajuda de uma simpatia dirigida por leis específicas: analogia formal, coexistência orgânica, simetria funcional, aliança de símbolos etc. As correspondências se estabelecem associando um número incalculável de vezes um comportamento com a aparição de um determinado estímulo. Trata-se em resumo de um condicionamento generalizado. Ora, podemos perguntar se a moda, hoje muito difundida, de denunciar um certo condicionamento, propaganda, publicidade, isto é, *mass media*, não age como um exorcismo parcial que reforça uma maior e mais essencial mistificação por retirar a atenção sobre ela. É fácil censurar o exagero da imprensa vulgar e sensacionalista para cair na mentira elegante do *Le Monde*. A informação, a linguagem, o tempo não são as garras gigantescas com as quais o poder manipula a humanidade e a submete à sua perspectiva? As garras não são muito hábeis, é certo, mas sua força é tanto maior quanto menor a consciência dos homens de que podem resistir a elas, e ignoram frequentemente quanto já lhe resistem espontaneamente.

Os grandes processos stalinistas demonstraram que bastava um pouco de paciência e obstinação para levar um homem a se acusar de todos os crimes e para mandá-lo implorar em público a condenação à morte. Conscientes hoje dessa técnica e prevenidos contra ela, como poderíamos ignorar que o conjunto dos mecanismos que nos dirige decreta com a mesma insidiosa persuasão, mas com maiores meios e constância: "Tu és fraco, tens de envelhecer, tens de morrer"? A consciência obedece, e depois o corpo. Gosto de interpretar como materialista a frase de Antonin Artaud: "Não se morre porque se tem que morrer. Morre-se porque isso é uma ruga a que um dia não muito longínquo se constrangeu a consciência".

Em terreno desfavorável, uma planta morre. O animal adapta-se ao meio, o homem transforma-o. A morte não é portanto, conforme se trate de uma planta, de um animal ou de um homem, um fenômeno idêntico. Em terreno favorável, a planta encontra-se nas condições do animal, pode adaptar-se. Na medida em que o homem fracassa na transformação do ambiente, também ele se encontra nas condições do animal. A adaptação é a lei do mundo animal.

Segundo Hans Selye[139], o teórico do *stress*, a síndrome geral da adaptação possui três fases: a reação de alarme, a fase de resistência e a fase de esgotamento. No plano do parecer, o homem soube lutar pela eternidade, mas, no plano da vida autêntica, ainda se encontra na fase da adaptação animal: reação espontânea na infância, consolidação na maturidade, esgotamento na velhice. E, hoje em dia, quanto mais as pessoas buscam o plano do parecer, mais o caráter efêmero e incoerente do espetáculo demonstra que elas vivem como um cão e morrem como um tufo de erva seca. Não pode estar longe o dia em que se reconhecerá que a organização social criada pelo homem para transformar o mundo segundo os seus desejos não serve mais a esse objetivo. E que ela não passa de um sistema

---

139 Hans Selye (1907-1982), médico canadense que inventou o conceito de *stress*. (N.T.)

de proibição que impede a criação de uma forma superior de organização e o uso de técnicas de libertação e de realização individuais que o homem forjou por meio da história da apropriação privada, da exploração do homem pelo homem e do poder hierárquico.

Vivemos atualmente em um sistema fechado, asfixiante. Aquilo que se ganha em uma esfera perde-se em outra. Vencida quantitativamente pelos progressos em matéria sanitária, a morte penetra qualitativamente na sobrevivência. A adaptação é democratizada, tornada mais fácil para todos, e perde-se a esse preço o essencial, que é adaptar o mundo ao humano.

É certo que existe uma luta contra a morte, mas realiza-se dentro dos limites colocados pela síndrome da adaptação: a morte é parte da cura da morte. Aliás, é significativo que as pesquisas terapêuticas incidam principalmente sobre a fase de esgotamento, como se se pretendesse prolongar a fase de resistência o máximo possível, até à velhice. Aplica-se o tratamento de choque quando a fraqueza e a impotência já fizeram o seu trabalho: um tratamento de choque encarregado de impedir o desgaste resultante da exigência de adaptação implicaria com toda certeza, como tinha visto Reich, um ataque direto à organização social, àquilo que impede de superar o princípio de adaptação. As curas parciais são preferidas porque elas deixam o conjunto da patologia social intocada. Mas o que irá acontecer quando a proliferação dessas curas parciais atingir com o mal-estar do inautêntico o *conjunto* da vida cotidiana? E quando o exorcismo e o enfeitiçamento tiverem sido desmascarados por todos na sua contribuição comum à sociedade do mal-estar?

*

A pergunta "Quantos anos você tem?" contém inevitavelmente uma referência ao poder. As próprias datas servem para nos ordenar e nos restringir. A passagem do tempo não é sempre medida com referência ao estabelecimento de alguma autoridade ou em termos de anos acumulados desde a instalação de um Deus, de um messias, de um líder ou de uma cidade conquistadora? Para a mentalidade aristocrática o tempo acumulado é aliás uma garantia de autoridade: a velhice, mas também a série de antepassados, aumenta a prepotência do nobre. Ao morrer, a aristocracia lega aos descendentes uma vitalidade tonificada pelo passado. A burguesia, ao contrário, não tem passado. Ou pelo menos não o reconhece, já que o seu poder fragmentado não depende mais de qualquer princípio hereditário. Ela refaz em paródia o caminho da nobreza: a identificação à linhagem é buscada nostalgicamente em uma identificação às fotos do álbum de família; a identificação ao tempo cíclico, ao tempo do eterno regresso, é satisfeita em uma identificação cega a pedaços de tempo linear, a passagens sucessivas e rápidas.

A relação da idade com o ponto de partida do tempo mensurável não é a única alusão indiscreta ao poder. Afirmo que a idade medida das pessoas nada mais é que um papel, uma aceleração do tempo vivido segundo o modo da não-vida, portanto no plano da aparência e seguindo as leis da adaptação. Adquirir poder é adquirir idade. Outrora, só as pessoas idosas, ou seja, os antigos em nobreza ou em experiência, exerciam poder. Hoje se alarga aos jovens o privilégio suspeito de envelhecer. A sociedade de consumo, que inventou o rótulo *teenager* como um novo grupo de consumo, leva ao envelhecimento precoce. Consumir é ser consumido pela inautenticidade, alimentando a aparência em favor do espetáculo e às custas da verdadeira vida. O consumidor morre onde se agarra porque se agarra a coisas mortas: a mercadorias, a papéis.

Tudo aquilo que você possui, por sua vez, o possui. Tudo o que o torna proprietário o adapta à natureza das coisas, o envelhece. *O tempo que flui é aquilo que preenche o espaço vazio deixado pela ausência do eu.* Se você corre atrás do tempo, o tempo corre mais depressa ainda: é a lei do consumo. Tente retê-lo e ele o sufoca e o envelhece ainda mais facilmente. É preciso apreendê-lo nos fatos, no presente. Mas o presente está para ser construído.

Nascemos para jamais envelhecer, para nunca morrer. Tudo que podemos esperar, no entanto, é uma consciência de ter vindo demasiado cedo. E um certo desprezo pelo futuro pode nos garantir pelo menos uma bela fatia de vida.

A SOBREVIVÊNCIA E A SUA FALSA CONTESTAÇÃO

A sobrevivência é a vida reduzida aos imperativos econômicos. A sobrevivência é hoje, portanto, a vida reduzida ao consumo (XVII). – Os fatos respondem à questão da superação antes que os pretensos revolucionários atuais tenham pensado em colocá-la. Aquilo que não é superado apodrece, aquilo que apodrece incita à superação. Ignorando ambas as tendências, a recusa inconsequente acelera a decomposição e integra-se nela, favorecendo a superação, como às vezes se diz de um assassinado que facilitou a tarefa do seu assassino. A sobrevivência é a não-superação que se torna impossível de viver. A simples recusa da sobrevivência condena à impotência. De agora em diante é necessário retomar o núcleo de exigências radicais abandonado pelos movimentos inicialmente revolucionários (XVIII).

XVII

O MAL DA SOBREVIVÊNCIA

O capitalismo desmistificou a sobrevivência. Tornou insuportável a pobreza da vida cotidiana confrontada com o enriquecimento das possibilidades técnicas. A sobrevivência se tornou uma economia da vida. A civilização da sobrevivência coletiva multiplica os tempos mortos da vida individual, de tal modo que a parte de morte corre o risco de vencer a própria sobrevivência coletiva. A não ser que a paixão de destruir se converta em paixão de viver.

Até agora, os homens limitaram-se a se adaptar a um *sistema* de transformação do mundo. Trata-se atualmente de adaptar o sistema à transformação do mundo.

A organização das sociedades humanas mudou o mundo, e o mundo, ao mudar, transformou a organização das sociedades humanas. Mas, ao passo que a organização hierárquica se apodera da natureza e se transforma no curso dessa luta, a parte de liberdade e de criatividade reservada aos indivíduos encontra-se absorvida pela necessidade de se adaptar às normas sociais de vários tipos, pelo menos na ausência de momentos revolucionários generalizados.

O tempo do indivíduo na história, em sua maior parte, é um tempo morto. Somente recentemente uma tomada de consciência tornou esse fato intolerável para nós. Por um lado, a burguesia prova pela sua revolução que os homens *podem* acelerar a transformação do mundo, que *podem* individualmente melhorar a vida, sendo a melhoria neste caso compreendida como acesso à classe dominante, à riqueza, ao êxito capitalista. Por outro lado, ela anula por interferência a liberdade dos indivíduos, aumenta os tempos mortos na vida cotidiana (impondo a necessidade de produzir, de consumir, de calcular), capitula diante das leis aleatórias do mercado, diante das inevitáveis crises cíclicas com seu lote de guerras e misérias, diante das barreiras do senso comum ("não se pode mudar a natureza humana", "sempre haverá pobres" etc.). A política da burguesia, e de seus herdeiros socialistas, é uma política de um motorista que pisa no freio com o acelerador grudado no chão: quanto mais aumenta a velocidade, mais frenéticas, perigosas e inúteis se tornam as suas tentativas de diminuir a velocidade. A velocidade do consumo é a velocidade de desagregação do poder e, simultaneamente, a elaboração iminente de um mundo novo, de uma nova dimensão, de um universo paralelo nascido da derrocada do Velho Mundo.

A passagem do sistema de adaptação aristocrática ao sistema de adaptação "democrática" amplia brutalmente a distância existente entre a passividade da submissão individual e o dinamismo social que transforma a natureza, entre a impotência dos homens e a potência das novas técnicas. A atitude contemplativa convém perfeitamente ao mito feudal, a um mundo quase imóvel escorado em seus deuses eternos. Mas como poderia o espírito de submissão ser compatível com a visão dos mercadores, dos industriais, dos banqueiros, dos descobridores de riquezas, daqueles que conhecem, não a revelação imutável, mas o movimento do econômico, a sede insaciável do lucro, a necessidade de uma renovação permanente? Contudo, onde quer a ação da burguesia tenha resultado na popularização e valorização do efêmero, do transitório, da esperança, ela enquanto pode esforça-se em aprisionar neles os homens reais. Substitui ao imobilismo teológico uma metafísica do movimento: tanto uma representação como a outra entravam o movimento da realidade, mas a primeira com mais sucesso e harmonia que a segunda, por ter mais coerência e unidade. Colocar a serviço do imutável a ideologia do progresso e da mudança cria um paradoxo que nada, de agora em diante, pode esconder à consciência, nem justificar diante dela. Neste universo em que a técnica e o conforto se expandem, vemos que os seres se fecham sobre si mesmos, endurecem, vivem mesquinhamente, morrem por coisas sem importância. É um pesadelo no qual nos prometeram uma liberdade absoluta e nos deram um metro cúbico de autonomia individual, rigorosamente controlada pelos vizinhos. Um espaço-tempo da mesquinhez e do pensamento pequeno.

A morte em um Deus vivo dava à vida cotidiana, no Antigo Regime, uma dimensão ilusória que alcançava a riqueza de uma realidade múltipla. Digamos que nunca ninguém se realizou *tão bem* no inautêntico. Mas que dizer da vida sob um Deus morto, sob o Deus em putrefação que é o poder fragmentário? A burguesia dispensou um Deus às custas da vida dos homens. Tornou também o econômico um imperativo sagrado e a vida um sistema econômico. É esse modelo que os nossos programadores do futuro se preparam para racionalizar, planejar, humanizar. E tranquilizem-se, a programação cibernética não será menos irresponsável que o cadáver de Deus.

Kierkegaard[140] exprime bem a dificuldade da sobrevivência ao escrever: "Deixemos os outros lamentar sobre a maldade da sua época. Quanto a mim, queixo-me da sua mesquinhez, pois nossa época é desprovida de paixões... A minha vida se reduz a uma só cor". A sobrevivência é a vida reduzida ao essencial, à forma abstrata da vida, ao fermento necessário para que o homem participe na produção e no consumo. Para o escravo romano, o repouso e a alimentação. Para os beneficiários dos Direitos do

---

140 Sören Kierkegaard (1813-1855), filósofo dinamarquês precursor do existencialismo. (N.T.)

Homem, com que se alimentar e se cultivar, consciência suficiente para desempenhar um papel, iniciativa para conquistar poder, passividade para ostentar suas insígnias. A liberdade de se adaptar do modo dos *animais superiores*.

A sobrevivência é uma vida em câmera lenta. Quanta energia é necessária para se manter no plano da aparência! A mídia divulga amplamente a higiene pessoal da sobrevivência: evitar emoções fortes, vigiar a tensão, comer pouco, beber com moderação, sobreviver em boa saúde para desempenhar melhor o papel. "Esgotamento Cerebral: A Doença dos Executivos", lia-se em uma recente manchete do *Le Monde*. É preciso cuidar da sobrevivência, já que ela nos desgasta. É preciso vivê-la tão pouco quanto possível, porque ela pertence à morte. Outrora se morria de morte feita de vida, em Deus. Hoje o respeito pela vida impede tocá-la, despertá-la, tirá-la da letargia. Morremos por inércia, quando a quantidade de morte que carregamos em nós mesmos atinge o ponto de saturação. Qual será o instituto científico que revelará a intensidade de radiações mortais que matam os nossos gestos cotidianos? À força de nos identificarmos com o que não somos nós próprios, de passarmos de um papel a outro, de um poder a outro, de uma idade a outra, como podemos deixar de nos tornarmos parte desse eterno estado de transição que é o processo de decomposição?

A presença, no seio da própria vida, de uma morte misteriosa e tangível iludiu Freud a ponto de incitá-lo a reconhecer uma maldição ontológica, um pretenso instinto de morte. Já anunciado por Reich, hoje o erro de Freud tornou-se transparente, esclarecido pelo fenômeno do consumo. Os três elementos do instinto de morte – nirvana, compulsão à repetição e masoquismo – traduzem simplesmente os três estilos de dominação: a coação aceita passivamente, a sedução por meio da conformidade ao hábito, a mediação percebida como uma lei inelutável.

Como se sabe, o consumo de bens – que no estado atual é sempre um consumo de poder – traz consigo a sua própria destruição e as condições de sua própria superação. A satisfação do consumidor não pode nem deve nunca ser alcançada. A lógica do consumo exige que se criem novas necessidades, mas é também verdade que a acumulação dessas necessidades falsas aumenta o mal-estar do homem confinado com cada vez mais dificuldade ao estado único de consumidor. Além disso, a riqueza em bens de consumo empobrece a vida autêntica. Empobrece-a de duas formas: primeiramente, dando-lhe a contrapartida em *coisas*; depois, porque é impossível, mesmo o querendo, apegar-se a essas coisas, já que é necessário consumi-las, ou seja, destruí-las. Disso provém uma ausência de vida cada vez mais exigente, uma insatisfação que se devora a si própria. Ora, essa necessidade de viver é ambivalente: é um ponto de inversão de perspectiva.

Na ótica orientada do consumidor, na visão condicionada, a ausência de vida aparece como insuficiência no consumo de poder e insuficiência de autoconsumo a serviço do poder. À ausência de verdadeira vida é oferecido o paliativo de uma morte a prestações. Um mundo que condena à morte sem sangue é na verdade obrigado a propagar o gosto de sangue. Onde reina o mal da sobrevivência, o desejo de viver espontaneamente pega em mãos as armas da morte: assassinatos gratuitos, sadismo etc. A paixão destruída renasce na paixão de destruir. Ninguém, se persistirem essas condições, poderá sobreviver à era da sobrevivência. E o desespero atual já atinge um grau tal que muitas pessoas podem retomar por sua conta a afirmação de Antonin Artaud: "Sou estigmatizado por uma morte torturante em relação à qual a morte verdadeira não apresenta terror algum para mim".

O homem da sobrevivência é o homem do prazer-angústia, do inacabado, da mutilação. Aonde ele iria se reencontrar nessa perda infinita de si mesmo para a qual tudo o empurra? Ele vaga num labirinto sem centro, um labirinto cheio de labirintos. Arrasta-se num mundo de equivalências. Matar-se? Para se matar é preciso algum senso de resistência, possuir em si um valor para destruir. Se ele não existe, os próprios gestos de destruição se reduzem a nada. Não se pode lançar o vazio no vazio. "Se uma pedra caísse e me matasse, pelo menos cumpriria um expediente", escreveu Kierkegaard. Não há ninguém hoje, penso eu, que não tenha sentido horror de um pensamento como esse. É a inércia que mais seguramente mata, inércia daqueles que escolhem a senilidade aos 18 anos, que mergulham oito horas por dia em um trabalho embrutecedor, que se alimentam de ideologias. Debaixo do lastimável ouropel do espetáculo, existem apenas seres esqueléticos que desejam, embora temendo, o expediente de Kierkegaard, para que assim nunca mais tenham de temer aquilo que desejam.

Paralelamente, a paixão de viver aparece como uma exigência biológica, o reverso da paixão de destruir e de se deixar destruir. "Enquanto não tivermos alcançado a supressão de alguma das causas do desespero humano, não teremos o direito de tentar suprimir os meios pelos quais o homem tenta se livrar do desespero". O fato é que o homem dispõe tanto dos meios de suprimir as causas do desespero quanto a força para empregar esses meios. Ninguém tem o direito de ignorar que a força do condicionamento o habitua a sobreviver com um centésimo do seu potencial de viver. O mal da sobrevivência é tão generalizado que a menor concentração de experiência vivida uniria o maior número de homens em uma vontade comum de viver. Para que a recusa do desespero se torne a construção de uma vida nova. Para que a economia da vida se abra sobre a morte da economia e nos leve para além da sobrevivência.

XVIII

A RECUSA INCONSEQUENTE

Existe um momento de superação, um momento historicamente definido pela força e pela fraqueza do poder, pela fragmentação do indivíduo até ele ser um átomo de subjetividade, pela familiaridade entre a vida cotidiana e aquilo que a destrói. A superação será geral, não dividida e construída pela subjetividade (1). – Abandonando o radicalismo, os elementos inicialmente revolucionários condenam-se ao reformismo. Hoje, o abandono quase geral do espírito revolucionário forma o solo onde florescem as reformas da sobrevivência. – Uma organização revolucionária nova deve identificar os núcleos de superação nos grandes movimentos do passado, deve retomar e realizar especificamente: o projeto da liberdade individual, pervertido pelo liberalismo; o projeto de liberdade coletiva, pervertido pelo socialismo; o projeto de reencontrar a natureza, pervertido pelo fascismo; o projeto do homem total, pervertido pelas ideologias marxistas. Esse último projeto que anima, sob a linguagem teológica do tempo, as grandes heresias da Idade Média e a sua fúria anticlerical, cuja exumação é tão oportuna no nosso século, no qual os clérigos se chamam "especialistas" (2). – O homem do ressentimento é o perfeito sobrevivente, o homem privado da consciência da superação possível, o homem da era da decomposição (3). – Quando o homem do ressentimento toma consciência da decomposição espetacular, torna-se niilista. O niilismo ativo é pré-revolucionário. Não existe consciência da necessidade da superação sem consciência da decomposição. – Os delinquentes juvenis são os herdeiros legítimos de Dada (4).

1

A questão da superação – A recusa é múltipla, a superação é una. Confrontada pela insatisfação contemporânea e por ela chamada a testemunhar, a história humana confunde-se com a história de uma recusa radical que sempre traz em si a superação, sempre orientada à própria negação. Uma recusa cujos aspectos múltiplos não dissimulam nunca o que existe de essencialmente comum entre a ditadura de um Deus, de um rei, de um chefe, de uma classe, de uma organização. É uma imbecilidade falar de uma ontologia da revolta. Transformando a alienação natural em alienação social, o movimento histórico ensina aos homens a liberdade na escravidão, ensina-lhe ao mesmo tempo a revolta e a submissão. A existência de um poder hierárquico, há milênios provada, basta perfeitamente para explicar a permanência de uma contestação, e da repressão que a aniquila.

A derrubada da feudalidade e a realização do senhor sem escravo formam um único e mesmo projeto. O fracasso parcial desse projeto, por ocasião da revolução francesa, não deixou de torná-lo mais familiar e desejável à medida que outras revoluções abortadas – a títulos diversos, a Comuna de Paris e a revolução bolchevique – tinham ao mesmo tempo definido os contornos do projeto e adiado a sua realização.

Todas as filosofias da história participam desse fracasso. É por isso que a consciência da história é hoje indissociável da consciência da necessidade da superação.

O momento da superação é cada vez mais fácil de ser visto no horizonte social. Por quô? A questão da superação é uma questão de tática. Em suas grandes linhas, apresenta-se assim:

1. Aquilo que não mata o poder o torna mais forte, mas por sua vez aquilo que o poder não mata o enfraquece.

    Quanto mais os imperativos do consumo englobam os imperativos da produção, mais o governo pela coação cede a vez ao governo pela sedução.

Democraticamente repartido, o privilégio de consumir estende ao maior número de pessoas o privilégio de exercer autoridade (em graus diversos, bem entendido).

Logo que cedem à sedução da Autoridade os homens enfraquecem, a sua recusa torna-se anêmica. O poder portanto se reforça. Mas, reduzido por outro lado ao estado do consumível, consome-se, gasta-se, torna-se vulnerável *por necessidade*.

O momento de superação é um momento dessa dialética da força e da fraqueza. Se sem dúvida é tarefa da crítica radical identificar esse momento e precipitá-lo taticamente, não devemos no entanto nos esquecer de que são os fatos em nossa volta que suscitam a crítica radical. A superação monta em cima da contradição que persegue o mundo atual, permeia as notícias cotidianas e caracteriza a maior parte dos comportamentos. Essa é a contradição entre a recusa impotente – isto é, o reformismo – e a recusa extravagante, o niilismo (do qual se deve distinguir a forma passiva e a forma ativa).

2. Ao fragmentar-se, o poder hierárquico ganha em onipresença e perde em fascínio. Menos pessoas vivem à margem da sociedade como vagabundos, e menos pessoas se mostram respeitadoras de um patrão, de um príncipe, de um dirigente, de um papel. Mais pessoas sobrevivem na sociedade e mais pessoas desprezam a organização social. Cada um de nós, *na vida cotidiana*, está no centro do conflito. Daí deriva uma dupla consequência:

a) Vítima da atomização social, o indivíduo é também vítima do poder fragmentário. Evidenciada a ameaça, a subjetividade torna-se a reivindicação essencial. De agora em diante, para elaborar uma coletividade harmoniosa, a teoria revolucionária deverá se basear não mais no comunitarismo, mas na subjetividade, nos casos específicos, na experiência vivida pessoal.

b) A extrema fragmentação da resistência e da recusa recria contraditoriamente as condições de uma recusa global. A nova coletividade revolucionária será criada por uma explosão em cadeia, de subjetividade a subjetividade. A construção de uma comunidade de indivíduos inteiros inaugurará a inversão de perspectiva sem a qual não existe superação possível.

3. Finalmente, a própria noção de inversão de perspectiva se populariza. Cada indivíduo se encontra muito próximo da própria negação. O que é vivo revolta-se. O encanto do longínquo desaparece quando o olhar se aproxima demais, e com a perspectiva ocorre da mesma forma. Ao aprisionar os homens em um cenário de coisas, ao introduzir-se neles desajeitadamente, o poder espalha a inquietação e o mal-estar. O olhar e o pensamento turbam-se, os valores esfumam-se, as formas diluem-se, as distorções anamórficas inquietam, como quando colocamos o nariz em um quadro. A mudança de perspectiva pictórica – Uccello, Kandinsky – é aliás contemporânea de uma mudança de perspectiva social. O ritmo de consumo precipita o espírito nesse interregno no qual o próximo e o longínquo são indistinguíveis. É com o apoio dos próprios fatos que a maioria das pessoas em breve irá experimentar esse estado de liberdade ao qual aspiravam – mas sem os meios de o realizar – os heréticos da Suábia em 1270, mencionados por Norman Cohn[141] em *Pursuit of the Millenium*: "Tendo-se erguido acima de Deus e tendo atingido o mais elevado grau da perfeição divina, eles abandonaram Deus. Não era raro que um adepto, homem ou mulher, afirmasse *já não ter de forma alguma necessidade de Deus*".

---

141 Norman Cohn (1915-2007), historiador e acadêmico inglês, pai do crítico de rock Nik Cohn.

2

O abandono da miséria e a miséria do abandono – Não existe movimento revolucionário que tenha em si a vontade de mudança total, não existiu até hoje nenhum que não tenha sido bem-sucedido apenas em pequenas mudanças. Quando o povo em armas renuncia à própria vontade para seguir a vontade dos conselheiros, abdica da sua liberdade e coroa com o título contraditório de dirigentes revolucionários os seus futuros opressores. Essa é de alguma forma a astúcia do poder fragmentário: gera revoluções fragmentárias, dissociadas da inversão de perspectiva, cortadas da totalidade, separadas paradoxalmente do proletariado que a faz. Não há mistério no fato de um regime totalitário ser o preço a pagar quando a reivindicação pela liberdade total é abandonada uma vez que algumas liberdades parciais são conquistadas. Como poderia ser de outra forma? As pessoas falaram que se tratava de uma fatalidade, uma maldição: a revolução que devora os próprios filhos, e assim por diante. Como se a derrota de Makhno, o esmagamento de Kronstadt, o assassinato de Durruti não fossem já intrínsecos aos núcleos bolcheviques iniciais, e talvez até mesmo às posições autoritárias de Marx na I Internacional. Necessidade histórica e razão de Estado são apenas a necessidade e a razão dos dirigentes que têm de legitimar o seu abandono do projeto revolucionário, o abandono do radicalismo.

O abandono é a não-superação. E a contestação fragmentária, a recusa parcial, a reivindicação de migalhas é precisamente aquilo que impede a superação. A pior desumanidade não passa nunca de uma vontade de emancipação que cede aos compromissos e se fossiliza sob camadas de sucessivas renúncias. Liberalismo, socialismo, bolchevismo constroem novas prisões sob a insígnia da liberdade. A esquerda luta por um aumento de conforto na alienação, mas tem a indigente habilidade de fazê-lo em nome das barricadas, em nome da bandeira vermelha e dos mais belos momentos revolucionários. Fossilizada e exumada como isca, a radicalidade original é traída duplamente, duas vezes abandonada. Padres-operários, padres-delinquentes, generais comunistas, príncipes vermelhos, dirigentes "revolucionários"... A elegância radical harmoniza-se perfeitamente a uma sociedade que sabe vender um batom com o slogan "Revolução vermelha, revolução com Redflex". A manobra no entanto tem alguns riscos. Ao ser caricaturada sem fim segundo as normas da publicidade, a vontade mais autenticamente revolucionária pode produzir uma reação na forma de um ressurgimento de tais sentimentos, purificados em reação à sua prostituição universal. As alusões nunca se perdem!

A nova onda insurrecional agrega jovens que se mantiveram afastados da política especializada, seja de direita ou de esquerda, ou que por ela passaram brevemente, por um erro de apreciação ou por uma ignorância desculpáveis. No maremoto niilista, todos os rios se confundem. Só o que importa é o que está além dessa confusão. A revolução da vida cotidiana será a revolução daqueles que, ao reencontrar com maior ou menor facilidade os germes da realização total conservados, contrariados, dissimulados nas ideologias de qualquer gênero, imediatamente deixarem de ser mistificados e mistificadores.

*

Mesmo se alguma vez existiu um espírito de revolta no seio do cristianismo, nego o direito e a capacidade de compreendê-lo a quem quer que continue a se autodenominar cristão. Já não existem heréticos. A linguagem teológica na qual se exprimiam tantas admiráveis revoltas foi a marca de uma época, a única linguagem possível e nada mais. Agora é preciso traduzir. E a tradução faz-se por si. Tendo em conta o meu tempo, e a ajuda objetiva que ele me dá, como eu posso ter dito mais no século XX do que esses Irmãos do Livre Espírito disseram no século XIII: "É possível estar de tal modo unido a Deus que, o que quer que se faça, não se pode pecar. Pertenço à liberdade da Natureza e satisfaço todos os desejos da minha natureza. O homem livre tem toda razão de fazer tudo aquilo que lhe proporciona prazer. É melhor que o mundo inteiro seja destruído e pereça totalmente do que um homem livre se abster de praticar uma única ação que a sua natureza o incita a realizar"? E como seria possível deixar de felicitar Johann Hartmann[142]: "O homem verdadeiramente livre é rei e senhor de todas as criaturas. Todas as coisas lhe pertencem, e ele tem direito de se servir de todas as que lhe agradam. Se alguém o impede, o homem livre tem direito de matá-lo e tirar-lhe os bens"? Ou ainda Jean Brün[143], ao decidir que "todas as coisas que Deus criou são comuns a todos. Que a mão se apodere daquilo que o olhar vê e deseja", se justificava assim por ter praticado estratagemas, banditismo, e roubo à mão armada. Ou os Pifles d'Arnold, tão puros que, o que quer que fizessem, não podiam pecar (1157). Esses diamantes do cristianismo sempre brilharam com fulgor excessivo aos olhos remelados dos cristãos. Quando o anarquista Pauwels, no dia 15 de março de 1894, deixa uma bomba em uma igreja de Madeleine, quando o jovem Robert Burger estrangula um padre no dia 11 de agosto de 1963, é a grande tradição herética que pobre mas dignamente se perpetua no gesto deles. O padre Meslier e o padre Jacques Roux, ao fomentarem as jacquerias[144] e revoltas, mostraram, a meu ver, a última conversão possível do padre sinceramente apegado às bases revolucionárias da religião. Mas isso não compreenderam os sectários desse ecumenismo contemporâneo que vai de Roma a Moscou e da canalha cibernética às criaturas do Opus Dei[145]. Pela imagem desse novo clero facilmente se adivinha o que será a superação das heresias.

---

142 Johann Hartmann é um contemporâneo dos Irmãos do Livre Espírito citado por Norman Cohn no livro *Pursuit of the Millenium*. (N.T.)

143 Jean Brün é um contemporâneo dos Irmãos do Livre Espírito citado por Norman Cohn no livro *Pursuit of the Millenium*. (N.T.)

144 Nome pelo qual ficaram conhecidas as revoltas camponesas que se iniciaram em Beauvaisis no ano de 1358. Matavam e incendiavam as casas dos nobres. A insurreição se estendeu ainda por outras regiões francesas. (N.T.)

145 Seita conservadora desenvolvida durante o franquismo pelo espanhol José-Maria Escrivá de Balaguer. (N.T.)

*

Ninguém contesta ao liberalismo a glória de ter espalhado a ânsia de liberdade nos quatro cantos do mundo. Em certo sentido, a liberdade de imprensa, de pensamento, de criação tem pelo menos a vantagem de denunciar a falsidade do liberalismo. De fato, a liberdade do liberalismo é o mais eloquente epitáfio: afinal de contas, o sistema é hábil, e aprisiona a liberdade em nome da liberdade. No liberalismo, a liberdade dos indivíduos se destrói por interferência mútua: a liberdade de um começa onde termina a liberdade do outro. Aqueles que recusam esse princípio são destruídos pela espada, aqueles que o aceitam são destruídos pela justiça. Ninguém fica com as mãos sujas: aperta-se um botão, a guilhotina da polícia e da intervenção estatal cai. Certamente uma coisa lamentável. O Estado é a má consciência do liberal, o instrumento de uma repressão necessária que ele desaprova no fundo do coração. Nos negócios do dia a dia, a liberdade dos capitalistas se encarrega de manter a liberdade dos trabalhadores dentro dos limites apropriados. É aqui que entra em cena o bom socialista denunciando a hipocrisia.

O que é o socialismo? Um modo de tirar o liberalismo da sua contradição, ou seja, da salvaguarda e da destruição simultânea da liberdade individual. Impedir os indivíduos de se negarem por interferência mútua é uma resolução louvável, mas o socialismo leva a uma solução totalmente diferente. Ele suprime as interferências sem libertar o indivíduo. Mais ainda, ele baseia a liberdade individual na mediocridade coletiva. Reconhecidamente só o setor econômico se constitui em objeto da sua reforma, e o arrivismo, o liberalismo da vida cotidiana, acomoda-se bem com um planejamento burocrático de todas as atividades, com a promoção do militante, com lutas de poder entre dirigentes etc. Impede-se a interferência mútua em um domínio, destrói-se a concorrência econômica e a livre empresa, mas a corrida ao consumo de poder permanece a única forma de liberdade autorizada. Divertida querela essa que opõe os partidários de uma liberdade que se autolimita: os liberais da produção e os liberais do consumo!

A contradição no socialismo entre o radicalismo e o seu abandono aparece perfeitamente em duas intervenções, ambas relatadas nas atas dos debates da I Internacional. Em 1867, Chémalé lembra que "o produto deve ser *trocado* por um produto de igual valor, ou então existe fraude, burla, roubo". O problema é portanto, segundo Chémalé, racionalizar a troca, torná-la equitativa. O socialismo corrige o capitalismo, torna-o humano, planeja-o, esvazia-o da sua substância (o lucro). E quem se beneficia com o fim do capitalismo? Contudo, existe um outro socialismo contemporâneo desse. No congresso de Genebra da mesma Associação Internacional dos Trabalhadores, em 1866, Varlin[146], futuro *communard*, declara: "Enquanto existir entrave ao *emprego de si mesmo*, a liberdade não existirá". Existe portanto uma liberdade confinada no socialismo. Quem ousaria hoje empreender a libertação da liberdade contida no socialismo sem lutar com todas as forças contra o socialismo?

Será ainda necessário criticar o abandono, por todas as correntes do marxismo atual, do projeto de Marx? Na URSS, na China, em Cuba, o que há de comum com a construção do homem total? Como a miséria que alimentava a vontade revolucionária de uma superação e de uma mudança radical foi atenuada, uma nova miséria veio, feita de renúncias e compromissos. Abandono da miséria e miséria do abandono. Não foi a sensação de ter deixado o seu projeto inicial se fragmentar e ser executado em pedaços que levou Marx a dizer com desgosto: "Eu não sou marxista"?

E mesmo o fascismo imundo é uma vontade de viver negada, revirada, a carne de uma unha encravada. Uma vontade de viver que se tornou vontade de poder, uma vontade de poder que se tornou vontade de obediência passiva, uma vontade de obediência passiva que se tornou vontade de morte. Já que, na esfera do qualitativo, ceder um palmo é ceder tudo.

---

146 Eugene Varlin (1839-1871), importante personagem da Comuna de Paris e militante libertário. (N.T.)

Queimemos o fascismo, mas deixemos a mesma chama destrutiva queimar todas as ideologias, sem exceção, e os seus servos.

*

Em toda parte, pela força das circunstâncias, a força poética é abandonada e empurrada ao abandono. O homem isolado abandona a vontade individual, a subjetividade, para quebrar o isolamento. Com isso ganha a ilusão comunitária e um gosto mais aguçado da morte. O abandono é o primeiro passo para a recuperação pelos mecanismos do poder.

Não existe uma técnica ou um pensamento que não venha primeiramente de uma vontade de viver. Não existe uma técnica ou um pensamento oficialmente aprovado que não incite a morrer. Os vestígios do abandono são os símbolos de uma história ainda mal conhecida pelos homens. Estudá-los é já forjar as armas da superação total. Onde se encontra o núcleo radical, o qualitativo? Essa é a questão que deve despedaçar os hábitos de pensamento e de vida. Essa é a questão que entra na estratégia da superação, na construção de novas redes de resistência radical. Isso vale para a filosofia: a ontologia testemunha o abandono do ser-como-devir. Isso vale para a psicanálise: técnica de libertação que "liberta" sobretudo da necessidade de atacar a organização social. Isso vale para os sonhos e desejos roubados, violados, falsificados pelo condicionamento. Isso vale para a natureza basicamente radical dos atos espontâneos de um homem, e que é contradita na maior parte do tempo pela sua visão de si mesmo e do mundo. Isso vale para o jogo, cuja atual restrição a categorias de jogos lícitos – da roleta à guerra, passando pelos linchamentos – não deixa espaço para se jogar autenticamente com os momentos da vida cotidiana. E isso vale para o amor, inseparável da revolução e tão pobremente separado do prazer de dar...

Removendo o qualitativo, o que sobra é o desespero. Todas as formas de desespero disponíveis para uma organização da morte dos homens, para o poder hierárquico: reformismo, fascismo, apolitismo cretino, mediocracia, ativismo e passividade, escotismo e masturbação ideológica. Um amigo de Joyce contava: "Não me lembro de que uma única vez em todos esses anos Joyce tenha dito uma palavra acerca dos acontecimentos públicos, proferido o nome de Poincaré[147], de Roosevelt, de Valera[148], de Stalin, aludido a Genebra ou Locarno, à Abissínia, à Espanha, à China, ao Japão, ao caso Prince [149], a Violette Nozière[150]...". Na verdade, que mais se poderia acrescentar a *Ulysses* e *Finnegan's Wake*? Depois de *O Capital* da criatividade individual ser escrito, só restava aos Leopold Bloom[151] do mundo inteiro se unirem para se livrarem da sua pobre sobrevivência e para introduzirem na realidade vivida da existência a riqueza e a variedade do seu "monólogo interior". Joyce não combateu ao lado de Durruti, não se encontrou ao lado dos asturienses, nem ao lado dos operários vienenses. Pelo menos tinha a decência de não comentar notícias, a cujo anonimato ele abandonava *Ulysses* – esse monumento da cultura, como disse um crítico –, abandonando a si mesmo, Joyce, o homem da subjetividade total. Sobre a frouxidão do homem de letras é *Ulysses* que testemunha. E contra a frouxidão do abandono, é sempre o momento radical "esquecido" que testemunha. Por isso revoluções e contrarrevoluções se sucedem no espaço de 24 horas, no espaço de um dia, por mais desprovido de acontecimentos que esse dia seja. A consciência do gesto radical e do seu abandono se difunde e se aclara cada vez mais. Como poderia ser de outra forma? A sobrevivência é hoje a não-superação que se tornou impossível de viver.

---

147 Raymond Poincaré (1860-1934), presidente da França entre 1913 e 1920.

148 Éamon de Valera (1882-1975), líder político irlandês.

149 Grande escândalo politico-financeiro na França dos anos 1930.

150 Jovem que assassinou o pai e tornou-se uma das principais celebridades da crônica policial francesa nos anos 1930.

151 Personagem da obra *Ulysses*, de James Joyce. (N.T.)

3

O *homem do ressentimento* – Quanto mais o poder é repartido em fragmentos consumíveis, mais se restringe a esfera da sobrevivência, até ficar esse mundo rastejante no qual o prazer, o esforço de libertação e a agonia se exprimem com o mesmo sobressalto. O pensamento baixo e a visão curta marcaram desde há muito tempo a pertinência da burguesia a uma civilização de trogloditas em formação, a uma civilização da sobrevivência perfeitamente sintetizada pela criação de abrigos antinucleares com todos os confortos das conveniências modernas. A sua grandeza é uma grandeza emprestada: incapaz de construir verdadeiramente nas costas do inimigo derrotado, ela vestiu o manto feudal apenas para se encontrar coberta pela pálida sombra da virtude feudal, de Deus, da natureza e assim por diante. Assim que descobriu ser incapaz de controlar essas entidades diretamente, a burguesia caiu em disputas internas sobre pormenores: involuntariamente dando golpes em si mesma, porém que colocam em perigo a sua existência. O mesmo Flaubert que ridiculariza a burguesia, a chama para pegar em armas contra a Comuna de Paris.

A nobreza tornava a burguesia agressiva, o proletariado a põe na defensiva. O que é o proletariado para ela? Nem sequer um adversário: no máximo uma má consciência que ela se esforça em esconder. Fechada sobre si própria, tentando ser o menos vulnerável possível, proclamando que só as reformas são legítimas, ela fez da inveja cautelosa e do ressentimento as roupas habituais das suas revoluções fragmentadas.

Eu já disse que, a meu ver, nenhuma insurreição era fragmentada na sua vontade inicial, mas que assim se tornava logo que a poesia dos agitadores e mentores do jogo era substituída pela autoridade dos dirigentes. O homem do ressentimento é a versão oficial do revolucionário: um homem privado da consciência da possibilidade de superação; um homem a quem escapa a necessidade de uma reviravolta de perspectiva e que, roído pela inveja, o ódio e o desespero, tenta usar esses sentimentos como armas contra um mundo tão bem projetado para o oprimir. Um homem isolado.

Um reformista encurralado entre a recusa global do poder e a sua aceitação absoluta. Recusando a hierarquia por despeito de nela não se encontrar instalado, esse homem está preparadíssimo para servir na sua revolta aos desígnios dos seus senhores improvisados. O melhor sustentáculo do poder é o arrivismo desiludido. É por isso que o poder se esforça em consolar os vencidos da corrida às honras dando-lhes os privilegiados para odiar.

Para aquém da reviravolta de perspectiva, portanto, o ódio pelo poder é ainda um modo de lhe reconhecer a primazia. Aquele que passa debaixo de uma escada para provar o seu desprezo pelas superstições já está honrando-as muito por subordinar-lhes a sua liberdade de ação. O ódio obsessivo e a sede insaciável de cargos autoritários gastam e empobrecem, se não do mesmo modo – já que há mais humanidade em lutar contra o poder do que se prostituir a ele – pelo menos no mesmo grau. Existe um abismo entre lutar para viver e lutar para não morrer. As revoltas da sobrevivência aferem-se pelas normas da morte. É por isso que elas exigem antes de tudo a abnegação dos militantes, as suas renúncias *a priori* ao querer-viver pelo o qual todos lutam de fato.

O revoltado sem outro horizonte além do muro das coações corre o risco de quebrar a cabeça nele ou de defendê-lo um dia com uma teimosa estupidez. Já que se apreender na perspectiva das coações é sempre olhar no sentido desejado pelo poder, quer para recusá-lo, quer para aceitá-lo. Assim o homem se encontra no fim da linha, coberto de podridão, como diz Rosanov. Limitado por todos os lados, ele resiste a qualquer intrusão, e monta guarda sobre si mesmo, zelosamente, sem perceber que se tornou estéril: que mantém vigília sobre um cemitério. Ele internaliza a sua própria inexistência. Faz sua a impotência do poder para lutar contra ele, tal é o zelo com que ele aplica o princípio do *fair play*. A esse preço, pouco lhe custa ser puro, brincar de ser puro. Como as pessoas mais inclinadas aos compromissos sempre consideraram uma incomensurável glória permanecerem íntegras em um ou dois pontos precisos! Gabam-se pela recusa de uma patente no exército, pela distribuição de panfletos em uma greve ou por um pequeno confronto com a polícia. E essa vaidade anda de mãos dadas com a mais obtusa militância dos partidos comunistas e outros.

Ou então o homem no fim da linha descobre um mundo a conquistar, necessita de um espaço vital, de uma ruína mais vasta que o englobe. A recusa do poder logo se confunde com a recusa daquilo de que o poder se apropria, o próprio eu do revoltado, por exemplo. Ao nos definirmos de modo antagônico às coações e às mentiras, isso pode fazer com que as coações e a mentira entrem no espírito como uma parte caricatural da revolta, e geralmente sem dispor de ironia para arejar um pouco. Nenhum laço é mais difícil de romper que aquele no qual o indivíduo se prende a si próprio quando sua revolta se perde dessa forma. Quando ele coloca a sua liberdade a serviço da não-liberdade, o aumento da força da não-liberdade que resulta disso o escraviza. Ora, pode acontecer que nada se assemelhe tanto à não-liberdade quanto o esforço em direção à liberdade, mas a não-liberdade tem como particularidade que, uma vez comprada, ela perde todo o seu valor, mesmo que seu preço seja tão alto quanto a liberdade.

Os muros fechados tornam a atmosfera irrespirável. E quanto mais as pessoas se esforçam por respirar nessas condições, mais o ar se torna irrespirável. A ambiguidade dos sinais de vida e de liberdade, que oscilam entre suas formas positiva e negativa conforme as condições necessárias impostas pela opressão global, generaliza a confusão na qual com uma mão se desfaz aquilo que se faz com a outra. A incapacidade de nos apreendermos a nós próprios incita a apreender os outros a partir das suas representações negativas, dos seus papéis, a avaliá-los como objetos. As velhas solteironas, os burocratas e todos aqueles que tiveram êxito na sobrevivência não conhecem sentimentalmente outras razões de existência. Será necessário dizer que o poder baseia nesse mal-estar compartilhado as melhores esperanças de recuperação? E quanto maior for a confusão mental, mais fácil é a recuperação.

A miopia e o voyeurismo definem inseparavelmente a adaptação de um homem à mediocridade social da nossa época. Contemplar o mundo pelo buraco da fechadura! A isso convida o especialista, e com isso se deleita o homem do ressentimento. Na falta de papéis principais, ele reclama os primeiros camarotes do espetáculo. Precisa mastigar chavões minúsculos: que os políticos são uns ladrões, que De Gaulle é um grande homem e a China é a pátria dos trabalhadores. Quer um adversário vivo para dilacerar, uma mão de dignitário para reverenciar, mas não um sistema, já que este último é muito complicado para ele. Como é fácil compreender o êxito de representações tão grosseiras como o judeu ignóbil, o negro ladrão, as duzentas famílias mais ricas. O inimigo passa a ter um rosto e logo os traços da multidão se modelam de acordo com um outro rosto, esse sim admirável: o rosto do defensor, do chefe, do líder.

O homem do ressentimento é um revolucionário em potencial, mas o desenvolvimento dessa potencialidade passa obrigatoriamente por uma tomada de consciência larvar: o homem do ressentimento torna-se niilista. Se não matar os organizadores do seu tédio, ou pelo menos as pessoas que lhe parecem como tais de acordo com a sua visão (dirigentes, especialistas, propagadores de ideologias etc.), ele acabará matando em nome de uma autoridade, em nome de uma razão de Estado, em nome do consumo ideológico. E, se o estado de coisas não incitar à violência e à explosão brutal, continuará na crispação monótona do descontentamento a se debater em um mar de papéis, a espalhar o conformismo como serra dentada, aplaudindo indiferentemente a revolta e a repressão, sendo uma incurável confusão o seu único destino possível.

4

O niilista – O que é o niilismo? Rosanov responde perfeitamente à pergunta quando escreve: "A representação terminou. O público se levanta. É tempo de enfiar o casaco e de voltar para casa. Ao se virar, já não existe mais casaco nem casa".

Quando um sistema mítico entra em contradição com a realidade econômico-social, abre-se um espaço vazio entre o modo de viver das pessoas e a explicação dominante do mundo, que subitamente se torna inadequada e enormemente atrasada. Os valores tradicionais são sugados por um turbilhão. Privada dos seus pretextos e justificações, despojada de qualquer ilusão, a fraqueza dos homens aparece nua, desarmada. Por outro lado, uma vez que o mito não justifica mais o poder para os homens, possibilidades reais de ação e experimentação social surgem. O mito não apenas dissimula a fraqueza: ele é também a sua causa. Desse modo, o estilhaçamento do mito liberta uma energia e uma criatividade que estiveram durante muito tempo afastadas da experiência autêntica pela transcendência e pela abstração. O período de interregno entre o fim da filosofia antiga e a ereção do mito cristão assiste a um florescimento extraordinário de pensamentos e de ações cada uma mais rica que a outra. Então veio Roma, recuperando umas, abafando as outras, erguendo-se sempre sobre o seu cadáver. E mais tarde, no século XVI, a derrocada do mito cristão desencadeará de igual modo um frenesi de experiências e buscas. Mas desta vez há uma diferença: após 1789, a reconstituição de um mito se tornou rigorosamente impossível.

Se o cristianismo neutralizou o niilismo de determinadas seitas gnósticas e fez delas um revestimento protetor, o niilismo nascido da revolução burguesa é, quanto a ele, um niilismo de fato. Não pode ser recuperado para a constituição de um novo mito. A realidade da troca, como já mostrei, impede qualquer tentativa de dissimulação, obstrui todos os artifícios da ilusão. Até à sua abolição, o espetáculo não passará nunca de um espetáculo do niilismo. A vaidade do mundo cuja consciência o Pascal dos *Pensées* desejava propagar para maior glória de Deus acabou sendo propagada pela realidade histórica e na ausência de Deus, vítima do estilhaçamento do mito. O niilismo venceu tudo, inclusive Deus.

Desde há um século e meio, as contribuições mais lúcidas da arte e da vida são fruto de investigações livres no campo dos valores abolidos. O racionalismo passional de Sade, o sarcasmo de Kierkegaard, a ironia vacilante de Nietzsche, a violência de

Maldoror[152], a frieza de Mallarmé, o Umor de Alfred Jarry, o negativismo de Dada, essas são as forças que se manifestaram sem limites para introduzir na consciência dos homens um pouco de bolor dos valores em putrefação. E, com ele, a esperança de uma inversão de perspectiva.

Há um paradoxo. Por um lado faltou aos grandes propagadores do niilismo uma arma essencial: o sentido da realidade histórica, o sentido dessa realidade de decomposição, erosão e fragmentação. Por outro lado, aqueles que têm feito história no período do declínio burguês não têm tido a consciência aguçada do enorme poder dissolvente da história nessa era: Marx renunciou a analisar o Romantismo e o fenômeno artístico em geral. Lênin ignorou quase sistematicamente a importância da vida cotidiana, os futuristas, Maiakovsky e os dadaístas.

A consciência da ascensão niilista e a consciência do devir histórico parecem estranhamente afastadas. E no fosso entre as duas desfila uma multidão de liquidatários passivos, niilistas do mundo oficial que destroem obstinadamente os próprios valores em nome dos quais gritam. Burocratas comunistas, brutos fascistas, ideólogos, políticos corruptos, escritores subjoycianos, pensadores neodadaístas, todos pregando o fragmentário, todos trabalhando para o Grande Nada em nome da ordem familiar, administrativa, moral, nacional, cibernética ou revolucionária (!). Enquanto a história ainda não tinha ido tão longe, o niilismo talvez não pudesse ter tomado o aspecto de uma verdade geral, de uma banalidade básica. Hoje a história já chegou lá. O niilismo é a sua própria matéria, a via do fogo para a cinza. A reificação imprime o vazio na realidade cotidiana. Alimentando com o velho rótulo do *moderno* a fabricação intensiva de valores consumíveis e "futurizados", o passado dos valores antigos arruinados lança-nos inevitavelmente para um presente a construir, ou seja, para a superação do niilismo. Na consciência desesperada da nova geração, o *movimento de dissolução* e o *movimento*

---

152 Personagem de Lautréamont. (N.T.)

realizador da história reconciliam-se lentamente. O niilismo e a superação encontram-se, e por isso a superação será total. Nisso reside sem dúvida alguma a única riqueza da sociedade da abundância.

Quando toma consciência da perda sem retorno que é a sobrevivência, o homem do ressentimento torna-se niilista. Ele apreende a impossibilidade de viver tão firmemente que a própria sobrevivência se torna impossível. A angústia niilista é impossível de ser vivida: ante o vazio absoluto, tudo se desintegra. O passado e o futuro implodem: o presente é o ponto de partida. É desse ponto morto que partem os dois caminhos do niilismo, aquilo a que chamarei niilismo passivo e niilismo ativo.

*

O niilista passivo se compromete com a sua própria lucidez em relação ao colapso dos valores. Ele executa um gesto niilista final: escolhe deliberadamente, ou muitas vezes de forma interesseira, que "causa" defender, e se torna seu escravo devotado, pelo bem da Arte. Nada é verdade, portanto alguns gestos se tornam respeitáveis. Maurrasianos[153] bizarros, patafísicos, nacionalistas, estetas do ato gratuito, denunciantes, OAS[154], artistas pop, esse belo mundo aplica a seu modo o *credum quia absurdum*[155]: você não acredita nas coisas, mas as fará mesmo assim, se acostumará a elas e acabará gostando delas por fim. O niilismo passivo está a um passo do conformismo.

Aliás, o niilismo nunca é mais do que uma passagem, um lugar de ambiguidades, uma oscilação na qual um dos polos leva à submissão servil e o outro à insurreição permanente. Entre os

---

153 Adeptos das ideias de Charles Maurras (1862-1952), um monarquista e nacionalista francês. (N.T.)

154 Organisation armée secrète, grupo terrorista de extrema direita, católico e anticomunista. Assassinou cerca de 2000 pessoas no início dos anos 1960. Vários de seus ex-membros foram instrutores de tortura da Ditadura Militar argentina nos anos 1970.

155 Em latim no original: "creio porque é absurdo". (N.T.)

dois, está o *no man's land,* o terreno baldio do suicida ou do assassino solitário, desse criminoso a respeito do qual Bettina[156] descreve com precisão como o crime do Estado. Jack, o Estripador, é inacessível por toda a eternidade. Inacessível aos mecanismos do poder hierárquico, inacessível à vontade revolucionária. Uma espécie de em-si! Ele gravita ao redor daquele ponto zero no qual a destruição, em vez de reforçar a destruição operada pelo poder, ganha do poder no seu próprio campo, incita-o a uma tal violência que a máquina de *A Colônia Penal,* golpeada com força, voa em pedaços. Maldoror leva a desintegração da organização social contemporânea à sua conclusão lógica: o estágio de autodestruição. A recusa absoluta do social pelo indivíduo é neste caso uma resposta à recusa absoluta do indivíduo pelo social. Não reside aí o momento fixo, o ponto de equilíbrio da inversão de perspectiva, o lugar exato onde o movimento não mais existe, nem a dialética, nem o tempo? Meridiano e eternidade da grande recusa. Para aquém, os pogroms[157], para além a nova inocência. O sangue dos judeus ou o sangue dos policiais.

*

O niilista ativo não se contenta em assistir a desagregação. Ele denuncia as causas da desagregação acelerando o processo. A sabotagem é uma resposta natural ao caos reinante no mundo. O niilismo ativo é pré-revolucionário; o niilismo passivo, contrarrevolucionário. E a maioria das pessoas oscila tragicomicamente entre os dois. Como aquele soldado do Exército Vermelho – do qual fala um autor soviético, Victor Chlovsky, eu acho – que nunca atacava sem gritar "Viva o Czar". Mas as circunstâncias

---

156 Elizabeth von Arnim (1866-1941), ou simplesmente Bettina, romancista nascida na Austrália. (N.T.)

157 Termo russo para definir ataques violentos contra comunidades judaicas e minorias em geral.

inevitavelmente acabam traçando uma fronteira, e as pessoas subitamente se encontram, sem retorno, de um lado ou de outro das barricadas.

*

É sempre na pista oposta ao mundo oficial que aprendemos a dançar para nós mesmos. Mas é preciso ir até o final das próprias exigências, não abandonar o radicalismo na primeira curva. A necessidade frenética que a sociedade de consumo tem de produzir novas necessidades tira habilmente proveito do insólito, do bizarro, do chocante. O humor negro e as atrocidades entram na salada publicitária. O flerte com o não-conformismo participa também dos valores dominantes. A consciência do apodrecimento dos valores encontra lugar na estratégia de venda. A decomposição é cada vez mais mercantilizada. O saleiro com a figura de Kennedy e orifícios nos pontos de impacto das balas que o mataram, à venda nos supermercados, deveria ser suficiente para convencer qualquer um, se isso fosse ainda preciso, da facilidade com que uma brincadeira que faria a alegria de Émile Pouget e de seu *Père Peinard* hoje simplesmente alimenta o mercado.

O movimento Dada levou a consciência da putrefação ao mais alto grau. Dada continha na verdade os germes da superação do niilismo, mas deixou-os apodrecer por sua vez. Todo o equívoco surrealista reside em uma crítica justa feita no momento errado. O surrealismo critica com direito a superação abortada de Dada, mas, quando decide por sua vez superar Dada, o faz sem partir do niilismo inicial de Dada, sem se apoiar em Dada-antiDada, sem apreender Dada historicamente. A história foi o pesadelo do qual nunca despertaram os surrealistas, desarmados diante do partido comunista, surpreendidos pela guerra civil espanhola, resmungando sempre, mas sempre seguindo a esquerda como cães fiéis!

Um certo romantismo já tinha provado, sem que nem Marx nem Engels sequer sonhassem em se preocupar com isso, que a arte, ou seja, o pulso da cultura e da sociedade, é a primeira a revelar o estado de decomposição dos valores. Um século mais tarde, enquanto Lênin pensava que o assunto não tinha importância, os dadaístas viam no abscesso artístico o sintoma de um câncer generalizado, de um veneno espalhado na sociedade inteira. O desagradável na arte reflete apenas a arte do desagradável por toda a parte, instituída como lei pelo poder. Foi isso que os dadaístas de 1916 tinham claramente mostrado. A conclusão dessa análise levava diretamente à luta armada. As larvas neodadaístas da Pop Art que hoje proliferam no estrume do consumo encontraram um emprego mais proveitoso. Os dadaístas, trabalhando para se curar e curar a civilização do desprazer de viver – e em última análise, de forma mais coerente do que o próprio Freud – edificaram o primeiro laboratório de revitalização da vida cotidiana. A atividade deles era muito mais radical do que a teoria. O pintor Grosz[158] dizia: "O que contava era trabalhar, por assim dizer, na mais profunda escuridão. Não sabíamos o que estávamos fazendo". O grupo Dada era o funil que sugava a trivialidade e o entulho do mundo. E pelo outro lado, tudo saía transformado, original, novo. Os seres e os objetos permaneciam os mesmos e contudo tudo mudava de sentido e de sinal. A inversão de perspectiva seguia a magia de reencontrar a experiência vivida perdida. A subversão, a tática de inversão de perspectiva utilizada pelos dadaístas, destruía o quadro imutável do velho mundo. A *poesia feita por todos* adquiria nessa subversão o seu verdadeiro sentido, bem longe do espírito literário ao qual os surrealistas acabaram sucumbindo lamentavelmente.

A fraqueza inicial de Dada reside na sua incrível humildade. Falsamente sério como um Papa, esse Tzara[159] que todas as manhãs repetia, diz-se, a frase de Descartes: "Nem sequer quero saber se existiram homens antes de mim", esse Tzara é na verdade o mesmo que, menosprezando homens como Ravachol, Bonnot e

---

158 George Grosz (1893-1959), desenhista e pintor alemão. (N.T.)

159 Tristan Tzara (1896-1963), nascido na Romênia e considerado um dos líderes do dadaísmo. (N.T.)

os companheiros de Makhno, mais tarde iria se juntar ao rebanho de Stalin. Se o movimento Dada se rompeu porque a superação era impossível, é porque faltou aos dadaístas o instinto de buscar na história as diversas experiências em que tal superação se tornou possível, os momentos em que as massas em revolta tomam os seus destinos nas mãos.

A primeira desistência é sempre terrível. O erro inicial de Dada multiplica-se e repercute-se sem fim, infectando o surrealismo e o neodadaísmo. O surrealismo apela ao passado, mas de que modo? A sua vontade de corrigir torna o erro ainda mais perturbante quando, escolhendo individualidades perfeitamente admiráveis (Sade, Fourier, Lautréamont etc.), escreve a respeito delas tanto e tão bem que obtém para eles uma menção honrosa nas notas de rodapé dos textos escolares progressistas. Uma celebridade literária semelhante à celebridade que os neodadaístas conquistaram para os seus antecessores no atual espetáculo da decomposição.

*

Se existe hoje um fenômeno internacional bastante semelhante ao movimento Dada trata-se da erupção selvagem de delinquência juvenil dos *blousons noirs*. Idêntico desprezo pela arte e pelos valores burgueses, idêntica recusa das ideologias, idêntica vontade de viver. Mesma ignorância da história, mesma revolta rudimentar, mesma ausência de tática.

Ao niilista falta a consciência do niilismo dos outros. E o niilismo dos outros é agora um fator histórico em ação. Falta ao niilismo a consciência da possibilidade de superação. Contudo, o atual reino da sobrevivência, no qual o tanto que se fala de progresso expressa acima de tudo o medo de que o progresso possa ser impossível, é ele próprio produto da história, é ele próprio o resultado de todos os abandonos do humano que têm ocorrido ao longo dos séculos. Ouso dizer que a história da sobrevivência é o movimento histórico que vai desfazer a história. Pois a consciência clara da sobrevivência e das suas condições insuportáveis está a ponto de se fundir com a consciência das renúncias sucessivas do passado, e consequentemente com o verdadeiro desejo de retomar o movimento de superação em toda parte *no espaço* e *no tempo* em que foi prematuramente interrompido. A superação, quer dizer, a revolução da vida cotidiana, irá consistir em retomar os núcleos de radicalismo abandonados e em infundi-los com a inédita violência do ressentimento. A explosão em cadeia da criatividade subterrânea deve inverter a perspectiva do poder. *Os niilistas são, em última análise, os nossos únicos aliados.* Se eles agora vivem no desespero da não-superação, uma teoria coerente será suficiente para mostrar a sua visão enganada e pôr a serviço da sua vontade de viver o potencial energético dos seus rancores acumulados. Qualquer um que junte essas duas noções fundamentais – a consciência das renúncias do passado e a consciência histórica da decomposição – pode levar ao fim o combate pela vida cotidiana e pela transformação radical do mundo. Niilistas, diria Sade, um esforço mais se quereis ser revolucionários!

A INVERSÃO DE PERSPECTIVA
2ª PARTE

XIX

A INVERSÃO DE PERSPECTIVA

A luz do poder está minguando. Os olhos da ilusão comunitária são os orifícios de uma máscara, buracos através dos quais os olhos da subjetividade do indivíduo não conseguem ver nada. É necessário que o ponto de vista individual prevaleça sobre o ponto de vista da falsa participação coletiva. Com a totalidade como nosso ponto de partida, o social deve ser atacado com as armas da subjetividade e tudo deve ser reconstruído a partir do eu. A inversão de perspectiva é a positividade da negação, o fruto que irá fazer rebentar a casca do Velho Mundo (1-2).

1

Um dia o sr. Keuner foi perguntado sobre o que ele queria dizer com "inversão de perspectiva", e ele contou a seguinte história. Dois irmãos muito apegados um ao outro tinham uma mania curiosa. Marcavam com uma pedra os acontecimentos do dia, uma pedra branca para os momentos felizes, uma pedra preta para os instantes de infelicidade e desprazer. À noite, quando comparavam o conteúdo do jarro em que eles colocavam as pedras no final de cada dia, perceberam que um deles só continha pedras brancas, e o outro só continha pedras pretas. Intrigados por essa constância com que viviam o mesmo destino de modo totalmente diferente, combinaram aconselhar-se com um homem famoso pela sabedoria de suas palavras. "Vocês não falam o bastante um com o outro", disse o sábio. "Que cada um apresente os motivos da sua escolha e explique -os para o outro." Assim fizeram desde então. Logo verificaram que o primeiro permanecia fiel às pedras brancas e o segundo às pedras pretas, mas em cada jarro havia diminuído o número de pedras. Em vez de 30, só havia agora sete ou oito. Pouco tempo tinha se passado quando o sábio recebeu uma nova visita dos dois irmãos. Traziam no rosto os sinais de uma grande tristeza. "Não faz muito tempo, disse um deles, o meu jarro ficava cheio de pedras de cor-da-noite, o desespero habitava-me permanentemente, confesso que estava reduzido a viver por inércia. Agora, raramente coloco lá mais que oito pedras, mas aquilo que representam esses oito sinais de miséria é tão intolerável para mim que já não posso viver em semelhante estado". E o outro: "Quanto a mim, todos os dias amontoava pedras brancas. Agora só conto sete ou oito, mas essas me fascinam tanto que não posso evocar esses instantes felizes sem que deseje imediatamente revivê-los com mais intensidade, e para dizer a verdade, eternamente. Esse desejo me atormenta". O sábio sorria ao escutá-los. "Excelente, excelente. Tudo está correndo bem. Continuem. Só mais uma palavra. Havendo oportunidade, perguntem-se: por que motivo nos apaixona tanto o jogo do jarro e das pedras?" Quando os dois irmãos encontraram de novo o sábio foi para declarar: "Pensamos no assunto, mas não obtivemos resposta. Então perguntamos à aldeia inteira. E veja o alvoroço que causou. À noite, contadas do lado de fora das casas, famílias inteiras discutem a respeito das pedras brancas e das pedras pretas. Só os chefes e os poderosos se mantêm afastados. Preta ou branca, uma pedra é uma pedra e todas valem o mesmo, dizem eles troçando". O velho não escondia o contentamento. "O caso segue o curso previsto. Não se preocupem. Não tardará que a questão deixe de se pôr. Ela se tornou desprovida de importância e chegará o dia em que duvidareis de que algum dia as tenhais levantado". Pouco depois, as previsões do velho foram confirmadas do seguinte modo. Uma grande alegria tinha se apoderado das pessoas da aldeia. Na madrugada de uma noite agitada, o sol iluminou, empaladas e separadas do corpo, as cabeças recentemente cortadas dos poderosos e dos chefes.

2

O mundo foi sempre geométrico. O ângulo e a perspectiva com que os homens devem se ver, se falar ou se representar já foram decididos soberanamente pelos deuses das épocas unitárias. Depois, os homens – os homens da burguesia – pregaram-lhes esta peça: os colocaram em perspectiva, os situaram em um processo histórico ao longo do qual nasciam, se desenvolviam, envelheciam e morriam. A história foi o crepúsculo dos deuses.

Uma vez "historicizado", Deus confunde-se com a dialética da sua natureza material, com a dialética do senhor e do escravo, a história da luta de classes, a história do poder social hierárquico. Em certo sentido, portanto, a burguesia esboça uma inversão de perspectiva, mas logo a limita à aparência. Abolido Deus, os pilares que o sustentavam erguem-se ainda em direção ao céu vazio. A explosão na catedral do sagrado deve ter se propagado em ondas de choque muito lentas, já que até hoje, dois séculos depois, os escombros míticos ainda estão em processo de serem reduzidos a pó no espetáculo. A burguesia não passa de uma fase de dinamização de Deus, desse Deus que vai agora desaparecer radicalmente até apagar os vestígios das suas origens materiais: o domínio do homem pelo homem.

Os mecanismos econômicos, dos quais a burguesia possuía parcialmente o controle e o poder, revelaram a natureza material do poder, habilitando o poder a dispensar o fantasma divino. Mas a que preço? Enquanto Deus oferecia na sua negação do humano uma espécie de refúgio no qual os homens de fé tinham paradoxalmente licença, opondo o poder absoluto de Deus ao poder "usurpado" dos padres e dos chefes, de se afirmar contra a autoridade temporal, como tantas vezes os místicos fizeram, hoje é o poder que se aproxima dos homens, tenta seduzi-los, torna-se consumível. Ele pesa cada vez mais sobre eles, reduz o espaço de vida à simples sobrevivência, comprime o tempo na espessura do "papel". Falando esquematicamente, o poder pode ser comparado a um ângulo. Um ângulo originariamente agudo, como o cume perdido nas profundidades do céu, alargando-se depois pouco a pouco conforme o cume baixa, torna-se visível, desce ainda até ficar plano, até estender os lados em uma linha reta e até se confundir com uma sucessão de pontos equivalentes e sem força. Para além dessa linha, que representa o momento do niilismo, começa uma nova perspectiva, não o reflexo da antiga, não a sua involução. É antes um conjunto de perspectivas individuais harmonizadas, que não entram nunca em conflito, e que constroem um mundo coerente e coletivo. A totalidade desses ângulos, embora diferentes, se abre na mesma direção, fazendo da vontade individual e da vontade coletiva uma única vontade.

O condicionamento tem por função colocar e deslocar cada pessoa ao longo da escala hierárquica. A inversão de perspectiva implica uma espécie de anticondicionamento, não um condicionamento de tipo novo, mas uma tática lúdica: o jogo da subversão, o desvio (*détournement*).

A inversão de perspectiva substitui o conhecimento pela *praxis*, a esperança pela liberdade, a mediação pela vontade do imediato. Consagra o triunfo de um conjunto de relações humanas baseadas em três princípios inseparáveis: a *participação*, a *comunicação*, a *realização*.

Inverter a perspectiva é deixar de ver com os olhos da comunidade, da ideologia, da família, dos outros. É apreender-se a si próprio solidamente, escolher-se como ponto de partida e como centro. Fundar tudo na subjetividade e seguir a vontade subjetiva de ser tudo. Na linha de mira do meu insaciável desejo de viver, a totalidade do poder não passa de um alvo particular em um horizonte mais vasto. A sua exibição de força não me obstrui a visão, ao contrário, eu determino sua posição, meço o perigo que ele constitui, estudo suas manobras. Por mais pobre que seja, a minha criatividade é para mim um guia mais seguro que todos os conhecimentos adquiridos por coação. Na noite do poder, a sua pequena luz mantém à distância as forças hostis: condicionamento cultural, especialização de todo o tipo e visões de mundo impostas – todos inevitavelmente totalitários por natureza. Com a criatividade, cada um possui a arma suprema. Mas ainda é necessário, como acontece com certos talismãs, que nos sirvamos dela corretamente. Se a abordamos às avessas, isto é, pelo ângulo da mentira e da opressão, ela não passa então de um lamentável engodo: uma consagração da arte. Os gestos que destroem o poder e os gestos que constroem a livre vontade individual são os mesmos, mas o seu alcance é diferente. Como todo bom estrategista sabe, a preparação da defensiva é evidentemente diferente da preparação da ofensiva.

Não escolhemos a inversão de perspectiva com base em qualquer voluntarismo que seja. Foi ela que nos escolheu. Comprometidos que estamos na fase histórica do NADA, o passo seguinte só pode ser uma mudança do TODO. A consciência de uma revolução total, da sua necessidade, é o nosso último modo de ser histórico, a nossa última possibilidade de desfazer a história com condições seguras. O jogo no qual entramos é o jogo da nossa criatividade. As suas regras se opõem radicalmente às regras e às leis que regem a nossa sociedade. É um jogo de quem-perde-ganha: aquilo que não é dito é mais importante do que aquilo que se diz, aquilo que é vivido é mais importante do que aquilo que é representado no plano das aparências. É preciso jogar esse jogo até o fim. Como alguém que sofreu a opressão até que os ossos já não suportassem poderia deixar de se lançar como último recurso à vontade de *viver sem reservas*? Ai daquele que abandona no caminho a sua violência e as suas exigências radicais. As verdades assassinadas tornam-se venenosas, disse Nietzsche. Se não invertermos a perspectiva, será a perspectiva do poder que acabará nos voltando contra nós mesmos. O fascismo alemão nasceu do sangue de Spartakus[160]. Em cada renúncia cotidiana, o que a reação prepara é nada mais nada menos que a nossa morte total.

---

160 Movimento revolucionário alemão do início dos anos 1920 que foi esmagado pelo governo social-democrata. (N.T.)

XX

CRIATIVIDADE, ESPONTANEIDADE E POESIA

Os homens vivem em estado de criatividade 24 horas por dia. Uma vez descoberto, o uso planejado que os mecanismos de dominação fazem da liberdade remete por tabela à concepção de uma liberdade autêntica, indissociável da criatividade individual. O convite para produzir, para consumir, para organizar atualmente fracassa em recuperar a paixão de criar, que surge a partir da consciência das coações (1). – A espontaneidade é o modo de ser da criatividade, não um estado isolado, mas a experiência imediata da subjetividade. A espontaneidade concretiza a paixão criadora, esboça a sua realização prática, portanto torna possível a poesia, a vontade de mudar o mundo segundo a subjetividade radical (2). – O qualitativo existe onde quer que espontaneidade criadora se manifeste. Ele leva à comunicação direta do essencial. Ele é a oportunidade oferecida à poesia. É uma cristalização das possibilidades, um multiplicador de conhecimentos e de eficácia e o modus operandi da inteligência; o seu próprio critério. O salto qualitativo provoca uma reação em cadeia observável em todos os movimentos revolucionários. É necessário suscitar essa reação pelo escândalo positivo da criatividade livre e total (3). – A poesia é a organização da espontaneidade criadora na medida em que, e somente se, ela a difunde no mundo. A poesia é o ato que gera novas realidades. Ela é a realização da teoria radical, o gesto revolucionário por excelência.

1

Neste mundo fraturado, cujo denominador comum foi, no decorrer da história, o poder social hierárquico, nunca existiu senão uma única liberdade tolerada: a liberdade de mudar o numerador, a liberdade de escolher entre um ou outro senhor. Semelhante liberdade de escolha tem perdido cada vez mais sua atração, principalmente desde que se tornou a doutrina oficial dos piores totalitarismos do mundo moderno, do Ocidente e do Oriente. A recusa generalizada de escolher entre um ou outro patrão por sua vez ocasionou a reestruturação do poder do Estado. Todos os governos do mundo industrializado ou em vias de o ser tendem a modelar-se – em grau maior ou menor dependendo do nível de desenvolvimento do país – em uma forma comum: racionalizando os velhos mecanismos de dominação, automatizando-os de algum modo. E isso constitui a primeira oportunidade de liberdade. As democracias burguesas mostraram que toleravam as liberdades individuais na medida em que estas se limitavam e se destruíam reciprocamente. E agora que isso está claro, tornou-se impossível para um governo, por mais aperfeiçoado que seja, agitar a *muleta* da liberdade sem que todo o mundo descubra a espada escondida atrás dela. Na verdade, a constante evocação da liberdade meramente incita a liberdade a reencontrar sua raiz na criatividade individual, a se recusar violentamente a ser apenas permissão, coisa lícita, tolerável, despedaçando a benevolência do despotismo.

A segunda chance da liberdade surge uma vez que ela tenha sido reconduzida à sua autenticidade criadora, e liga-se aos próprios mecanismos do poder. É evidente que os sistemas abstratos de exploração e de dominação são criações humanas, retiram sua existência e aperfeiçoamento de uma criatividade desviada ou recuperada. Da criatividade, a autoridade só pode e só quer conhecer as diversas formas recuperáveis pelo espetáculo. Mas aquilo que as pessoas fazem oficialmente não é nada ao lado daquilo que elas fazem às escondidas. Fala-se de criatividade a respeito de uma obra de arte. Que representa isso ao lado da energia criadora exibida por todas as pessoas mil vezes por dia? Ao lado de desejos insatisfeitos que fervilham, fantasias que buscam pôr um pé na realidade, sensações confusas e contudo luminosamente precisas, ideias e gestos portadores de transformações sem nome? Tudo isso votado ao anonimato e à pobreza de meios, encerrado na sobrevivência ou obrigado a perder a sua riqueza qualitativa para exprimir-se conforme as categorias do espetáculo. Pense no palácio de Cheval[161], no sistema genial de Fourier, no universo pictorial de Douanier Rousseau[162]. Considere, com maior precisão, a incrível diversidade dos sonhos de cada um, paisagens muito mais coloridas que as mais belas telas de Van Gogh. Pense no mundo ideal que é construído sem descanso dentro de cada um, mesmo que seus gestos exteriores percorram como sempre o lugar comum.

Não existe ninguém, por mais alienado que seja, que não possua e não reconheça em si próprio uma parte irredutível de criatividade, um quarto escuro protegido contra qualquer intrusão de mentira e de coações. No dia em que a organização social estender o seu controle sobre essa parte do homem, ela reinará apenas sobre robôs e cadáveres. É por isso que, em certo sentido, a consciência da criatividade aumenta, paradoxalmente, à medida que se multiplicam as tentativas de recuperação efetuadas pela sociedade de consumo.

Argus não enxerga o perigo bem à sua frente. No reino do quantitativo, o qualitativo não possui existência legalmente reconhecida. É isso precisamente que o resguarda e que o mantém. Que a busca desenfreada pelo quantitativo desenvolva paradoxalmente, pela insatisfação que alimenta, um desejo absoluto pelo qualitativo, eu já o disse. Quanto mais a coação se exerce em nome da liberdade de consumir, mais o mal-estar gerado por essa con-

---

161 Ferdinand Cheval (1836-1924), carteiro francês que levou 33 anos para construir um palácio com materiais que ele coletava nas suas andanças. Hoje, o palácio, considerado uma obra-prima, é uma atração turística. (N.T.)

162 Henri Rousseau (1844-1910), conhecido como Douanier Rousseau, pintor francês. (N.T.)

tradição faz nascer a sede de uma liberdade total. A crise da sociedade de produção revelou a criatividade reprimida na energia despendida pelo trabalhador, e Marx mostrou definitivamente a alienação da criatividade no trabalho forçado, na exploração do produtor. À medida que o sistema capitalista e as suas variantes (mesmo que antagônicas) perdem na frente de batalha da produção, esforçam-se por compensar essa perda na esfera do consumo. A ideia é que, conforme o homem se liberta gradualmente dos imperativos da produção, ele seja engolido na nova função de consumidor. Oferecendo à criatividade, finalmente liberada pela redução das horas de trabalho, o terreno baldio dos divertimentos, os bons apóstolos do humanismo limitam-se de fato a formar um exército pronto a evoluir no campo de manobra da economia de consumo. Agora que a alienação do consumidor é esclarecida pela própria dialética do consumo, que prisão eles preparam para a subversivíssima criatividade individual? Eu já disse que a última saída dos dirigentes era transformar as pessoas em *organizadoras* da própria passividade.

Com comovedora inocência, Dewitt Peters[163] explica que "se simplesmente se colocasse cores, pincéis e telas à disposição das pessoas que se interessassem, daí poderia sair alguma coisa bastante interessante". Enquanto se aplicar essa política a uma dezena de domínios bem controlados, como o teatro, a pintura, a música, a literatura etc., e de forma geral a qualquer setor cuidadosamente isolado, conservar-se-á alguma possibilidade de dotar as pessoas com uma consciência de artista, uma consciência de homem que tem por profissão expor a própria criatividade nos museus e nas vitrines de cultura. E quanto mais popular for essa cultura mais isso significará que o poder venceu. Mas as chances de "culturizar" desse modo os homens de hoje são escassas. Será que os cibernéticos realmente imaginam que as pessoas podem

---

163 Pintor norte-americano que emigrou ao Haiti em 1943, dando grande impulso à arte haitiana. (N.T.)

ser persuadidas a se engajar na livre experimentação dentro de limites fixados pelo decreto da autoridade? Ou imaginam que os prisioneiros que tomaram consciência da sua capacidade criativa se contentarão em decorar suas celas com uma pintura original? O que os impediria de experimentar também com as armas, com os desejos, com os sonhos, com as técnicas de autorrealização? Ainda mais que a multidão já está cheia de agitadores. A última possibilidade de recuperação da criatividade – a organização da passividade artística – está felizmente condenada a fracassar.

"Procuro um ponto longínquo", escrevia Paul Klee, "na origem da criação, no qual pressinto existir um princípio explicativo para o homem, o animal, a planta, o fogo, a água, o ar e todas as forças que nos rodeiam". Esse ponto só é longínquo na perspectiva mentirosa do poder. De fato a origem de toda a criação reside na criatividade individual. É a partir desse ponto que tudo se ordena, os seres e as coisas, na grande liberdade poética. Esse é o ponto de partida da nova perspectiva, pela qual não existe ninguém que não lute com todas as forças e a cada instante da sua existência. "A subjetividade é a única verdade." (Kierkegaard)

A verdadeira criatividade é irrecuperável pelo poder. Em Bruxelas, em 1869, a polícia pensou ter confiscado o famoso tesouro da Internacional, que tanto tirava o sono dos capitalistas. Apreendeu uma caixa colossal e sólida, escondida em um canto escuro. Quando a abriram, ela continha apenas carvão. A polícia ignorava que, tocado por mãos inimigas, o ouro puro da Internacional se convertia em carvão.

Nos laboratórios de criatividade individual, uma alquimia revolucionária transforma em ouro os metais mais vis da vida cotidiana. Trata-se antes de tudo de dissolver a consciência das coações, ou seja, o sentimento de impotência, por meio do exercício sedutor da criatividade: derretê-los no impulso criador, na afirmação serena do seu gênio. A megalomania, tão estéril no plano da corrida por prestígio no espetáculo, representa neste caso uma fase importante na luta que opõe o eu às forças coligadas do condicionamento. Na noite do niilismo que atualmente nos envolve, a fagulha criadora, que é a centelha da verdadeira vida, brilha com maior fulgor. E enquanto o projeto de uma melhor organização da sobrevivência aborta, existe, na multiplicação dessas fagulhas que pouco a pouco se fundem em uma única luz, a promessa de uma nova organização baseada desta vez na harmonia das vontades individuais. O devir histórico nos conduziu à encruzilhada na qual a subjetividade radical encontra a possibilidade de transformar o mundo. Esse momento privilegiado é a inversão de perspectiva.

2

A *espontaneidade* – A espontaneidade é o modo de ser da criatividade individual. Ela é o seu primeiro jorro, ainda imaculado, não poluído na fonte e ainda não ameaçado de recuperação. Se nada é mais bem repartido no mundo do que a criatividade, a espontaneidade, pelo contrário, parece estar confinada a uns poucos escolhidos. Só a possuem aqueles que por meio de uma longa resistência ao poder ganharam a consciência de seu próprio valor como indivíduos. Nos momentos revolucionários isso significa a maioria das pessoas. Em outros períodos, quando a revolução é construída dia a dia sem ser vista, são ainda mais pessoas do que pensamos. Onde quer que subsista um raio de criatividade, a espontaneidade conserva as suas possibilidades.

"O artista novo protesta", escreveria Tzara em 1919. "Ele não pinta mais: ele cria diretamente". O imediato é certamente a mais sumária reivindicação, mas também a mais radical, que deve definir esses novos artistas que serão construtores de situações a serem vividas. Eu digo sumária porque afinal é importante não ser confundido pelas conotações da palavra espontaneidade. Só é espontâneo aquilo que não emana de uma coação interiorizada, mesmo subconscientemente, e que além disso escapa ao domínio da abstração alienante, à recuperação espetacular. Ela é mais uma conquista do que algo dado. A reestruturação do indivíduo deve passar por uma reestruturação do inconsciente (compare com a construção dos sonhos).

Aquilo que até hoje faltou à criatividade espontânea foi a consciência clara da sua poesia. O senso comum sempre tratou a espontaneidade como um estado primário, um estágio inicial que necessitava de uma adaptação teórica, uma transposição para termos formais. Essa visão isola a espontaneidade, faz dela um em-si e, portanto, a reconhece apenas quando travestida nas formas que adquire no espetáculo (no action-painting[164] por exemplo). Ora, a criatividade traz em si as condições de um desenvolvimento autossuficiente. Possui a sua própria poesia.

Para mim, a espontaneidade constitui uma experiência imediata, uma consciência da experiência vivida, dessa experiência vivida cercada por todos os lados, ameaçada por proibições e contudo ainda não alienada, ainda não reduzida ao inautêntico. No centro da experiência vivida, cada um se encontra mais perto de si mesmo. Nesse espaço-tempo privilegiado temos a clara convicção de que a realidade nos isenta da necessidade. E é sempre a consciência de uma necessidade que nos aliena. Fomos ensinados a nos apreendermos, segundo a expressão jurídica, por ausência. Mas basta a consciência de um momento de vida autêntica para eliminar todos os álibis, e despachar a ausência de futuro ao mesmo vazio da ausência de passado. A consciência do presente harmoniza-se à experiência vivida como uma espécie de improvisação. Esse prazer, pobre porque ainda isolado, rico porque já orientado para o prazer idêntico dos outros, carrega uma grande semelhança com o prazer do jazz. O estilo de improvisação da vida cotidiana em seus melhores momentos cabe no que Alfons Dauer[165] escreve a respeito do jazz: "A concepção africana do ritmo difere da nossa porque o aprendemos auditivamente ao passo que os africanos o apreendem por meio do movimento corporal. A sua técnica consiste essencialmente em introduzir a descontinuidade no seio do equilíbrio estático imposto ao longo do tempo pelo ritmo e pela

---

164 Em inglês no original: "pintura de ação, pintura gestual (escola de pintura abstrata)". (N.E.)
165 Musicólogo alemão, especialista em jazz e cultura africana.

métrica. Essa descontinuidade resultante da presença de centros de gravidade extáticos fora do tempo da própria métrica e ritmo cria constantemente tensões entre as batidas estáticas e as batidas extáticas que lhes são sobrepostas".

O momento de espontaneidade criadora é a mais ínfima manifestação possível da inversão de perspectiva. É um momento unitário, isto é, uno e múltiplo. A erupção do prazer vivido é tal que, ao perder-me, me reencontro; esquecendo quem sou, realizo-me. A consciência da experiência imediata nada mais é que esse jazz, esse balanço. Pelo contrário, o pensamento que se apega à experiência vivida com finalidade analítica permanece separado dela. É o caso de todos os estudos sobre a vida cotidiana e, em certo sentido, portanto, deste estudo – e por isso me esforço a cada instante por introduzir nele a sua própria crítica, com receio de que ele se torne, como tantos outros, facilmente recuperável. O viajante que fixa o pensamento sobre a extensão do caminho a percorrer cansa-se mais que o companheiro que deixa a imaginação vagar ao sabor da viagem. Do mesmo modo, a reflexão atenta aos trâmites da experiência vivida a entrava, a abstrai, e a reduz a futuras recordações.

Para que se baseie verdadeiramente na experiência vivida, é necessário que o pensamento seja livre. Basta para isso pensar *outro* em termos do *mesmo*. Enquanto tu te fazes, imagine um outro tu que, um dia, por sua vez te fará. Assim encaro a espontaneidade. A mais alta autoconsciência inseparável do eu e do mundo.

Contudo, é necessário reencontrar as pistas da espontaneidade que as civilizações industriais deixaram a vegetação cobrir. E, mesmo quando encontramos, não é fácil retomar a vida pelo lado certo. A experiência individual é também uma presa para a loucura, um passo para a insanidade. As condições são aquelas de que fala Kierkegaard: "É verdade que eu trago uma boia de segurança, contudo não vejo a ponta que supostamente me puxará da água. Essa é uma maneira horrível de viver experiências". A ponta está lá e, é claro, não há dúvida que cada um possa se prender a ela, mas de modo tão lento que muitos morrerão de angústia antes de reconhecer que ela existe. Contudo, ela existe. É a subjetividade radical: a consciência de que todos os homens obedecem a uma mesma vontade de realização autêntica, e que a sua subjetividade se reforça com essa vontade subjetiva descoberta nos outros. Esse modo de partir de si e de irradiar, não tanto em direção aos outros quanto em direção à parte de si que é descoberta nos outros, dá à espontaneidade criadora uma importância estratégica semelhante à de uma base de lançamento. Convém a partir de agora fazer as abstrações, as noções que nos dirigem, regressar à sua fonte, à experiência vivida, não para justificá-las, mas, ao contrário, para corrigi-las, invertê-las, devolvê-las à experiência vivida de onde provieram e de onde jamais deveriam ter saído! Essa é uma precondição necessária para que os homens reconheçam que a sua criatividade individual não se distingue da criatividade universal. A única autoridade é a minha própria experiência vivida: isso é o que todos devem provar a todos os demais.

3

O *qualitativo* – Eu disse que a criatividade, igualmente repartida entre todos os indivíduos, somente se exprimia diretamente, *espontaneamente*, em certas situações específicas. Essas situações são os momentos pré-revolucionários, a fonte de poesia que muda a vida e transforma o mundo. Eles devem certamente ser colocados sob o signo do equivalente moderno da graça: o qualitativo. A presença da abominação divina é revelada por uma espiritualidade nauseante, repentinamente conferida tanto aos boçais (por exemplo, um cretino como Claudel[166]) quanto aos mais refinados (Juan de la Cruz[167]). Do mesmo modo, um gesto, uma atitude, às vezes uma palavra, atesta de modo inegável a presença da chance oferecida à

---

166 Paul Claudel (1868-1955), dramaturgo, poeta e diplomata francês, cuja obra foi influenciada pela Igreja, por Tomás de Aquino e Dante. (N.T.)

167 Juan de la Cruz (1542-1591), religioso, escritor e poeta espanhol. (N.T.)

poesia, ou seja, à construção total da vida cotidiana, à inversão global de perspectiva, à revolução. O qualitativo resume e cristaliza essas possibilidades, ele é uma comunicação direta do essencial.

Kagame[168] ouviu um dia uma velha de Ruanda, que não sabia ler nem escrever, dizer: "Na verdade, os brancos são de uma ingenuidade incurável! Não têm inteligência!". Ele respondeu: "Como você pode dizer uma tolice dessas? Por acaso você foi capaz como eles de inventar tantas maravilhas que desafiam a imaginação?" Com um sorriso compassivo, ela replicou: "Ouça bem isto, meu filho. Eles aprenderam tudo isso, mas não têm inteligência! Eles não entendem nada!" De fato, a maldição da civilização da técnica, da troca quantificada e do conhecimento científico é não ter criado nada que encoraje e liberte *diretamente* a criatividade espontânea dos homens. Na verdade, eles nem sequer permitem que as pessoas compreendam o mundo de modo imediato. O que exprimia a velha ruandesa – a qual o administrador belga devia, do alto da sua inteligência superior, considerar como um animal selvagem – está contido em uma velha frase, embora carregada de sentimento de culpa e portanto manchada por uma estupidez ignóbil: "Estudei muito e por isso sei que não sei nada". Pois em certo sentido é falso que um estudo nada nos ensine, se ele não abandona o ponto vista da totalidade. O que essa atitude recusa ver, ou aprender, são os vários estágios do qualitativo, aquilo que, em níveis diversos, dá apoio ao qualitativo. Imagine diversos apartamentos situados um imediatamente acima do outro, que se comunicam diretamente por meio de um elevador central e também indiretamente ligados por uma escada externa em caracol. As pessoas que habitam os apartamentos se ligam diretamente umas às outras, ao passo que alguém que suba vagarosamente as escadas está separada delas. As primeiras têm acesso ao qualitativo em todos os níveis. A última possui o conhecimento limitado dado por cada degrau. E assim

---

168 Abbé Alexis Kagame (1912-1981), historiador, etnólogo e filósofo ruandês que se tornou o líder intelectual dos Tutsi. (N.T.)

nenhum diálogo é possível entre os dois grupos. Em sua maioria incapazes de ler o *Manifesto Comunista* de Marx e Engels, os operários revolucionários de 1848 possuíam em si o essencial do texto. Era nisso aliás que consistia o radicalismo da teoria marxista. As condições objetivas da vida dos trabalhadores, exprimidas pelo *Manifesto* em um alto nível teórico, tornaram possível para a maioria dos proletários iletrados entender Marx *imediatamente* quando chegada a hora. O homem culto que usa sua cultura como um lança-chamas está destinado a se entender com o homem inculto, mas que sente na realidade vivida cotidianamente aquilo que o outro exprime em termos eruditos. É necessário de fato que as armas da crítica se juntem à crítica das armas.

Só o qualitativo permite passar com um salto ao andar superior. Esta é a lição que qualquer grupo em perigo deve aprender, a pedagogia das barricadas. O mundo graduado do poder hierárquico, contudo, só consegue conceber o conhecimento à sua semelhança, isto é, de forma hierárquica graduada: as pessoas na escada externa, especializadas na natureza e na quantidade dos degraus, encontram-se, cruzam-se, chocam-se, insultam-se. Que importa? Em baixo, o autodidata entulhado de lugar comum e, ao alto, o intelectual colecionador de ideias enviam um ao outro a imagem invertida de um mesmo idiota. A oposição entre Miguel de Unamuno[169] e o ignóbil Millán-Astray[170], entre o pensador assalariado e o seu difamador, é uma oposição vazia: fora do qualitativo, a inteligência não passa de um capricho de imbecis.

Os alquimistas chamavam de *matéria-prima* os elementos indispensáveis à Grande Obra. E aquilo que Paracelso[171] escreve

---

169 Miguel de Unamuno y Jugo (1864-1936), escritor, educador e filósofo espanhol, predecessor da filosofia existencialista com Kierkegaard. (N.T.)

170 José Millán-Astray y Terreiros (1879-1954), general espanhol. Em 12 de outubro de 1936, em uma solenidade na Universidade de Salamanca, Millán-Astray, defensor do fascismo e de uma Espanha unificada, teve uma virulenta discussão com Miguel de Unamuno. (N.T.)

171 Philippus Aureolus Theophrastus Bombastus von Hohenheim (1493-1541), conhecido como Paracelso, foi um alquimista e médico suíço. (N.T.)

a respeito disso se aplica perfeitamente ao qualitativo: "É manifesto que os pobres têm mais do que os ricos. As pessoas desperdiçam a parte boa e só retêm a parte má. É visível e invisível, e as crianças brincam com ela na rua. Mas os ignorantes pisam nelas cotidianamente". A consciência dessa matéria-prima qualitativa tende a se tornar mais aguçada na maioria das pessoas à medida que desabam os bastiões do pensamento especializado e do conhecimento gradual. A proletarização de agora em diante encurrala no mesmo niilismo aqueles que se ocupam em criar e aqueles cuja profissão os impede de criar, os artistas e os trabalhadores. E essa proletarização que anda de mãos dadas com a sua recusa, ou seja, com a recusa das formas recuperadas da criatividade, efetua-se em um tal amontoado de bens culturais – discos, filmes, livros de bolso – que estes, uma vez arrancados da lei do consumo, passarão sem demora ao serviço da verdadeira criatividade. A sabotagem dos mecanismos do consumo econômico e cultural encontra uma ilustração exemplar nesses jovens que roubam livros dos quais esperam a confirmação do seu radicalismo.

Reinvestidos sob o signo do qualitativo, os mais diversos conhecimentos criam uma rede magnetizada capaz de soerguer as mais pesadas tradições. A simples criatividade espontânea amplia o saber a uma taxa exponencial. Com meios improvisados e por um preço ridículo, um engenheiro alemão inventou um aparelho que realiza as mesmas operações do ciclotron. Se a criatividade individual, tão mediocremente estimulada, chega a tais resultados, quanto não se deve esperar dos choques qualitativos, de reações em cadeia que ocorrerão quando o espírito de liberdade que se manteve vivo nos indivíduos reaparecer coletivamente para celebrar, como fogos de artifício e com a ruptura das proibições, a grande festa social?

Para um revolucionário coerente, o problema não é mais criar um novo tipo de condicionamento, mas, pelo contrário, estabelecer zonas de proteção nas quais a intensidade do condicionamento tenda a zero. Tornar cada indivíduo consciente do seu potencial de criatividade é uma tentativa destinada ao fracasso se não recorrer ao despertar pelo choque qualitativo. Mais nada se deve esperar dos partidos de massa e dos grupos baseados no recrutamento quantitativo. Pelo contrário, podemos esperar algo de uma microssociedade baseada nos gestos ou pensamentos radicais de seus membros, e mantida em permanente estado de eficácia prática por meio de uma rigorosa filtragem teórica. Células como estas reuniriam todas as possibilidades de irradiar um dia com força suficiente para libertar a criatividade da maioria dos homens. O desespero do terrorista anarquista deve ser transformado em esperança; as suas táticas de guerreiros medievais devem ser transformadas em uma estratégia moderna.

4

A *poesia* – O que é a poesia? A poesia é a organização da espontaneidade criadora, a exploração do qualitativo segundo as suas leis internas de coerência, aquilo a que os gregos chamavam *poiein*, que é o "fazer", mas o "fazer" devolvido à pureza do seu momento original, em outras palavras, à totalidade.

Onde faltar o qualitativo, nenhuma poesia será possível. No vazio deixado pela poesia instala-se o oposto do qualitativo: a informação, o programa de transição, a especialização, o reformismo, em suma, o fragmentário sob suas diversas formas. Contudo, a presença do qualitativo não garante a poesia. Pode acontecer que uma grande riqueza de signos e de possibilidades se perca na confusão por falta de coerência, ou se destrua por interferências mútuas. O critério de eficácia deve predominar sempre. A poesia portanto é também a teoria radical digerida pela ação, o coroamento da tática e da estratégia revolucionária, o apogeu do grande jogo da vida cotidiana.

O que é a poesia? Em 1895, durante uma greve mal começada e que parecia votada ao fracasso, um militante do Sindicato Nacional das Estradas de Ferro tomou a palavra e mencionou um processo engenhoso e barato para fazer avançar os objetivos da greve. "Com 2 centavos de um determinado material utilizado corretamente podemos impossibilitar o funcionamento de uma locomotiva". O governo e os capitalistas imediatamente cederam. Aqui a poesia é claramente a ação que gera novas realidades, a ação de inversão de perspectiva. A *matéria-prima* está ao alcance de todos. São poetas aqueles que sabem como usá-la, que sabem empregá-la eficazmente. Além disso, 2 centavos de um material qualquer não é nada se comparado com a profusão de energia sem igual disponibilizada pela vida cotidiana: a energia da vontade de viver, do desejo desenfreado, da paixão do amor, do amor das paixões, a força do medo e da angústia, o furacão do ódio e o ímpeto selvagem da fúria de destruir. Que transformações poéticas não poderemos esperar de sentimentos tão universais experimentados como aqueles associados à morte, à velhice e à doença? É dessa consciência ainda marginal que deve partir a longa revolução da vida cotidiana, a única poesia feita por todos, e não por um.

"O que é a poesia?", perguntam os estetas. E é então preciso lembrar-lhes esta evidência: a poesia raramente tem a ver com poema. A maior parte das obras de arte trai a poesia. Como poderia ser de outra forma já que a poesia e o poder são inconciliáveis? Quando muito, a criatividade do artista prende-se a si mesma, enclausura-se esperando a sua hora numa obra inacabada, aguardando o dia de dar a última palavra. Mas, mesmo que o autor espere muito dela, essa última palavra – aquela que precede a comunicação perfeita – nunca será pronunciada enquanto a revolta da criatividade não tiver levado a arte à sua realização.

A obra de arte africana, quer se trate de um poema ou de uma música, de uma escultura ou de uma máscara, só é considerada acabada quando é verbo criador, palavra atuante: só quando é um elemento criativo que *funciona*. Ora, isso não é válido só para a arte africana. Não existe arte alguma no mundo que não se esforce por *funcionar*; e por funcionar, mesmo no âmbito das recuperações ulteriores, com exatamente a mesma vontade que a gerou: uma vontade de viver na exuberância do momento de criação. Compreende-se por que razão as melhores obras não têm fim? É que elas exigem de todas as formas o direito de se realizar, de entrar no mundo da experiência vivida. A decomposição da arte atual é o arco idealmente retesado para tal flecha.

Nada pode salvar da cultura do passado o passado da cultura, com exceção dos quadros, da literatura, das arquiteturas musicais ou líricas que nos atingem pelo qualitativo, livre da sua forma – de todas as formas de arte. Isso ocorre com Sade, Lautréamont, e também com Villon[172], Lucrécio[173], Rabelais, Pascal, Fourier, Bosch, Dante, Bach, Swift, Shakespeare, Uccello. Eles se livram do seu envoltório cultural, saem dos museus nos quais a história os tinha colocado e se tornam dinamite para as bombas dos futuros realizadores da arte. O valor de uma obra antiga deve ser avaliado pela parte de teoria radical que contém, pelo núcleo de espontaneidade criadora que os novos criadores se prontificam a libertar para e por uma poesia inédita.

A teoria radical é exímia em dilatar a ação iniciada pela espontaneidade criadora, sem alterá-la nem desencaminhá-la de seu curso. Do mesmo modo, em seus melhores momentos, o processo artístico tenta imprimir ao mundo o movimento de uma subjetividade tentacular, sempre sequiosa de criar e de se criar. Mas, enquanto a teoria radical se gruda à realidade poética (a realidade que se faz), ao mundo que se transforma, a arte adota um processo idêntico com um risco muito mais elevado de se perder e corromper. Só a arte armada contra si mesma, contra aquilo que tem de mais fraco – de mais estético – resiste à recuperação.

É sabido que a sociedade de consumo reduz a arte a uma variedade de produtos de consumo. E quanto mais se vulgariza essa redução, mais a decomposição se acelera, mais crescem as possibilidades de uma superação. A comunicação tão imperativamente desejada pelo artista é impedida e proibida mesmo nas relações mais simples da vida cotidiana. De tal modo que a busca de novos

---

172 François Villon (1431-1463), poeta francês cuja vida vagabunda como ladrão inspirou tanto a poesia moderna francesa como toda uma geração de poetas marginais. (N.T.)

173 Lucrécio (98-55 a.C.), filósofo e cientista romano. (N.T.)

modos de comunicação, longe de estar reservada aos pintores ou aos poetas, é parte hoje de um esforço coletivo. Assim acaba a velha especialização da arte. Já não existem artistas uma vez que todos o são. A futura obra de arte é a construção de uma vida apaixonante.

A criação importa menos que o processo que gera a obra, que o ato de criar. O que faz de alguém um artista é o estado de criatividade, e não o museu. Infelizmente, o artista raramente se reconhece como criador. Na maior parte do tempo, faz pose diante de um público, se exibe. A atitude contemplativa diante de uma obra de arte foi a primeira pedra lançada no criador. Inicialmente ele provocou essa atitude, mas agora tenta desfazê-la uma vez que, reduzido à necessidade de consumir, depende dos mais grosseiros imperativos econômicos. É por isso que não existe mais obra de arte no sentido clássico do termo. Já não pode haver obra de arte, e ainda bem. A poesia reside em outro lugar, nos fatos, nos acontecimentos que criamos. A poesia dos fatos, que sempre foi tratada marginalmente, reintegra hoje o centro dos interesses de todos, o centro da vida cotidiana, que na verdade ela nunca abandonou.

A verdadeira poesia não dá a mínima para poemas. Na sua busca do Livro, Mallarmé nada mais desejava do que abolir o poema, e como abolir um poema senão realizando-o? E essa nova poesia foi usada com fulgor por alguns contemporâneos de Mallarmé. Quando o autor de *Hérodiade* lhes chamou "anjos da pureza", teria ele tomado consciência de que os agitadores anarquistas com suas bombas ofereciam ao poeta uma chave que, encurralado na sua linguagem, ele não podia usar?

A poesia está sempre em algum lugar. O seu recente abandono das artes torna mais fácil ver que ela reside antes de tudo nos gestos, num estilo de vida, numa busca desse estilo. Reprimida em toda parte, essa poesia por toda parte floresce. Brutalmente recalcada, reaparece na violência. Consagra motins, casa-se com a revolta, anima os grandes carnavais revolucionários antes que os burocratas lhe fixem residência na cultura hagiográfica.

A poesia vivida soube provar no decorrer da história, mesmo nas revoltas parciais, mesmo no crime – essa revolta de um só, como disse Coeurderoy[174] –, que ela protegia acima de tudo aquilo que há de irredutível no homem: a espontaneidade criadora. A vontade de criar a unidade do homem e do social, não na base da ficção comunitária, mas a partir da subjetividade, é o que faz da nova poesia uma arma que todos devem saber manejar *por si mesmos*. A temporada de caça à experiência poética já começou. A organização da espontaneidade será obra da própria espontaneidade.

---

174 Ernest Coeurderoy (1825-1862), anarquista francês. (N.T.)

XXI

OS SENHORES SEM ESCRAVOS

O poder é a organização social pela qual os senhores mantêm as condições da escravidão. Deus, o Estado, a Organização: essas três palavras mostram bem a relativa importância da autonomia e do determinismo histórico para o poder. Três princípios predominaram sucessivamente: o princípio da dominação (poder feudal), o princípio da exploração (poder burguês), e o princípio da organização (poder cibernético) (2). – A organização social hierárquica aperfeiçoou-se dessacralizando-se e mecanizando-se, mas as suas contradições aumentaram. Humanizou-se à medida que esvaziava os homens da sua substância humana. Ganhou em autonomia à custa dos senhores (os dirigentes estão no comando, mas são as alavancas do poder que os governam). Os auxiliares do poder são os descendentes modernos da raça de escravos submissos, aqueles a respeito dos quais Theognis[175] diz que nascem com a nuca inclinada. Não podem nem desfrutar mais do poder doentio de dominar. Confrontando esses senhores-escravos erguem-se os homens da recusa, o novo proletariado, com a riqueza das suas tradições revolucionárias. Daí sairão os senhores sem escravos e um tipo de sociedade superior na qual serão realizados o projeto vivido da infância e o projeto histórico dos grandes aristocratas (1, 3).

1

Platão escreve no *Theages*: "Cada um de nós gostaria ser se possível o senhor de todos os homens, ou ainda melhor, o próprio Deus". Ambição medíocre se considerarmos a fraqueza dos senhores e dos deuses. É que afinal, se a pequenez dos escravos é devida à sua sujeição a governantes, a pequenez dos chefes e do próprio Deus deve-se à natureza deficitária dos governados. O senhor conhece a alienação sob seu polo positivo, o escravo sob o seu polo negativo, mas a ambos é negado o domínio total.

De que maneira se comporta o senhor feudal nessa dialética do senhor e do escravo? Escravo de Deus e senhor dos homens – e senhor de homens porque escravo de Deus, conforme as exigências do mito –, hei-lo condenado a esconder sua execração por Deus atrás de uma reverência respeitosa a Ele. Já que é a Deus que deve obediência e é dele que detém o seu poder sobre os homens. Em resumo, ele reproduz entre Deus e ele a mesma relação existente entre os nobres e o rei. O que é um rei? Um eleito entre os eleitos, e cuja sucessão se apresenta na maioria das vezes como um jogo entre iguais. Os senhores feudais servem ao rei, mas servem-no como seus iguais em potencial. Por isso, se se submetem a Deus, fazem-no como rivais, como concorrentes.

Compreende-se assim a insatisfação dos senhores antigos. Por meio de Deus, participam do polo negativo da alienação. Por meio daqueles que oprimem, participam do polo positivo. Como poderiam desejar ser Deus, já que conhecem o tédio da alienação positiva? E, ao mesmo tempo, como poderiam deixar de desejar acabar com Deus, o seu tirano? O *to be or not to be* dos Grandes sempre se traduziu no período feudal na questão, insolúvel na época, de como negar e conservar Deus ao mesmo tempo, ou seja, de superá-lo, de realizá-lo.

A história atesta duas tentativas práticas de superação: a dos místicos e a dos grandes negadores. Meister Eckhart[176] declarava:

---

175 Theognis de Megara, poeta grego da segunda metade do século VI a.C. (N.T.)

176 Meister Eckhart (1260-1328), dominicano, filósofo, nascido em Gotha. (N.T.)

"Peço a Deus que me desobrigue de Deus". De modo semelhante, os heréticos da Suábia diziam em 1270 que tinham se elevado acima de Deus e que, tendo atingido o grau mais elevado da perfeição divina, tinham abandonado Deus. Por outra via, a via negativa, certas individualidades fortes, como Heliogabalo, Gilles de Rais, Erszebet Bathory[177], esforçam-se claramente por atingir o domínio total do mundo liquidando os intermediários: aqueles que os alienam positivamente, os seus escravos. Caminham em direção ao homem total por intermédio da total desumanidade, seguindo o caminho da perversidade. De modo que a paixão de reinar sem limites e a recusa absoluta das coações formam um único e mesmo caminho, uma estrada ascendente e descendente na qual Calígula e Espártaco[178], Gilles de Rais e Dosza Gyorgy[179] se acotovelam, juntos porém separados. Mas não basta dizer que a revolta integral dos escravos – a revolta integral, insisto, e não as suas formas deficitárias, cristã, burguesa ou socialista – se assemelha à revolta extrema dos senhores feudais. De fato, a vontade de abolir a escravidão, e todos os seus descendentes (o proletário, os encarregados, o homem submisso e passivo) oferece uma oportunidade única à vontade de reinar sobre o mundo sem outro limite além da natureza finalmente reinventada e além da resistência à sua própria transformação oferecida pelas coisas.

Essa oportunidade inscreve-se no devir histórico. A história existe porque existem oprimidos. A luta contra a natureza, e depois

---

177 Condessa húngara que acreditava que se banhar no sangue de jovens raparigas a ajudaria a manter eternamente a sua beleza. Crê-se que os seus tratamentos de beleza ceifaram a vida a cerca de 46 crianças. A Condessa Sangrenta, viúva de um afamado herói de guerra e descendente do famoso Vlad, o Impalador, viveu uma vida de horror e sadismo no seu castelo de Csejthe, onde, conta-se, teria mandado coser a boca a um servo que falava alto demais. A condessa morreu em 1614, três anos após ter sido enclausurada no próprio castelo por um primo, o Conde Thurzo. (N.T.)

178 Espártaco (113-71 a.C.), nascido na Trácia, formou um exército de rebeldes que conseguiu várias vitórias contra Roma antes de ser derrotado. (N.T.)

179 Figura histórica do século XVI na Hungria por ter tido papel destacado nas lutas sociais e por liberdade da época. (N.T.)

contra as diversas organizações sociais delineadas na luta contra a natureza, é sempre a luta pela emancipação humana, pelo homem total. A recusa de ser escravo é na verdade o que muda o mundo.

Qual é então a finalidade da história? Ela é feita "sob determinadas condições" (Marx) pelos escravos e contra a escravidão, e portanto só pode ter um fim: a destruição dos senhores. Por seu lado, o senhor não tem descanso enquanto não escapa à história, enquanto não a recusa massacrando aqueles que a fazem, e a fazem contra ele.

São estes os paradoxos em questão:

1. O aspecto mais humano dos senhores antigos reside na sua pretensão ao domínio absoluto. Esse projeto implica o bloqueio absoluto da história e portanto a recusa extrema do movimento de emancipação, ou seja, a desumanidade total.

2. A vontade de escapar à história traz vulnerabilidade. Ao fugir dela, fica-se exposto diante dela, cai-se mais certeiramente sob os seus golpes. A escolha do imobilismo não resiste aos repetidos assaltos de realidades vividas e não resiste também à dialética das forças produtivas. Os senhores são os sacrificados da história, são triturados por ela conforme aquilo que a contemplação de 3 mil anos do alto da pirâmide do presente dá por um verdadeiro *planning*, um programa sistemático, uma linha de força que incita a falar de um Sentido da História (fim do mundo escravagista, fim do mundo feudal, fim do mundo burguês).

   Como se esforçam por escapar à história, os senhores se arrumam em uma ordem devida nas gavetas da história, entram na linear evolução temporal por bem ou por mal, por mais que a tenham em despeito. De modo oposto, aqueles que fazem história – os revolucionários, os escravos embriagados por uma liberdade total – parecem agir *sub specie aeternitatis*, sob o signo do intemporal, movidos pela sede insaciável de uma vida intensa e prosseguindo o seu objetivo por meio das diversas condições históricas. Talvez a noção filosófica de eternidade esteja ligada às tentativas históricas de emancipação, talvez essa noção vá se realizar um dia – junto com a filosofia – por aqueles que trazem em si a liberdade total e o fim da história tradicional.

3. A superioridade do polo negativo da alienação sobre o polo positivo reside no fato de que só a sua revolta integral torna possível o projeto de domínio absoluto. Os escravos em luta pela supressão da sua opressão levam a cabo o movimento pelo qual a história suprime os senhores, e, para além da história, é a possibilidade de um novo poder sobre as coisas que encontram, um poder que não se apropria mais dos objetos ao apropriar-se dos seres. Dada a própria lentidão com que a história é elaborada, era inevitável que os senhores não desaparecessem num instante, degenerassem, até que hoje em dia não tivéssemos mais senhores, apenas escravos-consumidores de poder, diferenciando-se entre si pelo grau e quantidade de poder consumido.

Era fatal que a transformação do mundo pelas forças produtivas devesse realizar lentamente, passando previamente pela etapa burguesa, as condições materiais de uma emancipação total. Hoje, é fatal que a automação e a cibernética aplicadas no sentido do humano permitiriam a construção do sonho dos senhores antigos e dos escravos de todos os tempos; não existe mais nada além de um magma social disforme no qual a confusão mistura, em cada indivíduo, parcelas irrisórias de senhor e escravo. Contudo é desse reino das equivalências que sairão os novos senhores: os senhores sem escravos.

Quero de passagem felicitar Sade. Ele é, tanto pela sua aparição privilegiada em uma curva da história quanto pela sua espantosa lucidez, o último dos grandes senhores revoltados. Em *Cento e Vinte Dias de Sodoma*, ele faz os senhores do castelo de Selling garantirem o seu domínio absoluto e alcançarem o paraíso terreno massacrando todos os seus servos.

Marquês e *sans-culotte*[180], Sade une em sua pessoa a fria lógica hedonista do grande senhor e homem cruel à vontade revolucionária de dispor sem limite de uma subjetividade finalmente liberta dos grilhões da hierarquia. O esforço desesperado para abolir os polos positivo e negativo da alienação o coloca desde logo entre os teóricos mais importantes do homem total. Já é tempo de os revolucionários lerem Sade com tanto cuidado quanto dedicam a Marx (é certo que de Marx os especialistas da revolução conhecem sobretudo o que ele escreveu sob o pseudônimo de "Stalin", ou na melhor das hipóteses de "Lênin" ou de "Trotsky"). Seja como for, nenhum desejo de mudar radicalmente a vida cotidiana poderá de hoje em diante dispensar nem os grandes negadores do poder, nem esses senhores antigos que se sentiam constrangidos pelo poder que Deus lhes concedia.

2

O poder burguês se alimentou das migalhas do poder feudal. Ele não é nada mais do que pedaços e migalhas do poder feudal. Roída pela crítica revolucionária da burguesia, jogada ao chão e despedaçada com os pés – sem que essa destruição atinja as suas últimas consequências: o fim do poder hierárquico –, a autoridade aristocrática sobreviveu à morte da aristocracia sob uma forma paródica, como o sorriso fixo de um cadáver. Rigidamente confinados no seu poder fragmentário, fazendo do seu fragmento uma totalidade (e o totalitário não é outra coisa), os dirigentes da burguesia estavam condenados a ver o seu prestígio cair em farrapos, gangrenado pela decomposição do espetáculo. Logo que se foram a seriedade do mito e a fé na autoridade, as únicas formas de governo

---

180 Nome dado ao grupo social formado pelas classes mais pobres durante a revolução francesa. (N.T.)

que sobraram foram o terror burlesco e as burradas democráticas. Ah! Os belos filhos de Bonaparte! Louis-Phillippe, Napoleão III, Thiers, Alfonso XIII, Hitler, Mussolini, Stalin, Franco, Salazar, Nasser, Mao, De Gaulle... Ubus prolíficos que dão à luz nos quatro cantos do mundo monstros cada vez mais fracos. Ontem esses gorilas podiam brandir como trovões de Júpiter suas varinhas de autoridade. Mas hoje eles só recolhem êxitos parciais aos olhos do público. Hoje só existem papéis de segundo plano para eles. Certamente, o ridículo Franco ainda mata – ninguém ousa esquecer isso –, mas sabe-se também que em breve a estupidez do poder matará mais certamente que a estupidez no poder.

A máquina de estupidificar da nossa colônia penal é o espetáculo. Os senhores-escravos de hoje são os seus fiéis servos, figurantes e atores. Quem poderá querer julgá-los? Eles sustentarão que são inocentes. Na verdade, não são culpados. Têm menos necessidade de seu próprio cinismo que de confissões de culpa espontâneas dos outros. Têm menos necessidade de terror que de vítimas condescendentes. Têm menos necessidade de força que de rebanhos masoquistas. O álibi dos governantes reside na covardia dos governados. Mas agora todos são governados, manipulados como coisas por um poder abstrato, por uma organização em si cujas leis se impõem aos pretensos dirigentes. Não se julgam as coisas, impede-se que elas provoquem danos.

Em outubro de 1963, o sociólogo Fourastié, interrogando-se a respeito do chefe de amanhã, chegou às seguintes conclusões: "O chefe perdeu o poder quase mágico que possuía. Ele é e será um homem capaz de provocar ações. Enfim, o reinado dos grupos de trabalho irá se desenvolver para preparar as decisões. O chefe será um presidente de comissão, mas que saberá *concluir e decidir*" (grifo meu). Aqui se encontram as três fases históricas que caracterizam a evolução do senhor:

1. O princípio de dominação, ligado à sociedade feudal;
2. O princípio de exploração, ligado à sociedade burguesa;
3. O princípio de organização, ligado à sociedade cibernética.

Na verdade, os três elementos são indissociáveis – não se domina sem explorar nem organizar simultaneamente –, mas o peso de cada um varia conforme as épocas. À medida que se passa de uma fase a outra, a autonomia e o âmbito da responsabilidade do senhor são reduzidos. A humanidade do senhor tende para zero enquanto a desumanidade do poder desencarnado tende ao infinito.

Conforme o *princípio de dominação*, o senhor recusa aos escravos uma existência que limitaria a sua. No *princípio de exploração*, o patrão concede aos trabalhadores uma existência que alimenta e amplia a sua. O *princípio de organização* separa as existências individuais em frações, segundo o grau de capacidade de liderança ou execução que comportam (um chefe de oficina seria por exemplo definido no final de longos cálculos de sua produtividade, representatividade etc., por 56% de dirigente, 40% de executor e 4% de ambíguo, como diria Fourier).

A dominação é um direito, a exploração um contrato, a organização uma ordem das coisas. O tirano domina conforme a sua vontade de poder, o capitalista explora conforme as leis do lucro, o organizador planeja e é planejado. O primeiro pretende-se arbitrário, o segundo, justo, o terceiro, racional e objetivo. A desumanidade do senhor é uma humanidade que busca a si mesma. A desumanidade do explorador tenta se livrar dos seus encargos seduzindo o humano com o progresso tecnológico, o conforto, a luta contra fome e a doença. A desumanidade do cibernético é uma desumanidade que se aceita como tal. Por isso a desumanidade do senhor se tornou cada vez mais desumana. A atrocidade dos campos de extermínio é de uma ordem diferente da fúria assassina dos senhores feudais guerreando-se sem motivo. Os massacres de Auschwitz ainda possuem um lirismo quando comparados às mãos geladas do condicionamento generalizado que a organização tecnocrática dos cibernéticos prepara para a sociedade, futura e tão próxima. Compreendam-me bem, não se trata de escolher entre a "humanidade" de uma ordem de execução feudal e a "humanidade" de uma lavagem cerebral. Seria o mesmo que escolher entre a forca e a guilhotina! Quero apenas dizer que o prazer duvidoso de dominar e de esmagar tende a desaparecer. O capitalismo inaugurou a necessidade de explorar os homens sem disso extrair um gozo passional. Sem sadismo, sem essa alegria negativa de existir que consiste em fazer sofrer, sem sequer uma perversão do humano, sem sequer o humano às avessas. O reino das coisas levado à perfeição. Renunciando ao princípio hedonista, os senhores renunciaram ao senhorio. Cabe aos senhores sem escravos corrigir esse abandono.

Aquilo que a sociedade de produção tinha iniciado, a ditadura do consumo aperfeiçoa hoje. O princípio de organização vem estabelecer o domínio total dos objetos mortos sobre os homens. A parte do poder que restava aos possuidores dos instrumentos de produção desaparece a partir do instante em que as máquinas, escapando aos proprietários, passam para o controle dos técnicos que organizam o seu emprego. Entretanto os próprios organizadores são lentamente digeridos pelos esquemas e programas que elaboram. A máquina simples foi talvez a última justificação da existência dos chefes, o último suporte do seu último vestígio de humanidade. A organização cibernética da produção e do consumo passa obrigatoriamente pelo controle, planejamento, racionalização da vida cotidiana.

Os especialistas são esses senhores em migalhas, esses senhores-escravos que proliferam no território da vida cotidiana. As suas possibilidades são nulas, podemos garantir. Já em 1867, no Congresso de Laussane da I Internacional, Francau declarou: "Durante muito tempo estivemos a reboque dos marqueses dos diplomas e dos príncipes da ciência. Tratemos nós próprios de nossos assuntos e, por mais inábeis que sejamos, nunca os faremos pior do que como foram feitos em nosso nome". Palavras cheias de sabedoria, e cujo sentido se reforça com a proliferação dos especialistas e sua incrustação em todos os aspectos da vida pessoal. Uma divisão opera-se claramente entre aqueles que obedecem à atração magnética que exerce a grande máquina kafkiana da cibernética e aqueles que, obedecendo a seus próprios impulsos, se esforçam por lhe escapar. Esses são depositários da totalidade do humano, já que a partir de agora ninguém no campo dos antigos senhores pode ter tal pretensão. Já não há, por um lado, senão coisas que caem à mesma velocidade no vazio, e por outro lado nada além do velho projeto dos escravos embriagados por uma liberdade total.

3

O senhor sem escravos ou a superação aristocrática da aristocracia – O senhor perdeu-se pelos mesmos caminhos que Deus. Desaba como um Golem[181] logo que deixa de amar os homens, logo que deixa portanto de amar o prazer que pode ter em oprimi-los, logo que abandona o princípio hedonista. Há pouco prazer em deslocar coisas, em manipular seres passivos e insensíveis como tijolos. No seu requinte, Deus busca criaturas vivas, de boa carne pulsante, almas arrepiadas de terror e respeito. Necessita, para experimentar a própria grandeza, sentir a presença de súditos ardentes na oração, na contestação, no subterfúgio, e até no insulto. O Deus católico dispõe-se a conceder liberdade verdadeira, mas à maneira dos penhoristas, só como empréstimo. Ele brinca de gato e rato com os homens até o juízo final, quando os devora. Pelo fim da Idade Média, com a entrada em cena da burguesia, esse Deus é lentamente humanizado. Humanizado de forma paradoxal, uma vez que se torna objeto, da mesma forma que os homens. Condenando os homens à predestinação, o Deus de Calvino perde o prazer do julgamento arbitrário, não é mais livre para esmagar quem ele quiser e quando quiser. Deus das transações comerciais, sem fantasia, comedido e frio como uma taxa de câmbio, envergonha-se, esconde-se. *Deus absconditus.* O diálogo é rompido. Pascal se desespera.

---

181 Golem é um monstro da mitologia. Acreditava-se que, para criar o monstro Golem, era necessário obter argila virgem em um local montanhoso, nunca antes pisado pelo homem. Dessa argila, se moldava um boneco, cantando-se fórmulas cabalísticas e fazendo-se passes de mágica sobre a imagem, escrevendo na testa do boneco de barro a palavra "emet". A partir daí, o boneco de argila ganhava vida e obedecia aos anseios de seu criador. Segundo a lenda, o monstro viraria pó, quando a palavra "emet" fosse apagada de sua testa. (N.T.)

Descartes não sabe o que fazer com a alma, onde pô-la. Mais tarde – demasiado tarde – Kierkegaard esforçar-se-á por ressuscitar o deus subjetivo ressuscitando a subjetividade dos homens. Mas nada pode reanimar Deus que se tornou para os homens o "grande objeto exterior". Deus está definitivamente morto, transformado em pedra. Aliás, apertados no *rigor mortis* do seu último abraço (na Forma hierárquica do poder), os homens parecem destinados à reificação, à morte do humano. A perspectiva do poder só proporciona coisas para contemplar, fragmentos do grande fóssil divino. Não é segundo essa perspectiva que a sociologia, a psicologia, a economia e as chamadas ciências humanas – tão preocupadas em observar "objetivamente" – apontam o microscópio?

Por que razão é o senhor obrigado a abandonar a exigência hedonista? O que o impede de alcançar o gozo total a não ser a sua própria condição de senhor, o seu comprometimento com o princípio de superioridade hierárquica? E esse abandono aumenta à medida que a hierarquia se fragmenta, que os senhores se multiplicam diminuindo de tamanho, que a história democratiza o poder. O gozo imperfeito dos senhores tornou-se gozo dos senhores imperfeitos. Viu-se como os senhores burgueses, plebeus ubuescos, coroaram a sua revolta de cervejaria com a festa fúnebre do fascismo. Mas logo nem sequer festa existirá para os senhores-escravos, para os últimos homens hierárquicos, somente a tristeza das coisas, uma serenidade soturna, o mal-estar do papel, a consciência do "nada-ser".

O que acontecerá a essas coisas que nos governam? Será necessário destruí-las? Certamente, e os mais bem preparados para liquidar esses escravos-no-poder são aqueles que lutam desde sempre contra a escravidão. A criatividade popular, que nem a autoridade dos senhores nem a dos patrões destruiu, jamais se ajoelhará diante de necessidades programáticas e de planejamentos tecnocráticos. Alguém objetará que menos paixão e entusiasmo pode ser mobilizado para a liquidação de uma forma abstrata, um sistema, do que para a execução de senhores odiados. Mas isso seria encarar o problema do ponto de vista errado, do ponto de vista do poder.

Contrariamente à burguesia, o proletariado não se define pelo seu adversário de classe, ele traz em si o fim da distinção em classes e o fim da hierarquia. O papel da burguesia foi unicamente negativo. Saint-Just o lembra magnificamente: "Aquilo que constitui uma república é a destruição total daquilo que lhe é oposto".

Se a burguesia se contenta em forjar armas contra a feudalidade, e portanto contra si mesma, o proletariado pelo contrário contém em si a sua superação possível. Ele é a poesia momentaneamente alienada pela classe dominante ou pela organização tecnocrática, mas sempre a ponto de emergir. Único depositário da vontade de viver, porque só ele conheceu até o paroxismo o caráter insuportável da sobrevivência, o proletariado quebrará a muralha das coações pelo sopro do seu prazer e pela violência espontânea da sua criatividade. Toda alegria e riso a serem liberados, ele já possui. É dele mesmo que tira a força e a paixão. Aquilo que ele se prepara para construir destruirá *por acréscimo* tudo aquilo que a ele se opõe, do mesmo modo que, em uma fita magnética, uma gravação apaga a outra. O poder das coisas será abolido pelo proletariado no ato da sua própria abolição. Será um gesto de luxo, uma espécie de indolência, uma graça demonstrada por aqueles que provam a sua superioridade. Do novo proletariado sairão os senhores sem escravos, não os autômatos do humanismo com que sonham os masturbadores da esquerda pretensamente revolucionária. A violência insurrecional das massas é apenas um aspecto da criatividade do proletariado: a sua impaciência em negar-se, do mesmo modo que é impaciente em executar a sentença que a sobrevivência pronuncia contra si mesma.

Acho bom distinguir – embora essa distinção seja enganosa – três paixões predominantes na destruição da ordem reificada.

A paixão pelo poder absoluto: uma paixão que se exerce sobre os objetos colocados imediatamente a serviço dos homens, sem a mediação dos próprios homens. A destruição, portanto, daqueles que se agarram à ordem das coisas, dos escravos possuidores das migalhas do poder. "Porque já não suportamos o seu aspecto, suprimimos os escravos" (Nietzsche).

A paixão de destruir as coações: de quebrar os grilhões. Como diz Sade: "Podem os prazeres permitidos comparar-se aos prazeres que reúnem não somente atrativos muito mais picantes mas também o prazer que não tem preço de quebrar os tabus sociais e derrubar todas as leis?"

A paixão de corrigir um passado infeliz: de reaver e realizar esperanças frustradas, tanto na vida pessoal como na história das revoluções esmagadas. Assim como foi legítimo punir Luís XVI pelos crimes de seus predecessores, a paixão nos dá todos os motivos – já que não existe vingança possível contra coisas – para apagar da memória a recordação, dolorosa para qualquer espírito livre, dos fuzilados da Comuna, dos camponeses torturados em 1525, dos operários assassinados, dos revolucionários acossados e massacrados, de civilizações aniquiladas pelo colonialismo, de tantas misérias passadas que o presente nunca aboliu. Tornou-se apaixonante, porque possível, corrigir a história: lavar o sangue de Babeuf, de Lacenaire, de Ravachol, de Bonnot com o sangue dos obscuros descendentes daqueles que, escravos de uma ordem fundada no lucro e nos mecanismos econômicos, souberam travar cruelmente a emancipação humana.

O prazer de derrubar o poder, de ser senhor sem escravos e de corrigir o passado concede à subjetividade de cada indivíduo um lugar preponderante. No momento revolucionário, cada homem é convidado a fazer a sua própria história. *A causa da liberdade de realização*, deixando ao mesmo tempo de ser uma causa, *abraça sempre a subjetividade*. Só essa perspectiva permite a embriaguez das possibilidades, subir às alturas vertiginosas onde todos os prazeres são postos ao alcance de todos.

*

Deve-se cuidar para que a velha ordem das coisas não desabe sobre a cabeça dos seus demolidores. A menos que se construa abrigos coletivos contra o condicionamento, contra o espetáculo e contra a organização hierárquica, existe um perigo real de que a sociedade de consumo nos carregue junto com ela na sua queda final. Desses abrigos devem partir as futuras ofensivas. As microssociedades atualmente em gestação vão realizar o projeto dos senhores antigos libertando-o de seu cancro hierárquico. A superação do "grande senhor e do homem cruel" aplicará ao pé da letra o admirável princípio de Keats[182]: "Tudo aquilo que pode ser destruído deve ser destruído para que as crianças possam ser salvas da escravidão". Essa superação deve ser operada simultaneamente em três esferas: a) a superação da organização patriarcal; b) a superação do poder hierárquico; c) a superação da arbitrariedade subjetiva, do capricho autoritário.

a) A força mágica da aristocracia reside na linhagem, na energia transmitida de geração em geração. Minando a autoridade feudal, a burguesia foi levada, contra a sua vontade, a minar a família, agindo do mesmo modo em relação à organização social. Essa negatividade da burguesia, como já disse, representa com certeza o seu aspecto mais rico, mais "positivo". Mas o que falta à burguesia é a possibilidade de superação. O que vem a ser a superação da família de tipo aristocrático? A única resposta possível é: a constituição de grupos coerentes nos quais a criatividade individual se encontre totalmente investida na criatividade coletiva, reforçada por ela; nos quais a imediação do presente vivido se torne a fonte de energia que, no feudalismo, provinha do passado. A impotência relativa do senhor imobilizado pelo seu sistema hierárquico é perfeitamente análoga à fraqueza da criança mantida no quadro da família burguesa.

A criança adquire uma experiência subjetiva da liberdade, desconhecida de qualquer espécie animal, mas permanece por outro lado na dependência objetiva dos pais:

---

182 John Keats (1795-1821), poeta romântico inglês (N.T.)

necessita de seus cuidados e solicitude. O que distingue a criança de um animal jovem é que a criança possui o sentido da transformação do mundo, ou seja, poesia, mesmo que em grau limitado. Ao mesmo tempo, é proibido a ela o acesso a técnicas que os adultos empregam na maior parte do tempo contra essa poesia, por exemplo, técnicas de condicionamento das próprias crianças. E quando as crianças finalmente chegam à idade de ter acesso às técnicas, já perderam, sob o peso das coações, na sua maturidade, aquilo que dava superioridade à infância. O universo dos senhores antigos carrega o mesmo estigma do universo das crianças: as técnicas de libertação estão fora do seu alcance. Desde então está condenado a sonhar com uma transformação do mundo e a viver segundo as leis da adaptação ao mundo. Desde o momento em que a burguesia desenvolve em grau elevadíssimo as técnicas de transformação do mundo, a organização hierárquica – que estamos no direito de considerar o melhor tipo de concentração de energia social em um mundo no qual tal energia não possui a preciosa colaboração das máquinas – surge como um arcaísmo, como um freio ao desenvolvimento do poder humano sobre o mundo. O sistema hierárquico, o poder do homem sobre o homem, impede que se reconheçam os verdadeiros inimigos, proíbe a transformação real do meio ambiente, e impõe a necessidade de adaptação a esse meio como ele é e de integração à ordem das coisas. É por isso que:

b) A fim de destruir o biombo social que aliena a nossa visão sobre o mundo, importa postular a recusa absoluta de qualquer hierarquia no interior do grupo. A própria noção de ditadura do proletariado merece uma retificação. A ditadura do proletariado tornou-se, na maioria das vezes, uma ditadura sobre o proletariado, tornou-se uma instituição. Ora, como escreveu Lênin, "a ditadura do proletariado é uma luta encarniçada, sangrenta e não sangrenta, violenta e pacífica, militar e econômica, pedagógica e administrativa contra as forças e tradições do Velho Mundo". Não é da natureza do proletariado instaurar um domínio duradouro, nem exercer uma ditadura prontamente aceita. Por outro lado, a necessidade imperiosa de vencer o adversário obriga-o a concentrar nas suas mãos um poder repressivo altamente consistente. Trata-se portanto de passar por uma ditadura que contenha a sua própria negação: para o partido do proletariado assim como para o próprio proletariado, "a vitória deve também significar a sua eliminação". O proletariado deve, por meio da sua ditadura, colocar imediatamente a sua negação na ordem do dia. Ele não tem outro recurso a não ser liquidar em um breve lapso de tempo – tão sangrento ou tão pouco sangrento como o exijam as circunstâncias – aqueles que entravam o seu projeto de libertação total, aqueles que se opõem ao seu fim como proletariado. Deve destruí-los totalmente, como se destrói um verme particularmente prolífico. E, mesmo em cada indivíduo, o proletariado deve apagar todas as veleidades de prestígio, as menores pretensões hierárquicas, suscitando contra essas tendências, ou seja, contra os papéis, um sereno impulso para a vida autêntica.

c) O fim dos papéis implica o triunfo da subjetividade. E essa subjetividade finalmente reconhecida, e colocada no centro das preocupações, faz parecer paradoxalmente uma nova objetividade. Um novo mundo dos objetos – uma nova natureza, se quisermos – irá ser reconstruído a partir das exigências da subjetividade individual. Também neste caso podemos fazer uma analogia entre a perspectiva da infância e dos senhores feudais. Em ambos os casos, ainda que de modo diferente, as possibilidades são escondidas pelo biombo da alienação social.

Quem não se lembra como se abriam espaços de imensidão primitiva diante da criança solitária? Quando éramos crianças todas as varinhas eram mágicas. Depois foi preciso adaptar-se, tornar-se social e sociável. A solidão se apagou, as crianças escolheram contra a própria vontade envelhecer, a imensidão se fechou como um livro de contos. Ninguém neste mundo sai definitivamente das cloacas da puberdade. E a própria infância é lentamente colonizada pela sociedade de consumo. Os menores de dez anos já são uma categoria como os *teenagers* na grande família dos consumidores: consumindo a infância em vez de vivê-la, a criança envelhece em tempo recorde. Entre a decadência histórica dos senhores antigos e a decadência cada vez maior do reino da infância, a semelhança é notável. Nunca a corrupção do humano atingiu tal paroxismo. Nunca estivemos tão longinquamente próximos do homem total.

O capricho do senhor antigo tem sobre o capricho da criança a odiosa inferioridade de exigir a opressão dos outros homens. O que existe de subjetividade na arbitrariedade feudal – segundo o meu bel-prazer, dou-lhe a riqueza ou a morte – é corrompido e entravado pela esterilidade da sua expressão. A subjetividade do senhor só se efetiva, de fato, negando a subjetividade dos outros, portanto cobrindo-se ela própria de cadeias, aprisionando-se ao aprisionar os outros.

A criança não tem esse privilégio da imperfeição. É de uma só vez que ela perde o direito à subjetividade pura. Taxando-a de pueril, incitam-na a comportar-se como um adulto. E cada indivíduo cresce recalcando a infância até que possa afirmar na sua decrepitude, no seu leito de morte, que viveu como um adulto.

O jogo da criança, como o jogo dos nobres, tem necessidade de ser libertado, de ser posto novamente em um lugar de honra. Hoje, o momento é historicamente favorável. Trata-se de salvar a criança realizando o projeto dos senhores antigos: a infância e a sua subjetividade soberana, a infância com seu riso que é um murmúrio de espontaneidade, a infância e seu modo de se ligar em si mesma para iluminar o mundo, e seu modo de iluminar os objetos com uma luz estranhamente familiar.

Perdemos a beleza das coisas, o seu modo de existir, deixando-as morrer nas mãos do poder e dos deuses. Em vão a magnífica fantasia do surrealismo tentou reanimá-las por meio de uma irradiação poética: o poder do imaginário não basta para romper a casca da alienação social que aprisiona as coisas. Ele não consegue devolvê-las ao livre jogo da subjetividade. Visto do ângulo do poder, uma pedra, uma árvore, um mixer, um ciclotron são objetos mortos, cruzes fincadas na vontade de vê-las diferentes e de mudá-las. E contudo, para além do significado atribuído a eles, sei que poderiam ser excitantes para mim. Sei que uma máquina pode suscitar paixão desde que posta a serviço do jogo, da fantasia, da liberdade. Em um mundo em que tudo é vivo, incluindo as árvores e as pedras, já não existem signos contemplados passivamente. Tudo fala da alegria. O triunfo da subjetividade dará vida às coisas. E o insuportável domínio atual das coisas mortas sobre a subjetividade não é, no fundo, a melhor oportunidade histórica de chegar a um estado de vida superior?

O que é necessário? Realizar na linguagem atual, ou seja, na *praxis*, aquilo que um herético declarava a Ruysbroeck[183]: "Deus nada pode saber, desejar ou fazer sem mim. Com Deus, criei-me e criei todas as coisas, e é a minha mão que sustenta o céu, a terra e todas as criaturas. Sem mim, nada existe".

*

É necessário descobrir novas fronteiras. As limitações impostas pela alienação deixaram, se não de nos aprisionar, pelo menos de nos iludir. Durante séculos, os homens permaneceram diante de uma porta carcomida, abrindo nela buraquinhos com um alfinete com uma facilidade crescente. Basta um empurrão hoje para derrubá-la, e é somente depois disso, do outro lado, que tudo começa.

---

183 Jan van Ruysbroeck (1293-1381), nascido próximo a Bruxelas, foi um dos maiores escritores flamengos medievais. Seu misticismo está relacionado ao dos dominicanos. (N.T.)

A questão para o proletariado não consiste mais em tomar o poder, mas em pôr-lhe fim definitivamente. Do outro lado do mundo hierárquico, as possibilidades vêm ao nosso encontro. O primado da vida sobre a sobrevivência será o movimento histórico que desfará a história. Os nossos verdadeiros adversários ainda estão para ser inventados, e cabe a nós buscar o contato com eles, entrar em combate com eles sob o pueril – infantil – avesso das coisas.

Veremos os homens reassumir com o cosmos um diálogo bastante semelhante àquele que decerto conheceram os primeiros habitantes da terra, mas reassumi-lo desta vez em um plano superior, um plano em que seja possível olhar a pré-história atrás, um plano isento do respeitoso medo dos homens primitivos diante do mistério cosmológico? Em outras palavras, pode o cosmos ser investido com um significado humano que venha substituir com vantagem o significado divino que o impregnou desde a alvorada dos tempos?

E esse outro infinito que é o ser humano real, esse corpo, esses impulsos nervosos, essa atividade muscular, esses sonhos errantes, poderá ele algum dia governá-los? Poderá a vontade individual enfim libertada pela vontade coletiva ultrapassar em proezas o controle sinistramente soberbo já alcançado sobre os seres humanos pelas técnicas de condicionamento do estado policial? De um homem faz-se um cão, um tijolo, um paraquedista, e não se poderia fazer dele um homem?

Nunca nos consideramos o bastante como infalíveis. Essa pretensão, a deixamos – por orgulho talvez – a formas petrificadas e ásperas: o poder, Deus, o papa, o chefe, os outros. E, contudo, todas as vezes que nos referimos à Sociedade, a Deus, à Justiça toda poderosa, nos referimos – embora mal e indiretamente – ao nosso poder. Aqui estamos nós no andar superior à pré-história. Uma outra organização humana se anuncia, uma organização social na qual a energia da criatividade individual terá livre curso, imprimindo ao mundo os contornos sonhados por cada indivíduo e harmonizados por todos.

Utopia? Ora, ora! Chega de condescendências lamentosas! Não conheço um só homem que não se agarre à esperança desse mundo como àquilo que tem de mais querido. E, sem dúvida, muitos desistem de agarrar essa esperança, mas põem tanto ardor desesperado na queda quanto poriam em se agarrar. Todos querem fazer triunfar a subjetividade: é portanto necessário basear a união dos homens nesse desejo comum. Ninguém pode reforçar a subjetividade sem a ajuda dos outros, sem a ajuda de um grupo que se tornou ele próprio um centro de subjetividade, um reflexo fiel da subjetividade dos seus membros. A Internacional Situacionista é até hoje o único grupo decidido a defender a subjetividade radical.

XXII

O ESPAÇO-TEMPO DA EXPERIÊNCIA VIVIDA E A CORREÇÃO DO PASSADO

A dialética da decomposição e da superação
é a dialética do espaço-tempo dissociado e do
espaço-tempo unitário (1). – O novo proletariado
traz em si a realização da infância e o seu espaço-
tempo (2). – A história das separações resolve-se
lentamente no fim da história "historicizante"
(3). – Tempo cíclico e tempo linear. – O espaço-
-tempo vivido é o espaço-tempo da transformação.
O espaço-tempo dos papéis é o da adaptação. –
Qual é a função do passado e da sua projeção no
futuro? Proibir o presente. A Ideologia histórica é
o biombo que se ergue entre a vontade de realização
individual e a vontade de construir a história.
Ele impede que elas se fraternizem e se confundam.
(4). – O presente é o espaço-tempo a construir.
Ele implica a correção do passado (5).

1

À medida que os especialistas organizam a sobrevivência da espécie e deixam a sofisticados esquemas o cuidado de programar a
história, a vontade de mudar de vida mudando o mundo novamente aumenta por toda parte. De tal modo que cada indivíduo se vê
confrontado, da mesma forma que a humanidade como um todo,
com um desespero geral para além do qual só existe a aniquilação
ou a superação. Esta é a época na qual a evolução histórica e a história de um indivíduo tendem a se confundir porque se encami-
nham para uma mesma direção: o estado das *coisas* e a sua recusa.

Poder-se-ia dizer que a história da espécie e as miríades de histórias individuais se combinam para morrer juntas ou para juntas recomeçar TUDO. O passado reflui a nós com seus germes de morte e suas centelhas de vida. E a nossa infância também vai ao encontro marcado, sob a ameaça do mal de Ló[184].

Esta ameaça provocará, quero crer, a irrupção da revolta contra o terrível envelhecimento a que o consumo forçado de ideologias e de *gadgets* condena as crianças. Quero salientar a analogia de sonhos e de desejos que apresentam indiscutivelmente a vontade do senhor feudal e a vontade subjetiva das crianças. A realização do potencial da infância deve seguramente implicar a realização do projeto dos senhores antigos: um projeto assim destinado a ser acabado por nós, adultos da era tecnocrática, ricos com aquilo que falta às crianças, fortes com aquilo que faltou aos maiores conquistadores. Somos aqueles que irão juntar a história e o destino individual melhor do que o ousaram imaginar as mais desenfreadas fantasias de Tarmelão e de Heliogabalo.

O primado da vida sobre a sobrevivência é o movimento histórico que desfará a história. Construir a vida cotidiana, realizar a história: de hoje em diante, essas duas palavras de ordem são apenas uma. No que consistirá a construção conjugada de uma nova vida e de uma nova sociedade? Qual será a natureza da revolução da vida cotidiana? Nada mais que a superação substituindo o deperecimento à medida que a consciência do deperecimento efetivo alimenta a consciência da superação necessária.

Por mais longe que remontem na história, as tentativas de superação são parte e parcela da atual poesia de inversão de perspectiva. Desempenham uma parte nela diretamente, sem mediação, ultrapassando as barreiras do tempo e do espaço, rompendo-as de fato. É certo que o fim das separações começa pelo fim de uma separação, a do espaço e do tempo. E, como vimos,

---

184 Segundo a lenda do Antigo Testamento, a mulher de Ló, ao olhar para trás, virou uma estátua de sal. (N.T.)

a reconstituição desta unidade primordial passa pela análise crítica do espaço-tempo das crianças, do espaço-tempo das sociedades unitárias e do espaço-tempo das sociedades fragmentárias portadoras da decomposição e da superação enfim possível.

2

Se não se tomar cuidado, o mal da sobrevivência em breve fará de um jovem um velho Fausto cheio de lamentos, aspirando a uma juventude que passou sem que a reconhecesse. O *teenager* já traz as primeiras rugas do consumidor. Poucas coisas o distinguem do sexagenário. Ele consome cada vez mais depressa, ganhando uma velhice precoce ao ritmo dos seus compromissos com o inautêntico. Se demorar a encontrar a si mesmo, o passado se fechará atrás dele: ele não terá chance de voltar atrás no que fez, nem mesmo para refazê-lo. Muitas coisas o separam das crianças com as quais ontem ainda se confundia. Entrou na trivialidade do mercado, aceitando trocar por uma imagem na sociedade do espetáculo a poesia, a liberdade, a riqueza subjetiva da infância. E, contudo, se reconquistar a si mesmo, se sair do pesadelo, que inimigo terão de enfrentar as forças da ordem? Veremos como ele defende os direitos da sua infância com as mais temíveis armas da tecnocracia senil. Sabemos com que extraordinária bravura os jovens Simbas da revolução lumumbista se notabilizaram apesar do seu irrisório equipamento. O que não se deve esperar de uma geração nova com uma cólera semelhante, mas mais consequentemente armada e largada em um teatro de operações que cobre todos os aspectos da vida cotidiana?

É que todos os aspectos da vida cotidiana são de algum modo vividos embrionariamente na infância. A acumulação de acontecimentos vividos pela criança em poucos dias, em poucas horas, impede o tempo de fluir. Dois meses de férias são uma eternidade. Dois meses para um velho resumem-se em um punhado de minutos. Os dias da criança escapam ao tempo dos adultos, é um tempo ampliado pela subjetividade, pela paixão, pelo sonho habitado pela realidade. Fora desse universo, os educadores vigiam, esperam, e de relógio na mão, que a criança entre na dança de roda do tempo adulto. São elas que *têm* tempo. A imposição pelos adultos do tempo deles é sentida pela a criança primeiro como uma intrusão. Depois acaba sucumbindo a ele, consente em envelhecer. Desconhecendo tudo a respeito dos métodos de condicionamento, deixa-se apanhar na armadilha, como um animal jovem. Mais tarde, quando possuir as armas da crítica e quiser apontá-las contra o tempo que o aprisiona, os anos já o terão levado para longe do alvo. Trará a infância no coração como uma chaga aberta.

Aqui estamos nós obcecados pela infância enquanto, cientificamente, a organização social a destrói. Os psicossociólogos espreitam, enquanto os pesquisadores de mercado já gritam: "Olhem para todos esses lindos dolarezinhos" (citado por Vance Packard[185]). Um novo sistema decimal.

Crianças brincam nas ruas. Uma delas, de repente, desliga-se do grupo, avança para mim, e me conta os mais belos sonhos que já ouvi. Ensina-me algo que se eu soubesse antes teria me salvado: aquilo que destrói a noção de idade, isto é, a possibilidade de viver muitos acontecimentos, não de vê-los ver desfilar, mas de vivê-los, de recriá-los sem fim. E agora que me encontro nessa altura em que tudo isso está além do meu alcance, e que tudo se tornou claro para mim, como poderia não surgir sob tantos falsos desejos uma espécie de instinto selvagem de totalidade, uma puerilidade infantil cuja força subversiva é demonstrada pelas lições da história e da luta de classes? Quem, se não o proletariado, deve ser incumbido da tarefa de realizar a infância no mundo adulto?

Somos os descobridores de um mundo novo e entretanto conhecido, ao qual falta a unidade do tempo e do espaço. Um mundo ainda impregnado de separações, ainda fragmentado. A semibarbárie dos nossos corpos, das nossas necessidades, da nossa espontaneidade (a infância enriquecida pela consciência) proporciona-nos

---

185 Vance Packard (1914-1996), jornalista e ensaísta crítico da publicidade.(N.T.)

acessos secretos a lugares nunca descobertos pelos séculos aristo-cráticos, e de que a burguesia nunca suspeitou. Fazem-nos penetrar no labirinto das civilizações inacabadas e de todas as embrionárias tentativas de superação que a história sub-repticiamente concebeu. Os nossos desejos de infância reencontrados reencontram a infân-cia dos nossos desejos. Das profundezas selvagens de um passado que ainda nos é próximo, e em certo sentido ainda não realizado, destaca-se uma nova geografia das paixões.

3

Movendo-se dentro da imobilidade, o tempo das sociedades uni-tárias é cíclico. Os seres e as coisas seguem o seu curso deslocan-do-se ao longo de uma circunferência cujo centro é Deus. Esse Deus-eixo, imutável apesar de ao mesmo tempo não estar em par-te alguma e em toda parte, é a medida da duração do tempo eter-no. Ele é o seu próprio padrão e o padrão daquilo que, gravitando equidistantemente em volta dele, progride e retorna sem nunca se desprender completamente e sem nunca escapar de fato da sua órbita. "A décima terceira volta é ainda a primeira" (Nerval[186]).

O espaço das sociedades unitárias organiza-se em função do tempo. Como não existe outro tempo além de Deus, parece não existir outro espaço além do espaço controlado por Deus. Esse es-paço estende-se do centro à circunferência, do céu à terra, do Uno ao múltiplo. À primeira vista, o tempo parece irrelevante neste caso: ele não aproxima nem afasta de Deus. Pelo contrário, o ca-minho para Deus parece ter um caráter espacial: a via ascendente da elevação espiritual e da promoção hierárquica. O tempo per-tence propriamente a Deus, mas o espaço concedido aos homens conserva um caráter especificamente humano, irredutível. Com efeito, o homem pode subir ou descer, elevar-se ou degradar-se

---

186 Gérard de Nerval (1808-1885), poeta francês. (N.T.)

socialmente, garantir a salvação ou correr o risco da condenação. O espaço é a presença do homem, o lugar da sua relativa liberdade, ao passo que o tempo o encarcera na sua circunferência. E o que é o Juízo Final senão a ideia de que um dia Deus trará de volta o tempo para si, o centro aspirando à circunferência e reunindo em seu ponto imaterial a totalidade do espaço concedido às suas criaturas? Aniquilar a *matéria* humana (a sua ocupação do espaço) é na verdade o projeto de um senhor incapaz de possuir de modo total o escravo, portanto incapaz de não se deixar possuir parcialmente por ele.

A duração traz o espaço pela coleira, nos arrasta para a morte, corrói o espaço que é nossa vida. Contudo, no decorrer da história essa distinção nem sempre aparece de forma tão clara. Pelas mesmas razões que as sociedades burguesas, as sociedades feudais são também sociedades de separações, já que a separação se deve à apropriação privada. Mas a vantagem do feudalismo em relação às sociedades burguesas reside nesse caso na sua espantosa capacidade de mistificação.

O poder do mito reúne os elementos separados, faz viver unitariamente de forma inautêntica, certamente, mas em um mundo no qual o inautêntico é Um e aceito unanimemente por uma comunidade coerente (tribo, clã, reino). Deus é a imagem, o símbolo da superação do espaço e do tempo dissociados. Todos aqueles que "vivem" em Deus participam dessa superação. A maioria participa dela de forma mediada, ou seja, conforma-se, no espaço e na sua vida cotidiana, às exigências dos organizadores do espaço devidamente hierárquico, do simples mortal a Deus, aos padres, aos chefes. Como recompensa por tal submissão, recebem a oferta de uma duração eterna, a promessa de uma duração sem espaço, a garantia de uma pura temporalidade em Deus.

Existem aqueles, no entanto, que fazem pouco caso dessa troca. Sonharam atingir o presente eterno conferido pelo domínio absoluto sobre o mundo. Não se pode deixar de ficar impressionado com a analogia entre o espaço-tempo cristalino das crianças e a vontade de unidade dos grandes místicos. Assim, Gregório de

Palamas[187] (1341) pôde descrever a Iluminação como uma espécie de consciência imaterial da unidade: "A luz existe fora do espaço e do tempo (...). Aquele que participa da energia divina torna-se ele próprio de algum modo Luz: está unido à Luz e, com a Luz, vê em plena consciência tudo o que permanece escondido àqueles que não tiveram essa graça".

Essa aspiração confusa, que só podia ser obscura, ou até indizível, foi popularizada e precisada pela transitória era burguesa. A burguesia concretizou essa aspiração dando o golpe de misericórdia na aristocracia e na sua espiritualidade, tornou-a possível levando ao extremo a sua própria decomposição. A história das separações chega ao fim lentamente com o fim das próprias separações. A ilusão unitária feudal se incorpora pouco a pouco na unidade libertária da vida a construir, em um mundo além da sobrevivência materialmente garantida.

4

Einstein especulando sobre o espaço e o tempo lembra à sua maneira que Deus morreu. Mal o mito deixa de englobá-lo, a dissociação do espaço e do tempo lança a consciência em um mal-estar que origina o auge do Romantismo (fascínio pelos países longínquos, nostalgia do tempo que passa etc.).

O que é o tempo, para o espírito burguês? Não mais o tempo de Deus, mas, sim, o tempo do poder, o tempo do poder fragmentário. Um tempo de migalhas cuja unidade de medida é o *instante* – esse instante que é um débil eco do tempo cíclico. Não mais uma circunferência, mas, sim, uma linha reta finita e infinita. Não mais um mecanismo que sincroniza cada homem com

---

187 Gregório de Palamas (1296-1359) nasceu em Constantinopla, desenvolveu uma teoria da contemplação segundo a qual a oração contemplativa poderia levar a ver a Iluminação divina. Foi excomungado da Igreja. (N.T.)

a hora de Deus, mas, sim, uma sucessão de estados em que cada um corre atrás de si mesmo, em vão, como se a maldição do Devir o destinasse a nunca se alcançar a não ser de costas, permanecendo a face humana desconhecida, inacessível, eternamente futura. Não mais um espaço circular vigiado pelo olho central do Todo Poderoso, mas, sim, uma série de pontinhos aparentemente independentes, mas que na realidade integram-se, segundo um certo ritmo de sucessão, à linha que traçam à medida que se juntam um atrás do outro.

Na ampulheta da Idade Média o tempo escorre, mas é a mesma areia que passa de um globo a outro. No mostrador *circular* dos relógios, o tempo desfia-se unidade por unidade, e não volta nunca. Ironia das formas: o novo espírito retirou sua forma de uma realidade morta. E quando a burguesia deu uma aparência cíclica para tudo – do relógio de pulso às suas mal-acabadas fantasias humanistas – o que ela na verdade preparava deste modo era a morte do tempo, a morte do seu próprio tempo.

Mas não adianta, estamos no tempo dos relojoeiros. O imperativo econômico converte cada homem em um cronômetro vivo, com o sinal distintivo do que é no punho. Este é o tempo do trabalho, do progresso, do rendimento, o tempo da produção, do consumo, do planejamento. O tempo do espetáculo, o tempo de um beijo, o tempo de uma foto instantânea, um tempo para cada coisa (*time is money*). O tempo-mercadoria. O tempo da sobrevivência.

O espaço é um ponto na linha do tempo, na máquina que transforma o futuro em passado. O tempo controla o espaço vivido, mas controla-o do exterior, fazendo-o passar, tornando-o transitório. Contudo, o espaço da vida individual não é um espaço puro, e o tempo que o arrasta não é também uma pura temporalidade. Vale a pena examinar a questão com mais cuidado.

Cada ponto terminal na linha do tempo é único e particular, e entretanto logo que se acrescenta o ponto seguinte o seu predecessor desaparece na uniformidade da linha, digerido por um passado que já conhece outros pontos. Impossível distingui-lo. Cada ponto, portanto, faz progredir a linha que o faz desaparecer.

É com esse modelo, destruindo e substituindo, que o poder garante a sua duração. Mas, ao mesmo tempo, os homens incitados a consumir o poder destroem-no e renovam-no *durando*. Se o poder destrói tudo, destrói-se; se nada destrói, é destruído. Ele só tem duração entre os dois polos dessa contradição que a ditadura do consumo torna cada dia mais aguda. E a sua duração está subordinada à simples duração dos homens, ou seja, à permanência da sua sobrevivência. É por isso que o problema do espaço-tempo dissociado se coloca hoje em termos revolucionários.

Por mais que o espaço vivido seja um universo de sonhos, desejos, de criatividade prodigiosa, ele não passa, em termos de duração, de um ponto que sucede a outro ponto, correndo segundo um único princípio, o da destruição. Ele aparece, se desenvolve e desaparece na linha anônima do passado na qual o seu cadáver se torna matéria-prima aos lampejos da memória e aos historiadores.

A vantagem do ponto de espaço vivido está no fato de ele poder escapar ao sistema de condicionamento generalizado: o seu inconveniente é o de não possuir uma existência autônoma. O espaço da vida cotidiana desvia um pouco de tempo em seu benefício, captura-o e apropria-o. Em contrapartida, o tempo-que-escoa penetra no espaço vivido e introverte a sensação de tempo passando, de destruição, de morte. Explico-me.

O espaço cristalino da vida cotidiana rouba uma parcela de tempo "exterior", graças à qual se cria uma pequena área de espaço-tempo unitário: é o espaço-tempo dos momentos, da criatividade, do prazer, do orgasmo. O lugar dessa alquimia é minúsculo, mas a intensidade vivida é tal que exerce na maioria das pessoas um fascínio sem igual. Visto pelos olhos do poder, observando do exterior, esses momentos de paixão não passam de um ponto irrisório, um instante drenado do futuro pelo passado. A linha do tempo objetivo nada sabe – e nada quer saber – do presente como presença subjetiva imediata. E, por sua vez, a vida subjetiva apertada no espaço de um ponto – a minha alegria, o meu prazer, as minhas fantasias – não gostaria de saber nada sobre o tempo-que-escoa, o tempo linear, o tempo das coisas. Ela deseja, pelo contrário, aprender tudo do seu presente, já que, afinal, ela nada mais é que um presente.

O espaço vivido, portanto, retira do tempo que o arrasta uma pequena parcela a partir da qual faz o seu presente, ou pelo menos com a qual tenta fazê-lo, já que o presente está sempre por construir. Trata-se do espaço-tempo unitário do amor, da poesia, do prazer, da comunicação etc. É a experiência vivida sem tempos mortos. Por outro lado, o tempo linear, o tempo objetivo, o tempo-que-escoa penetra por sua vez no espaço atribuído à vida cotidiana. Introduz-se nele como um tempo negativo, como um tempo morto, como expressão da temporalidade da destruição. É o tempo dos *papéis*, o tempo que no próprio interior da vida incita a desencarnar-se, a repudiar o espaço autenticamente vivido, a restringi-lo e a substituí-lo pela aparência, pela função espetacular. O espaço-tempo criado por esse casamento híbrido não passa do espaço-tempo da sobrevivência.

O que é a vida privada? O amálgama, num instante, num ponto arrastado para a sua destruição ao longo da linha da sobrevivência, de um espaço-tempo real (o momento) e de um espaço-tempo falso (o papel). É claro que a estrutura da vida privada não obedece a essa dicotomia. Existe uma interação permanente. Por isso as proibições que cercam a experiência vivida por todos os lados e a confinam em um espaço demasiado pequeno incitam-na a transformar-se em papel, a entrar como mercadoria no tempo-que-escoa, a tornar-se pura repetição e a criar, como tempo acelerado, o espaço ilusório do parecer. Entretanto, ao mesmo tempo o mal-estar produzido pela inautenticidade, pelo espaço falsamente vivido, remete para a busca de um tempo real, do tempo da subjetividade, do presente. De modo que, dialeticamente, a vida privada é: *um espaço vivido real + um tempo espetacular ilusório + um espaço espetacular ilusório + um tempo vivido real.*

Quanto mais o tempo ilusório se harmoniza com o espaço ilusório que ele cria, mais nos encaminhamos para o estado de coisas, para o puro valor de troca. Quanto mais o espaço da vida autêntica se concilia com o tempo vivido autenticamente, mais se afirma o domínio do homem. O espaço-tempo unitariamente vivido é o primeiro foco de guerrilha, a faísca do qualitativo na noite que ainda esconde a revolução da vida cotidiana. Portanto, o tempo objetivo não só se esforça em destruir o espaço cristalino precipitando-o no passado, mas ainda o corrói interiormente introduzindo nele esse ritmo acelerado que cria a densidade do papel (o espaço ilusório do papel resulta com efeito da rápida repetição de uma atitude, assim como a repetição de uma imagem em um filme dá a aparência de vida). O papel instala na consciência subjetiva o tempo-que-escoa, o tempo do envelhecimento, o tempo da morte. Essa é "a ruga à qual se dobrou a consciência", de que fala Antonin Artaud. Dominada exteriormente pelo tempo linear e interiormente pelo tempo do papel, só resta à subjetividade tornar-se uma coisa, uma mercadoria preciosa. A história, inclusive, acelera esse processo. De fato, os papéis são de agora em diante um consumo de tempo em uma sociedade na qual o tempo reconhecido é o tempo do consumo. E uma vez mais, a unidade da opressão gera a unidade da contestação. O que é a morte hoje em dia? É a ausência da subjetividade e a ausência do presente.

A vontade de viver reage sempre unitariamente. A maioria das pessoas já aprendeu a subverter o tempo em proveito do espaço vivido. Se os esforços delas para reforçar a intensidade da experiência vivida, para aumentar o espaço-tempo do autêntico não se perdessem na confusão e se não se fragmentassem no isolamento, quem sabe o tempo objetivo, o tempo da morte, não seria rompido? Afinal de contas, o momento revolucionário não é uma eterna juventude?

*

O projeto de enriquecimento do espaço-tempo da experiência vivida passa pela análise daquilo que o empobrece. O tempo linear só domina os homens na medida em que lhes impede *transformar o mundo*, na medida em que os coage portanto a se *adaptarem*. Para o poder, o inimigo número UM é a criatividade individual irradiando livremente. E a força da criatividade está no unitário. Como se esforça o poder para quebrar a unidade do espaço-tempo vivido? Transformando a experiência vivida em mercadoria, lançando-a no mercado do espetáculo, ao sabor da oferta e da procura por papéis e estereótipos (foi isso que discuti nas páginas dedicadas aos papéis, no capítulo XV). E também recorrendo a uma forma particular de identificação: a atração conjugada do passado e do futuro, que aniquila o presente. Finalmente, tentando recuperar em uma ideologia da história a vontade de construir o espaço-tempo unitário da experiência vivida (isto é, a vontade de construir situações a serem vividas). Examinemos esses dois últimos pontos.

*

Do ponto de vista do poder, não existem momentos vividos (a experiência vivida não tem nome), mas apenas instantes que se sucedem, todos iguais formando a linha do passado. Um sistema inteiro de condicionamento popularizou esse modo de ver, e toda uma persuasão dissimulada o introjeta. Os resultados não são difíceis de ver. Onde está esse presente de que tanto se fala? Estará ele escondido em algum conto perdido da existência cotidiana? Dificilmente. Na verdade ele tem sido suprimido.

Tudo é memória e antecipação. Encontros passados e encontros futuros: dois fantasmas que nos perseguem. Cada segundo me carrega do instante que acabou de passar ao próximo instante. Cada segundo me abstrai de mim mesmo; nunca existe o agora. Uma agitação vazia serve admiravelmente para dar a todos uma característica passageira, para fazer o tempo passar (como dizemos tão apropriadamente), e até mesmo fazer o tempo passar por dentro das pessoas, de um lado a outro. Quando Schopenhauer[188] escreve: "Antes de Kant, estávamos no tempo. Desde Kant, é o

---

[188] Arthur Schopenhauer (1788-1860), filósofo alemão cuja filosofia, em última análise, implica a inseparabilidade do sujeito e do objeto, refutando tanto o materialismo quanto o subjetivismo. (N.T.)

tempo que está em nós", traduz bem o fato de a consciência estar agora instruída pelo tempo do envelhecimento e da decrepitude. Mas não ocorreu a Schopenhauer que aquilo que o levava como filósofo a desenvolver um misticismo do desespero era precisamente o suplício do homem na roda de tortura de um tempo reduzido à disjunção aparente entre o futuro e o passado.

O desespero e a vertigem são a sina inevitável de um ser distendido entre dois instantes, os quais ele persegue em ziguezagues, sem nunca os alcançar, sem nunca se alcançar. Ao menos se se tratasse da espera apaixonada: nesse caso estaríamos sob o encanto de um momento passado, um momento de amor, por exemplo, com a mulher amada a ponto de voltar, tendo a certeza disso, já podendo sentir suas carícias... A espera apaixonada é, em resumo, a prefiguração da situação a construir. Mas na maioria dos casos, é preciso confessá-lo, o carrossel da lembrança e da antecipação impede a expectativa e a experiência do presente precipitando-o na corrida maluca dos tempos mortos e dos instantes vazios.

Para o poder, não existe futuro que não seja um passado reiterado. Uma dose de inautenticidade conhecida é projetada, por meio de um ato de imaginação prospectiva, num tempo que ela preenche antecipadamente com a sua vacuidade absoluta. As únicas recordações são as dos papéis que foram desempenhados, o único futuro é um eterno remake. A memória dos homens deve obedecer apenas à vontade do poder em se afirmar no tempo, ser apenas uma constante lembrança da sua presença. Essa lembrança toma a forma *um nihit novi sub sole*[189], popularmente traduzida por "sempre são necessários dirigentes".

O futuro que tentam me vender sob o rótulo de "outro tempo" é o complemento perfeito ao outro espaço no qual me convidam a relaxar. Mudar de tempo, mudar de pele, mudar de moda, mudar de papel: só a alienação não muda. Todas as vezes que eu sou outro, esse eu está condenado a pairar entre o passado e o futuro.

---

189 Em latim no original: "nada de novo sob o sol". (N.T.)

Os papéis nunca têm presente. Não é de admirar que os papéis não possam prover conforto, muito menos saúde: se uma pessoa não pode criar um presente – no papel, o *aqui* é sempre outro lugar –, como ela poderia esperar recordar um passado agradável ou prognosticar um futuro agradável?

*

O coroamento da façanha do poder, na sua tentativa de fazer as pessoas se identificarem com um passado-futuro, reside no seu recurso à ideologia histórica, a qual faz a vontade individual e coletiva de controlar a história prosseguir sobre a sua cabeça.

O tempo é uma forma de percepção mental. Certamente não é uma invenção do homem, mas, sim, uma relação dialética com a realidade exterior; por conseguinte uma relação tributária da alienação e da luta dos homens contra e nessa alienação.

Absolutamente submetido à adaptação, o animal não possui a consciência do tempo. O homem, contudo, recusa a adaptação, e pretende transformar o mundo. Sempre que fracassa em sua ambição de ser um demiurgo, experimenta a angústia de se adaptar, a angústia de se sentir reduzido à passividade do animal. A consciência da necessidade de adaptação é a consciência do tempo que escoa. É por isso que o tempo está ligado à angústia humana. E quanto mais a necessidade de se adaptar às circunstâncias vence o desejo e a possibilidade de mudá-las, mais a consciência do tempo agarra o homem pelo pescoço. O mal da sobrevivência é simplesmente a consciência aguda do escoamento desse outro tempo e espaço, a consciência da alienação. A rejeição da consciência do envelhecimento, junto com as condições objetivas do envelhecimento da consciência, implica uma exigência maior em querer fazer a história, com maior consequência e conforme os ditames da subjetividade de todos.

O único propósito de uma ideologia histórica é impedir os homens de fazer a história. Como distrair os homens de seu presente a não ser atraindo-os à esfera na qual o tempo escoa? Essa tarefa cabe ao historiador. O historiador organiza o passado, fragmentando-o conforme a linha oficial do tempo, depois arruma os acontecimentos em categorias *ad hoc*. Essas categorias, de fácil uso, põem os acontecimentos passados em quarentena. Sólidos parênteses os isolam, os contêm, os impedem de tomar vida, de ressuscitar, de rebentar de novo nas ruas da nossa vida cotidiana. O acontecimento está, por assim dizer, congelado. É proibido juntar-se a ele, refazê-lo, completá-lo, tentar a sua superação. Aí está ele, conservado para sempre e suspenso para a contemplação dos estetas. Uma leve mudança de ênfase e hei-lo transposto do passado ao futuro. O futuro não é mais que historiadores se repetindo. O futuro que eles anunciam é uma colagem de recordações, das suas recordações. Vulgarizada pelos pensadores stalinistas, a famosa noção do sentido da História acabou esvaziando de toda humanidade tanto o futuro quanto o passado.

Pressionado para se identificar com outro tempo e com outro papel, o indivíduo contemporâneo deixou que lhe roubassem o presente sob os auspícios do historicismo. Seu gosto de viver autenticamente é perdido em um espaço-tempo espetacular ("Camaradas, vocês estão entrando para a História!"). De resto, àqueles que recusam o heroísmo do compromisso histórico, o ramo psicológico traz a sua mistificação complementar. História e psicologia apoiam-se mutuamente, fundem-se na extrema miséria da recuperação. Escolhe-se a história ou uma vidinha tranquila.

Históricos ou não, todos os papéis estão em decadência. A crise da história e a crise da vida cotidiana se confundem. A mistura está explosiva. Trata-se de hoje em diante de desviar a história para fins subjetivos, com a participação de todos os homens. Afinal, Marx não quis nada menos que isso.

5

Desde há cerca de um século, os movimentos de pintura mais significativos têm jogado, ou até mesmo feito piada, com o espaço. Nada melhor que a criatividade artística para exprimir a busca inquieta e apaixonada por um novo espaço vivido. E como traduzir, senão pelo humor (penso no começo do impressionismo, no pontilhismo, no fauvismo, no cubismo, nas colagens dadaístas, nos primeiros pintores abstratos), o sentimento de que a arte já não trazia solução válida?

O mal-estar, sentido primeiro pelos artistas, ganhou, à medida que a arte se decompunha, a consciência de um número crescente de pessoas. Construir uma arte de viver é hoje uma reivindicação popular. É necessário concretizar em um espaço-tempo apaixonadamente vivido as pesquisas de todo um passado artístico, que na verdade foram postas de lado de modo descuidado.

Neste caso as recordações às quais me refiro são recordações de feridas mortais. Aquilo que não é terminado apodrece. O passado é erroneamente tratado como irremediável. Ironicamente, aqueles que falam dele como um dado definitivo não param de triturá-lo, de falsificá-lo, de arranjá-lo ao gosto do dia. Eles agem como o pobre Winston, em *1984*, de George Orwell, reescrevendo artigos de jornais antigos que foram contraditos pela evolução posterior dos acontecimentos.

Existe apenas uma forma valorosa de esquecer: aquela que apaga o passado realizando-o. Aquela que salva da decomposição pela superação. Os fatos, por mais longe que se situem, nunca disseram a sua última palavra. Basta uma mudança radical no presente para que desçam das estantes do museu e ganhem vida aos nossos pés. A respeito da correção do passado não conheço testemunho mais comovente que aquele que conta Victor Serge[190] em *Cidade Conquistada*. Não imagino conhecer outro mais exemplar.

No final de uma conferência sobre a Comuna de Paris, feita no apogeu da revolução bolchevique, um soldado se levanta pesadamente da cadeira de couro, no fundo da sala.

---

190 Victor Serge (1890-1947), revolucionário de origem russa, nascido em Bruxelas. Durante sua vida transitou entre grupos anarquistas individualistas, anarcossindicalistas, até aderir ao marxismo-leninismo após a revolução russa. (N.T.)

Ouviu-se que ele murmurava, com clareza, em tom de comando:

— Conte-nos a história da execução do doutor Millière.

De pé, um homem enorme, com a cabeça inclinada de modo que do rosto só se viam as grossas faces peludas, os lábios de amuo, a testa acinzentada e enrugada – parecia certas máscaras de Beethoven –, ele escutou a seguinte narrativa: o doutor Millière, num sobretudo azul-escuro e chapéu alto, foi conduzido debaixo de chuva pelas ruas de Paris – ajoelhado à força nos degraus do Panthéon – gritou: "Viva a humanidade!", a que o sentinela versalhês encostado à grade alguns passos adiante replicou: "Já vamos te dar a humanidade!".

No breu de uma noite em uma rua sem luz do lado de fora do local da conferência, um homenzinho troncudo alcançou o conferencista (...). Tinha um segredo nos lábios, já que sua hesitação momentânea estava carregada de significado.

— Também estive no governo de Perm, no ano passado, quando os kulaks[191] se revoltaram (...). Eu tinha lido pelo caminho a brochura de Arnould, *O Mortos da Comuna*. Uma bela brochura por sinal. Pensava em Millière. E ouça, cidadão, eu vinguei Millière! Foi um dia maravilhoso na minha vida, um daqueles dias raros. Vinguei Millière totalmente. Fuzilei no pátio da igreja o maior capitalista do lugar. Não lembro mais o nome dele e pouco me importa...

E acrescentou após um curto silêncio:

— Mas desta vez fui eu que gritei: "Viva a humanidade!"

As revoltas passadas ganham no meu presente uma dimensão nova, a de uma realidade imanente que implora para ser construída. Nas alamedas dos Jardins de Luxemburgo e na praça da Tour Saint-Jacques ecoam ainda as primeiras rajadas dos fuzilamentos e dos gritos da Comuna esmagada. Mas outros fuzilamentos virão, e outras carnificinas apagarão até a memória da primeira.

---

191 Os kulaks eram os ricos fazendeiros da Rússia e da Ucrânia revolucionárias. (N.T.)

Para lavar o muro dos *communards* com o sangue dos fuziladores, os revolucionários de todos os tempos juntar-se-ão algum dia aos revolucionários de todo o mundo. Construir o presente é corrigir o passado, mudar a psicogeografia do nosso ambiente, libertar de sua ganga os sonhos e os desejos insatisfeitos, deixar as paixões individuais harmonizarem-se no coletivo. O intervalo de tempo que separa os revoltados de 1525 dos rebeldes mulelistas[192], Spartakus de Pancho Villa, Lucrécio de Lautréamont, só pode ser transposto pela minha vontade de viver.

Esperar por amanhãs festivos é o que impossibilita as nossas festas hoje. O futuro é pior que o oceano: ele nada contém. Planejamento, prospecção, plano em longo prazo: é o mesmo que especular sobre o teto da casa quando o primeiro andar não existe mais. E, contudo, se construíres bem o presente, o resto virá por consequência.

Apenas me interessa o vivaz do presente, a sua multiplicidade. Quero, apesar das proibições, me cercar no dia de hoje como que de uma grande luz; reconduzir o outro tempo e o espaço do outro ao imediato da experiência cotidiana. Concretizar a fórmula de Schwester Katrei[193]: "Tudo aquilo que está em mim está em mim, tudo aquilo que está em mim está fora de mim, tudo aquilo que está em mim me pertence e por toda parte vejo apenas aquilo que está em mim". Isso não é mais que o justo triunfo da subjetividade, tal como a história o permite hoje. Temos apenas que destruir as Bastilhas do futuro, reestruturar o passado e viver cada segundo como se um eterno regresso assegurasse sua repetição em um ciclo sem fim.

Só o presente pode ser total. Ele é um ponto de uma densidade incrível. É necessário aprender a tornar o tempo mais lento, a

---

192 Como ficaram conhecidos os integrantes da rebelião iniciada em 1964 no Congo. Os mulelistas tinham ideais comunistas de repartição das terras e dos bens. (N.T.)

193 Tratado místico alemão da primeira metade do século XIV que se aproxima tanto da teologia de Meister Eckhart quanto da heresia dos Irmãos do Livre Espírito. (N.T.)

viver a paixão permanente da experiência imediata. Um campeão de tênis contou que, no decorrer de uma partida duramente disputada, recebeu uma bola muito difícil de rebater. De repente, ele viu tudo em câmera lenta, tão lentamente que teve tempo de avaliar a situação, de tomar uma decisão adequada e de realizar um lance de grande maestria. Na zona da criação verdadeira o tempo se dilata. No inautêntico, o tempo se acelera. A quem possuir a poética do presente acontecerá a aventura do chinesinho apaixonado pela Rainha dos Mares. Ele partiu em sua busca no fundo dos oceanos. Quando regressou à terra, um homem muito velho que podava rosas lhe disse: "O meu avô me falou de um menino que desapareceu no mar que tinha exatamente o teu nome".

"Todo tempo reside no momento", diz a tradição esotérica. Submetida ao banho revelador da história, a frase de *Pistis Sophia*[194], "Um dia de luz é um milhar de anos do mundo", traduziu-se precisamente na afirmação de Lênin de que existem dias revolucionários que valem por séculos.

A tarefa é sempre resolver as contradições do presente, não parar no meio do caminho, não se deixar "distrair", tomar o caminho da superação. Essa tarefa é coletiva, de paixão, poética, de jogo (a eternidade é o mundo do jogo, diz Boehme[195]). Por mais pobre que seja, o presente sempre contém a verdadeira riqueza, a da construção possível. Esse é o poema interrompido que me enche de alegria. Mas vocês sabem bem – vocês vivem o suficiente para isso – tudo aquilo que o arranca das minhas mãos.

Sucumbir ao turbilhão dos tempos mortos, envelhecer, desgastar-se até ao vazio do corpo e do espírito? Mais vale desaparecer desafiando a duração. O cidadão Anquetil[196] conta no seu *Compêndio da História Universal*, publicado em Paris no ano VII da República, que um príncipe persa, de tão injuriado pela vaidade

---

194 *Pistis Sophia* é uma espécie de bíblia dos gnósticos. (N.T.)

195 Jacob Boehme (1575-1624), nascido onde hoje é a Alemanha, foi um dos grandes pensadores metafísicos. (N.T.)

196 Louis Pierre Anquetil, (1723-1808), historiador francês. (N.T.)

do mundo, se retirou para um castelo, acompanhado por 40 cortesãs das mais belas e instruídas do reino. Lá morreu ao fim de um mês por excesso de prazeres. Mas o que é a morte em relação a essa eternidade? Se tenho de morrer que ao menos seja da mesma maneira com que me ocorreu amar.

XXIII

A TRÍADE UNITÁRIA: REALIZAÇÃO, COMUNICAÇÃO, PARTICIPAÇÃO

A unidade repressiva do poder na sua tríplice função de coação, de sedução e de mediação não passa da forma, invertida e pervertida por técnicas de dissociação, de um tríplice projeto unitário. A nova sociedade, tal como é elaborada caoticamente às escondidas, tende a se exprimir praticamente como uma transparência de relações humanas que favorecem a participação real de todos na realização de cada um. – A paixão da criação, a paixão do amor e a paixão do jogo são para a vida aquilo que a necessidade de alimento e de proteção são para a sobrevivência (1). – A paixão de criar é a base do projeto de realização (2), a paixão do amor é a base do projeto de comunicação (4), a paixão do jogo é a base do projeto de participação (6). – Dissociados, esses três projetos reforçam a unidade repressiva do poder. – A subjetividade radical é a presença, atualmente observável na maioria das pessoas, de uma mesma vontade de construir uma vida apaixonante (3). – O erotismo é a coerência espontânea que dá unidade prática à tentativa de enriquecer a experiência vivida (5).

1

A construção da vida cotidiana realiza no mais alto grau a unidade do racional e do passional. O mistério deliberadamente tecido desde sempre a respeito da vida tem como principal objetivo dissimular a trivialidade da sobrevivência. De fato, a vontade de viver é inseparável de uma certa vontade de organização. O fascínio que a promessa de uma vida rica e multidimensional exerce sobre cada indivíduo adquire necessariamente o aspecto de um projeto submetido no todo ou em parte ao poder social encarregado de impedi-lo. Assim como o governo dos homens recorre essencialmente a um tríplice modo de opressão – a coação, a mediação alienante e a sedução mágica –, também a vontade de viver encontra força e coerência na unidade de três projetos indissociáveis: a realização, a comunicação, a participação.

Em uma história dos homens que não se reduzisse à história da sobrevivência, sem por outro lado se dissociar dela, a dialética desse triplo projeto, aliada à dialética das forças produtivas, explica a maioria dos comportamentos. Não há motim ou revolução que não revele uma busca apaixonada por uma vida exuberante, por uma transparência das relações humanas e por um modo coletivo de transformação do mundo. De fato, três paixões fundamentais parecem animar a evolução histórica, paixões que são para a vida aquilo que a necessidade de alimento e proteção são para a sobrevivência. A paixão da criação, a paixão do amor e a paixão do jogo interagem com a necessidade de alimento e de proteção, tal como a vontade de viver interfere continuamente na necessidade de sobreviver. É claro que esses elementos só ganham importância no seu contexto histórico, mas é precisamente a história da sua dissociação que colocamos em causa aqui, em nome da sua totalidade sempre reivindicada.

O *Welfare State* tende a englobar a questão da sobrevivência em uma problemática da vida, como espero ter mostrado anteriormente. Nessa conjuntura histórica na qual a economia da vida absorve pouco a pouco a economia da sobrevivência, a dissociação dos três projetos, e das paixões subjacentes a eles, emerge cada vez mais claramente como uma extensão da distinção aberrante entre vida e sobrevivência. Entre a separação, que é o feudo do poder, e a unidade, que é o domínio da revolução, a existência na maior parte do tempo é essencialmente ambígua. Falarei portanto separada e unitariamente de cada projeto.

*

O projeto de realização nasce da paixão de criar, no momento em que a subjetividade se expande e quer reinar em toda parte. O projeto de comunicação nasce da paixão do amor, sempre que indivíduos descobrem neles uma vontade idêntica de conquista amorosa. O projeto de participação nasce da paixão do jogo, quando o grupo auxilia a realização de cada indivíduo.

Isoladas, as três paixões pervertem-se. Dissociados, os três projetos falsificam-se. A vontade de realização torna-se vontade de poder. Sacrificada ao prestígio e ao papel, reina em um universo de coações e de ilusões. A vontade de comunicação torna-se uma mentira objetiva; fundada em relações entre objetos, fornece aos estudiosos da semiologia signos que eles vestem com uma aparência humana. A vontade de participação organiza o isolamento de todos na multidão, cria a tirania da ilusão comunitária.

Cortada das outras, cada paixão se integra em uma visão metafísica que a torna absoluta e como tal inacessível. Aos nossos filósofos não falta humor: desligam a chave principal e anunciam depois que faltou luz. Podem então afirmar, de forma audaciosa, que a realização total é um engodo, a transparência, uma quimera, a harmonia social, uma extravagância. Onde reina a separação, cada um realmente se vê diante de impossibilidades. A mania cartesiana de fragmentar, e de progredir de forma gradual, produz necessariamente uma realidade coxa e incompleta. Os exércitos da Ordem só recrutam mutilados.

2 O PROJETO DE REALIZAÇÃO

A garantia de uma segurança material deixa sem uso uma grande quantidade de energia antes absorvida pela luta pela sobrevivência. A vontade de poder tenta recuperar, em proveito da escravidão hierárquica, essa energia disponível para a livre expansão da vida individual (1). – O condicionamento da opressão generalizada provoca na maioria das pessoas um recuo estratégico para aquilo que eles sentem ser o que lhes resta de não contaminado: a subjetividade. A revolução da vida cotidiana deve concretizar a ofensiva que a subjetividade lança inúmeras vezes diariamente em direção ao mundo objetivo (2).

2.1

A fase histórica da apropriação privada impediu ao homem ser o Deus criador, obrigando-o em vez disso a criar esse Deus em uma forma idealizada para compensar o seu fracasso. O desejo de ser Deus está no coração de cada homem, mas até hoje esse desejo tem sido voltado contra o próprio homem. Mostrei de que maneira a organização social hierárquica constrói o mundo destruindo os homens, de que modo o aperfeiçoamento do seu mecanismo e das suas redes a fez funcionar como um computador gigante cujos programadores são também programados, de que modo, enfim, o mais frio dos monstros frios encontra a sua realização no projeto do Estado cibernético.

Nessas condições, a luta pelo pão de cada dia, o combate contra o desconforto, a busca de uma estabilidade de emprego e de uma segurança material são, na frente social, igualmente expedições ofensivas que tomam lenta mas seguramente o aspecto de ações de retaguarda (mas não se deve subestimar a importância delas). A necessidade de sobreviver absorvia e continua a absorver uma dose de energia e uma de criatividade que estão destinadas a desembocar no estado de bem-estar como uma alcateia de lobos desenfreados. Apesar de falsos compromissos e de atividades ilusórias, uma energia criadora continuamente estimulada não é absorvida mais depressa suficientemente sob a ditadura do consumo. O que acontecerá a essa exuberância repentinamente disponível, a esse excesso de robustez e de virilidade que nem as coações nem a mentira conseguiram verdadeiramente desgastar? Não recuperada pelo consumo artístico e cultural – pelo espetáculo ideológico –, a criatividade volta-se espontaneamente contra as condições e as garantias de sobrevivência.

Os rebeldes não têm nada a perder a não ser sua sobrevivência. Contudo, podem perdê-la de dois modos: perdendo a vida ou construindo-a. Já que a sobrevivência é uma espécie de morte lenta, existe uma tentação, não desprovida de sentimentos genuínos, de acelerar o movimento e morrer mais depressa, como pisar fundo no acelerador de um carro de corrida. "Vive-se" então negativamente a negação da sobrevivência. Ou, pelo contrário, as pessoas podem se esforçar por sobreviver como antissobreviventes, concentrando sua energia no enriquecimento da vida cotidiana. Negam a sobrevivência incorporando-a em uma atividade lúdica construtiva. Essas duas soluções promovem a tendência unitária e contraditória da dialética da decomposição e da superação.

O projeto de realização é inseparável da superação. A recusa desesperada permanece, seja como for, prisioneira do dilema autoritário: a sobrevivência ou a morte. Essa semi-revolta, essa criatividade selvagem e tão facilmente domesticada pela ordem das coisas, é a *vontade de poder*.

*

A vontade de poder é o projeto de realização falsificado, cortado da participação e da comunicação. É a paixão de criar e de se criar aprisionada no sistema hierárquico, condenada a fazer rodar as mós da repressão e da aparência. Prestígio e humilhação, autoridade e submissão: a única música que a vontade de poder dança. O herói é aquele que se sacrifica à promoção do seu papel e da sua carabina. Quando se cansa, segue o conselho de Voltaire e cultiva o seu jardim. E a sua mediocridade serve ainda de modelo ao comum dos mortais.

O herói, o dirigente, o astro, o playboy, o especialista... quantas vezes eles renunciaram ao que mais estimavam? Quantos sacrifícios eles fizeram para forçar as pessoas, algumas poucas ou milhões, as quais eles consideram totais idiotas (do contrário eles próprios seriam idiotas!) a pôr suas fotografias na parede, a lembrar seus nomes, a olhar para eles nas ruas?

Contudo a vontade de poder contém, debaixo da sua embalagem protetora, uma certa dose de vontade de viver. Penso na *virtu* do *condottiere*[197], na exuberância dos gigantes do Renascimento. Mas, nos dias de hoje, já não existem *condottieri*. Quando muito capitães da indústria, escroques, negociantes de canhões e de cultura, mercenários. O aventureiro e o explorador chamam-se Tintim e Albert Schweitzer. E é com essas pessoas que Zaratustra sonha em povoar as alturas de Sils-Maria[198], é nesses abortos que ele pretende descobrir o prenúncio de uma nova raça! Na verdade, Nietzsche é o último senhor, crucificado pela sua própria ilusão. A sua morte reedita, com mais pimenta, com mais espiritualidade, a comédia do Gólgota. Ela dá um sentido ao desaparecimento dos senhores, como Cristo dava um sentido à desaparição de Deus. Por mais que Nietzsche pudesse sentir nojo, o odor ignóbil do cristianismo não o impede de respirar a plenos pulmões. E ele finge não compreender que o cristianismo, apesar de todo desprezo com que possa ter tratado a vontade de poder, é de fato o seu melhor protetor, o seu mais fiel guarda-costas, uma vez que impede o surgimento dos senhores sem escravos. Nietzsche consagra assim a permanência de um mundo hierárquico, no qual a vontade de viver está condenada a nunca passar de vontade de poder. Seus últimos escritos eram assinados como "Dionísio, o Crucificado": ele também procurava um senhor, para o qual pudesse humildemente oferecer a sua exuberância mutilada. Não podemos nos aproximar impunemente do feiticeiro de Belém.

---

197 Em italiano no original, a *virtu* do *condottiere* seria algo como "a astúcia do chefe". (N.T.)

198 Vilarejo da Suíça no qual Nietzsche morou. (N.T.)

O nazismo é a lógica nietzschiana chamada à ordem pela história. A questão era: quem pode se tornar o último dos senhores em uma sociedade na qual os verdadeiros senhores desapareceram? E a resposta foi: o superservo. Mas a ideia de super-homem de Nietzsche, por mais batida que seja, está muito longe daquilo que sabemos dos lacaios que dirigiram o III Reich. O fascismo só conhece um super-homem: o Estado.

O Estado como super-homem é a força dos fracos. É por isso que as reivindicações do indivíduo isolado se acomodam sempre com um papel impecavelmente desempenhado no espetáculo oficial. A vontade de poder é uma vontade espetacular. O homem isolado detesta os outros, despreza os homens, continuando porém a ser um homem na multidão, o homem desprezível por excelência. Destacando-se, em meio à mais grosseira ilusão comunitária, está o seu "dinamismo". A sua combatividade se exerce na caça às promoções.

O *manager*, o chefe, o cara durão, o líder de gangue conhecem pouco o prazer. A capacidade de aguentar é a sua principal qualidade. A moral deles é a dos pioneiros, dos escoteiros, dos exércitos, dos batalhões de choque do conformismo. "Nenhum animal do mundo faria aquilo que eu fiz..." Uma vontade de parecer na falta de ser, um modo de ignorar o vazio da sua existência afirmando raivosamente que existe: é isso que define o gangsta. Só os servos se orgulham do seu sacrifício. A soberania das coisas é absoluta neste caso: ora o artifício do papel, ora a autenticidade do animal. Aquilo que o homem se recusa a realizar, o animal o faz. Os heróis que desfilam, com música à frente – o Exército Vermelho, a SS, os *paras* franceses –, são os mesmos que torturaram em Budapeste, em Varsóvia, em Argel. O fervor dos soldados rasos faz a disciplina dos exércitos: a única coisa que a cachorrada policial aprende é a hora de morder e a hora de rastejar.

A vontade de poder é um prêmio à escravidão. É também ódio da escravidão. Nunca os grandes personagens do passado se identificaram com uma Causa. Eles simplesmente usaram a Causa para promover seu próprio desejo de poder. Quando as grandes causas desapareceram, esmigalhadas, também as individualidades ambiciosas se decompuseram. Entretanto, o jogo continua. As pessoas adotam uma causa porque não puderam adotar a si mesmas e a seus desejos. Mas, contraditoriamente, por meio da Causa e do sacrifício exigido é a própria vontade de viver que elas buscam.

Por vezes, o desejo da liberdade e do jogo é despertado entre os conscritos da Ordem. Penso em Salvatore Giuliano[199], antes de ser cooptado pelos proprietários rurais, em Billy the Kid, em vários *gangsters* que se assemelhavam momentaneamente a terroristas anarquistas. Houve mercenários e legionários que passaram para o lado dos rebeldes argelinos ou congoleses, escolhendo assim o partido da insurreição aberta e levando o gosto pelo jogo às consequências extremas: a ruptura de todas as proibições e a aspiração da liberdade total.

Penso também nos *blousons noirs*. A sua vontade de poder infantil pôde muitas vezes salvaguardar uma vontade de viver quase intacta. É certo que a recuperação ameaça o *blousons noirs*: antes de tudo como consumidor, porque ele acaba desejando os objetos que não pode comprar; e depois como produtor, quando envelhece. Mas o jogo conserva no interior desses grupos um fascínio tão vivo que existem possibilidades de que um dia ele dê vazão a uma consciência revolucionária. Se a violência inerente aos grupos de jovens delinquentes deixasse de se dissipar em ações espetaculares e muitas vezes irrisórias para atingir a poesia dos motins, o jogo, ao tornar-se insurrecional, provocaria sem dúvida uma reação em cadeia, uma onda de choque qualitativa. A maioria das pessoas, com efeito, mostra-se sensível ao desejo de viver autenticamente, à recusa das coações e dos papéis. Basta uma faísca e uma tática adequada. Se os *blousons noirs* atingiram uma consciência revolucionária pela simples compreensão daquilo que já são e pela simples exigência de querer ser mais, é provável que

---

199 Bandido siciliano, tornou-se herói do movimento separatista siciliano e uma celebridade internacional nos anos 40. Foi morto em julho de 1950, aos 27 anos.

determinem o epicentro da inversão de perspectiva. Federar os seus grupos seria o ato que simultaneamente manifestaria e permitiria essa consciência.

2.2

Até hoje o centro nunca foi o homem. A criatividade sempre permaneceu marginal, suburbana. O urbanismo reflete bem as vicissitudes do eixo em volta do qual a vida se organiza há milênios. As cidades antigas erguem-se em volta de uma praça forte ou de um lugar sagrado, templo ou igreja, um ponto de junção entre o céu e a terra. As cidades industriais rodeiam com suas ruas tristes a fábrica ou o *combinat*[200], enquanto os centros administrativos presidem avenidas retilíneas, sem alma. Finalmente, as novas cidades, como Sarcelles ou Mourenx, não possuem mais centro. Torna-se cada vez mais óbvio que o ponto de referência que propõem está *sempre em outro lugar*. Nesses labirintos onde a única coisa permitida é se perder, a proibição do jogo, do encontro, do viver é dissimulada por trás de quilômetros de vãos envidraçados, na rede quadriculada de artérias, no alto dos blocos de cimento habitáveis.

Não existe mais centro de opressão porque a opressão está em toda parte. O aspecto positivo dessa desagregação: todos tomam consciência, no isolamento extremo, da necessidade de se salvar antes de tudo, de se escolher como centro, de construir a partir do subjetivo um mundo no qual por toda parte se possa estar em casa.

O regresso lúcido a si mesmo é o regresso à origem dos outros, à origem do social. Enquanto a criatividade individual não for posta no centro da organização da sociedade, não haverá para os homens outras liberdades que não sejam as de destruir e de ser destruídos. Se você pensa para os outros, eles pensarão por você. Aquele que

---

[200] Conjunto de vários estabelecimentos industriais na URSS. (N.T.)

pensa por ti julga-te, reduz-te à sua norma, te embrutece, porque a estupidez não nasce de uma falta de inteligência como pensam os imbecis, mas começa com a renúncia, com o abandono de si mesmo. É por isso que a quem quer que te peça explicações e contas deves tratá-lo como juiz, ou seja, como inimigo.

"Quero herdeiros, quero filhos, quero discípulos, quero um pai, não quero a mim mesmo", assim falam os chapados do cristianismo, sejam de Roma ou de Pequim. Onde quer que reine esse espírito só existe miséria e neuroses. A subjetividade me é demasiado querida para que eu leve a minha falta de inibição a ponto de solicitar ou de recusar a ajuda das outras pessoas. Não se trata de se perder nos outros, tampouco de se perder em si mesmo. Quem quer que perceba que tem de contar com a coletividade deve antes de tudo se encontrar, senão encontrará nos outros apenas a sua própria negação.

O fortalecimento do centro subjetivo não é uma questão fácil, é até difícil falar dele. No coração de cada ser humano há uma câmara secreta, um quarto escuro. Só a mente e os sonhos encontram a porta. Um círculo mágico no qual o mundo e o eu se unem. Não existe desejo ou aspiração que nele não seja imediatamente acolhido. Nele crescem as paixões, essas belas flores venenosas que seguem o humor do momento. Semelhante a um Deus caprichoso e tirânico, crio para mim um universo e reino sobre seres que nunca viverão senão para mim. O humorista James Thurber[201] mostrou em algumas páginas encantadoras de que modo o pacífico Walter Mitty[202] se notabilizava ora como capitão intrépido, ora como eminente cirurgião, como assassino desenvolto ou herói de trincheiras. Tudo isso enquanto dirigia o velho Buick para comprar biscoitos para o cachorro.

A importância do centro subjetivo pode ser avaliada facilmente pelo descrédito que o atinge. Todos querem fazê-lo passar por

---

201 James Thurber (1894-1961), humorista norte-americano. (N. T.)

202 Personagem criado por James Thurber na obra *The Secret Life of Walter Mitty*. (N.T.)

uma simples "viagem mental", uma "introversão", uma "chapação". Dizem que as fantasias não têm consequências. Contudo, não é com base em fantasmas e representações caprichosas da mente que se fomentaram os mais belos atentados contra a moral, a autoridade, a linguagem ou o nosso sono hipnótico coletivo? Não é a riqueza subjetiva a fonte de toda a criatividade, o laboratório da experiência imediata, a cabeceira de ponte implantada no Velho Mundo, e da qual partirão as próximas invasões?

Para quem sabe recolher lucidamente as mensagens e visões deixadas pelo centro subjetivo, o mundo ordena-se diferentemente, os valores mudam, as coisas perdem a aura, tornam-se simples instrumentos. Na magia do imaginário, nada existe senão para ser manipulado a meu bel-prazer, acariciado, quebrado, recriado, modificado. O primado da subjetividade reconhecida liberta do enfeitiçamento das coisas. Com base nos outros, buscamo-nos sem nunca nos alcançarmos, repetimos os mesmos gestos privados de sentido. Com base em nós mesmos, pelo contrário, os gestos não são mais repetidos, mas sim retomados, corrigidos, idealmente realizados.

Os nossos sonhos mais íntimos segregam uma energia que pede apenas que seja utilizada para fazer mover as circunstâncias como se fossem turbinas. O alto grau de tecnologia que atinge a época atual torna a utopia impossível, e suprime o caráter puramente mágico dos sonhos. Todos os meus desejos são realizáveis desde que o equipamento material contemporâneo se ponha a seu serviço.

E mesmo agora – mesmo privada dessas tecnologias – será que a subjetividade se engana alguma vez? Para mim, não é de modo algum impossível dar uma forma objetiva àquilo que eu sonhei ser. Cada indivíduo conseguiu pelo menos uma vez na vida realizar a operação de Lassailly[203] ou de Netchaiev[204]. Lassailly,

---

203 Charles Lassailly (1806-1843), poeta francês. (N.T.)

204 Serguei Netchaiev (1847-1882), revolucionário russo que ficou mais conhecido por realizar atentados. (N.T.)

fazendo-se passar por autor de um livro, não escrito, acabou se tornando um autêntico escritor, o pai das *Roueries de Trialph*. Netchaiev, extorquindo dinheiro de Bakunin[205] em nome de uma organização terrorista inexistente, chega a dirigir um verdadeiro grupo de niilistas. É preciso que um dia eu seja como quis que pensassem que eu era. É necessário que a imagem que eu aspiro no espetáculo aceda à autenticidade. A subjetividade desvia assim em seu benefício os papéis e a mentira espetacular: reinveste a aparência no real.

A imaginação subjetiva não é puramente mental: ela está sempre buscando sua realização prática. Não resta dúvida de que a atração pelo espetáculo artístico – sobretudo os que possuem forma narrativa – joga com essa tendência da subjetividade em se realizar, mas somente captando-a, fazendo-a escoar nas turbinas da identificação passiva. É por isso que com exatidão salienta Guy Debord no seu filme de agitação *Critique de la séparation*: "Geralmente, os acontecimentos da nossa existência individual tal como está organizada, aqueles que realmente conseguem atrair nossa atenção e solicitam nosso envolvimento, são precisamente os que nos fazem espectadores distantes e indiferentes. Pelo contrário, a situação que é vista por meio de uma transposição artística qualquer é muitas vezes a que deveria nos atrair e levar à nossa participação. Esse é um paradoxo que deve ser invertido, recolocado de pés no chão e cabeça para cima". É necessário dissolver as forças do espetáculo artístico para fazer passar o seu equipamento ao arsenal dos sonhos individuais. Quando estiverem assim armados, não se correrá mais o risco de que sejam tratados como fantasias. O problema de realizar a arte não se coloca em outros termos.

---

205 Mikhail Bakunin (1814-1876), revolucionário russo que é muito provavelmente a principal figura histórica do anarquismo. (N.T.)

3 A SUBJETIVIDADE RADICAL

Todas as subjetividades diferem entre si embora obedeçam a uma idêntica vontade de realização. O problema é pôr a sua variedade em uma mesma direção, criar uma frente única de subjetividade. O projeto de construir uma sociedade nova não pode perder de vista essa dupla exigência: a realização da subjetividade individual será coletiva ou não será nada; e "para falar a verdade, cada um luta por aquilo que ama. Lutar por todos é só uma consequência" (Saint-Just).

A minha subjetividade se alimenta de acontecimentos. Acontecimentos dos mais diversos: um motim, uma desilusão amorosa, um encontro, uma recordação, uma dor de dente intensa. As ondas de choque daquilo que compõe a realidade em devir reverberam nas cavernas do subjetivo. A trepidação dos fatos me atinge mesmo que eu não queira. Nem todos me impressionam igualmente, mas o seu paradoxo me atinge sempre, já que, por mais que a minha imaginação se apodere deles, eles escapam na maioria das vezes à minha vontade de mudá-los de verdade. O centro subjetivo registra simultaneamente a transmutação do real em imaginário e o refluxo dos fatos reintegrando o curso incontrolável das coisas. Daí a necessidade de lançar uma ponte entre a construção imaginária e o mundo objetivo. Só uma teoria radical pode conferir ao indivíduo direitos inalienáveis sobre o meio e as circunstâncias. A teoria radical alcança os homens na raiz, e a raiz dos homens é a sua subjetividade – essa zona irredutível comum a todos.

Ninguém se salva sozinho, ninguém se realiza isoladamente. Seria possível que, atingindo alguma lucidez a seu respeito e a respeito do mundo, um indivíduo não notasse naqueles que o rodeiam uma vontade idêntica à sua, uma mesma busca partindo do mesmo ponto?

Todas as formas de poder hierárquico diferem entre si, mas apresentam funções opressivas idênticas. Da mesma forma, todas as subjetividades diferem entre si, mas apresentam uma idêntica vontade de realização integral. É nesse sentido que se pode falar de uma verdadeira "subjetividade radical".

Cada subjetividade individual está enraizada na vontade de se realizar transformando o mundo, a vontade de viver todas as sensações, todas as experiências, todas as possibilidades. Em diferentes graus de consciência e de resolução, ela está presente em todas as pessoas. A sua eficácia depende evidentemente da unidade coletiva que essa vontade atingirá sem perder a sua multiplicidade. A consciência dessa unidade necessária nasce de uma espécie de *reflexo de identidade*, um movimento diametralmente oposto ao da identificação. Pela identificação, perde-se a unicidade própria na pluralidade dos papéis. Pelo reflexo de identidade reforça-se a riqueza das possibilidades individuais na unidade das subjetividades federadas.

O reflexo de identidade fundamenta a subjetividade radical. Ele é a busca constante de si mesmo nos outros. "Quando estava em missão no Estado de Tchou", diz Confúcio, "vi uns porquinhos que mamavam na mãe morta. Pouco depois pularam e foram embora. Sentiam que ela não os via mais e que *não era mais semelhante* a eles. Aquilo que amavam na mãe, não era o corpo, mas aquilo que tornava o corpo vivo". Do mesmo modo, aquilo que busco nos outros é a parte mais rica de mim existente neles. Irá o reflexo de identidade se alastrar de forma inelutável? Não necessariamente. Contudo, as condições históricas atuais predispõem a isso.

Nunca ninguém pôs em dúvida o interesse dos homens em se alimentar, em se alojar e se proteger das intempéries e desgraças. As imperfeições da técnica, desde cedo transformadas em imperfeições sociais, retardam a realização desse desejo comum. Hoje, a economia planejada deixa prever a solução final dos problemas da sobrevivência. Agora que as necessidades da sobrevivência estão em vias de serem satisfeitas, pelo menos nos países hiperindustrializados, vemos que existem também paixões da vida para satisfazer, que a satisfação dessas paixões toca o conjunto dos homens e, mais ainda, que um fracasso nesse campo poria novamente em causa todas as conquistas no domínio da sobrevivência. À medida que os problemas da sobrevivência são lenta mas seguramente resolvidos, cada vez mais se impõem os problemas da vida, que por sua vez é lenta mas seguramente sacrificada aos imperativos da sobrevivência. Essa separação facilita as coisas: o planejamento socialista é incompatível com a verdadeira harmonização da vida em comum.

*

A subjetividade radical é a frente comum da identidade reencontrada. Aqueles que são incapazes de reconhecer a sua presença nos outros se condenam a serem sempre estrangeiros a si mesmos. Nada posso pelos outros se eles nada podem por si mesmos. É nessa ótica que é necessário rever noções como as de "conhecimento" e "reconhecimento", de "simpático" e "simpatizante".

O conhecimento só tem valor se desembocar no reconhecimento do projeto comum, no reflexo de identidade. A verdadeira realização implica múltiplos conhecimentos, mas esses conhecimentos nada são se não são postos a serviço da realização. Como mostraram os primeiros anos da Internacional Situacionista, os principais adversários de um grupo revolucionário coerente são os mais próximos ao grupo em conhecimento e os mais afastados em experiência vivida e sentido que lhe dão. Do mesmo modo, os simpatizantes identificam-se ao grupo e, ao mesmo tempo, o entravam. Compreendem tudo, exceto o essencial, o radicalismo. Reivindicam o conhecimento porque são incapazes de reivindicar sua própria realização.

Apreendendo a mim mesmo, quebro o domínio dos outros sobre mim, e deixo-os portanto reconhecerem-se em mim. Ninguém se desenvolve livremente sem espalhar a liberdade no mundo.

Assumo sem reservas a frase de Coeurderoy: "Aspiro a ser eu, a caminhar sem entraves, a afirmar-me só na minha liberdade. Que cada um faça como eu. E não se atormentem então em salvar a revolução, ela estará melhor na mão de todas as pessoas do que na mão dos partidos". Nada me autoriza a falar em nome dos outros, sou apenas delegado de mim mesmo. Contudo, estou constantemente dominado pelo pensamento de que a minha vida não interessa apenas a mim, mas que sirvo aos interesses de inúmeras pessoas vivendo como vivo e esforçando-me em viver mais intensamente, mais livremente. Meus amigos e eu somos um, e sabemos disso. Cada um de nós age pelo outro agindo para si. Tal transparência é o único caminho para a participação autêntica.

4 O PROJETO DE COMUNICAÇÃO

A paixão do amor oferece o modelo mais puro e mais difundido de comunicação autêntica. Acentuando-se, a crise da comunicação tende a tornar a paixão do amor cada vez mais precária. A reificação a ameaça. É necessário velar para que a *praxis* amorosa não se torne um encontro de objetos, é necessário evitar que a sedução entre para os comportamentos espetaculares. O amor verdadeiro é *praxis* revolucionária ou não é nada.

Igualmente importantes, as três paixões subjacentes ao triplo projeto – realização, comunicação, participação – não são entretanto igualmente reprimidas. Enquanto o jogo e a paixão criadora caem sob a ameaça de proibições e falsificações, o amor, sem escapar à opressão, permanece entretanto como a experiência mais difundida e mais acessível a todos. A mais democrática, em resumo.

A paixão do amor traz em si o modelo de uma comunicação perfeita: o orgasmo, a fusão total de dois seres separados. Ela é, na obscuridade da sobrevivência cotidiana, o luar intermitente do qualitativo. A intensidade vivida, a especificidade, a exaltação dos sentidos, a fluidez emocional, o gosto pela mudança e pela variedade, tudo predispõe a paixão do amor a apaixonar novamente os desertos do Velho Mundo. De uma sobrevivência sem paixão só pode nascer a paixão por uma vida una e multidimensional. Os gestos do amor resumem e condensam a realidade e o desejo por tal vida. O universo que os verdadeiros amantes edificam com sonhos e abraços é o universo da transparência: os amantes querem estar em toda parte como em casa.

O amor soube preservar a sua dose de liberdade melhor do que as outras paixões. A criação e o jogo sempre se "beneficiaram" de uma representação oficial, de um reconhecimento espetacular que os alienava, por assim dizer, na fonte. O amor nunca de separou de uma certa clandestinidade, a que se chama intimidade. Teve a sorte de ser protegido pela noção de vida privada, expulso da luz do dia (reservada ao trabalho e ao consumo) e empurrado para os recantos da noite, para as penumbrosas luzes da lua. Por isso escapou em parte à grande recuperação das atividades diurnas. A mesma coisa não se pode dizer do projeto de comunicação. A faísca da paixão amorosa desaparece agora sob as cinzas da falsa comunicação. A falsificação, acentuando-se sob o peso da sociedade de consumo, corre o risco de atingir hoje os simples gestos de amor.

*

Aqueles que falam de comunicação quando apenas existem relações entre coisas espalham a mentira e o equívoco que reforça a reificação. Entendimento, compreensão, acordo... o que significam essas palavras quando em volta de mim apenas vejo exploradores e explorados, dirigentes e dirigidos, atores e espectadores, todos eles debulhados pelo moinho do poder?

Não é que as coisas não exprimam nada. Se alguém dá a um objeto a própria subjetividade, o objeto torna-se humano. Mas em um mundo regido pela apropriação privada, a única função do objeto é justificar o proprietário. Se a minha subjetividade se apodera daquilo que a rodeia, se o meu olhar faz sua uma paisagem, só pode fazê-lo idealmente, sem consequências materiais nem jurídicas. Na perspectiva do poder, os seres, as ideias e as coisas não estão aí para meu agrado, mas para servir a um senhor. Nada realmente *é*, tudo é função de uma ordem baseada na propriedade.

Não existe comunicação autêntica em um mundo no qual os fetiches governam a maioria dos comportamentos. O espaço entre os seres e as coisas é controlado pelas mediações alienantes. À medida que o poder se torna uma função abstrata, a confusão e a multiplicação dos seus signos tornam necessários escribas, mitologistas, semânticos que se façam seus intérpretes.

Domesticados de modo a ver em sua volta apenas objetos, o proprietário necessita de servidores objetivos e objetivados. Os especialistas da comunicação organizam a mentira em proveito dos senhores de cadáveres. Só a verdade subjetiva, armada pelas condições históricas, pode lhes resistir. É da experiência imediata que é necessário partir se quisermos quebrar as mais avançadas baionetas das forças opressoras.

*

O único prazer da burguesia parece ser o de degradar todos os prazeres. Não lhe bastou aprisionar a liberdade de amar na apropriação sórdida de um contrato de casamento (que pode ser manejado de acordo com as necessidades do adultério), ela não se contentou com o ciúme e a mentira para envenenar a paixão, mas conseguiu também separar os amantes com o próprio ato do amor.

O desespero amoroso não deriva da impossibilidade de os amantes se possuírem, da impossibilidade de terem relações sexuais. Ele vem antes do risco de nunca se encontrarem, de se apreenderem como objetos. A social-democracia sueca, como todos sabem, já popularizou uma forma de sexo higiênica e manipulada sob o rótulo de "amor livre".

O desgosto que nasce de um mundo despojado da sua autenticidade reanima o desejo insaciável de contatos humanos. O amor parece ser, às vezes, a nossa única saída. De vez em quando acho que não existe outra realidade imediata, outra humanidade tangível além da carícia de um corpo feminino, da maciez da pele, da tepidez do sexo. Mesmo que isso seja tudo que exista, ele abre a porta para uma totalidade que mesmo uma vida eterna não poderia exaurir.

E então, mesmo no momento mais íntimo da paixão, a massa inerte de objetos subitamente exerce uma atração oculta. A passividade de um parceiro desfaz de repente os laços que se teciam, e o diálogo interrompe-se sem ter verdadeiramente começado.

A dialética do amor se congela. Já não existe abraço a não ser o das estátuas que jazem. Só existem agora relações entre objetos.

Se bem que o amor nasça sempre *da* e *na* subjetividade – uma mulher é bela porque me agrada – o meu desejo não pode deixar de objetivar aquilo que cobiça. O desejo objetiva sempre a pessoa amada. Ora, se deixo o meu desejo transformar o ser amado em objeto, não estarei condenado a me chocar com esse objeto e, com a força do hábito, a desfazer meus laços com ele?

O que é que assegura uma perfeita comunicação amorosa? A união destes opostos:

- quanto mais me desligo do objeto do meu desejo, e quanto mais força objetiva dou ao objeto do meu desejo, mais o meu desejo se torna despreocupado em relação ao seu objeto;

- quanto mais me desligo do meu desejo como objeto, e mais força objetiva dou ao objeto do meu desejo, mais o meu desejo encontra sua razão de ser no ser amado.

No plano social, esse jogo de atitudes poderia se traduzir pela mudança de parceiros e a ligação simultânea e mais ou menos permanente de um deles a um parceiro "central". E todos esses encontros implicariam esse diálogo, que não passa de uma única afirmação sentida em comum e cuja realização nunca deixei de aspirar: "Sei que tu não me amas, já que não amas ninguém além de ti mesmo. Eu sou como tu. Ama-me!"

Não existe amor possível fora da subjetividade radical. É preciso acabar com o amor cristão, o amor sacrifício, o amor militante. Por meio dos outros amar apenas a si mesmo, ser amado pelos outros por meio do amor que eles devem a si mesmos. É isso que ensina a paixão do amor, é isso que as condições da comunicação autêntica requerem.

*

E o amor é também uma aventura, uma busca através do inautêntico. Abordar alguém de modo espetacular, exibicionista, é se condenar desde o início a um relacionamento entre objetos. É nisso que um playboy é especialista. A verdadeira escolha é entre a sedução espetacular – a conversa fiada – e a sedução pelo qualitativo – a pessoa que é sedutora porque não se preocupa em seduzir.

Sade analisa dois comportamentos possíveis: os libertinos dos *Cento e Vinte Dias de Sodoma* só gozam realmente levando à morte, com horríveis torturas, o objeto da sua sedução (e que homenagem mais conveniente para um *objeto* do que fazê-lo sofrer?). Os libertinos da *Filosofia na Alcova,* amáveis e joviais, fazem sua festa ao levarem ao extremo os seus prazeres mútuos. Os primeiros são senhores antigos, vibrantes de ódio e de revolta. Os segundos são os senhores sem escravos, que descobrem nos outros simplesmente o eco dos seus próprios prazeres.

A sedução hoje em dia é sádica, o sedutor não perdoa ao ser desejado que seja um objeto. Pelo contrário, a pessoa verdadeiramente sedutora contém em si a plenitude do desejo, rejeita os papéis e a sua sedução nasce dessa recusa. Em Sade seria Dolmancé, Eugénie ou Madame de Saint-Ange[206]. Para o ser desejado, contudo, essa plenitude só existe se ele puder reconhecer naquele que a encarna a sua própria vontade de viver. A verdadeira sedução só dispõe da verdade para seduzir. Não é qualquer um que merece ser seduzido. É nesse sentido que falam as Beguinas[207] de Swidnica[208] e os seus companheiros (século XIII) quando afirmam que qualquer resistência a investidas sexuais é marca de um espírito grosseiro. Os Irmãos do Livre Espírito exprimem a mesma ideia: "Qualquer um que conhece o Deus que o habita traz em si o seu próprio céu.

---

206 Personagens de A Filosofia na Alcova.

207 As Beguinas eram uma espécie de ordem de mulheres fundada no século XII, bem mais liberal que as ordens religiosas tradicionais. As Beguinas poderiam inclusive deixar a ordem e se casar, e por serem demasiado independentes chegaram a ser bastante perseguidas pela Igreja católica. (N.T.)

208 Cidade do sudoeste da Polônia.

Em contrapartida, a ignorância da própria divindade constitui um pecado mortal contra a verdade. Esse é o significado do inferno que trazemos conosco nesta vida".

O inferno é o vazio deixado pela separação, a angústia dos amantes que estão lado a lado sem estarem juntos. A não-comunicação é sempre um pouco análoga ao fracasso de um movimento revolucionário. A vontade de morte instala-se onde a vontade de viver fracassa.

*

É necessário livrar o amor dos seus mitos, das suas imagens, das suas categorias espetaculares; reforçar a sua autenticidade, devolvê-lo à espontaneidade. Não existe outro modo de lutar contra a sua recuperação no espetáculo e contra a sua objetivação. O amor não suporta nem o isolamento nem a fragmentação, está destinado a transbordar para a vontade de transformar o conjunto dos comportamentos humanos, para a necessidade de construir uma sociedade na qual os amantes se sintam em liberdade em qualquer lugar.

O nascimento e a dissolução do momento do amor estão ligados à dialética da revolução e do desejo. *In statu nascendi*, o desejo e a recordação dos primeiros desejos satisfeitos (envolvendo a não-resistência às investidas por parte do parceiro) reforçam-se mutuamente. No *momento* propriamente dito, recordação e desejo coincidem. O momento do amor é um espaço-tempo de experiência vivida autêntica, um presente no qual se condensam a recordação do passado e o arco do desejo tendido para o futuro. Na *fase de ruptura*, a recordação prolonga o momento apaixonante, mas o desejo decresce pouco a pouco. O presente se decompõe, a recordação volta-se nostalgicamente para a felicidade passada ao passo que o desejo antevê o mal-estar que está por vir. Na *dissolução*, a separação é efetiva. A recordação traz o fracasso do passado recente e acaba enfraquecendo o desejo.

No diálogo como no amor, na paixão de amar como no projeto de comunicação, o problema consiste em evitar a fase de ruptura. Para esse fim pode-se sugerir:

- alargar o momento do amor o máximo que se puder, ou, em outras palavras, não dissociá-lo nem das outras paixões nem dos outros projetos, elevá-lo do estado de momento a uma verdadeira construção de situação;

- favorecer experiências coletivas de realização individual e multiplicar assim os encontros amorosos reunindo uma grande variedade de possíveis parceiros;

- manter permanentemente o princípio do prazer, que é o sangue vital de qualquer tentativa de realização, de comunicação e de participação. O prazer é o princípio de unificação. O amor é a paixão pela unidade em um *momento* comum. A amizade é a paixão pela unidade em um *projeto* comum.

5 O EROTISMO OU A DIALÉTICA DO PRAZER

Não existe prazer que não esteja em busca da sua
coerência. A sua interrupção, a sua não-satisfação
provoca um distúrbio semelhante à estase de que
fala Reich. Os mecanismos opressivos do poder mantêm
os seres humanos em um estado de crise permanente.
O prazer e a angústia nascidos de uma ausência têm
portanto essencialmente uma função social. O erotismo
é o desenvolvimento das paixões que se tornam unitárias,
um jogo sobre unidade e multiplicidade, sem o qual não
existe coerência revolucionária

(*"O tédio é sempre contrarrevolucionário" – Internationale Situationniste, nº 3*).

Wilhelm Reich atribui a maioria dos comportamentos neuróticos aos distúrbios do orgasmo, àquilo que ele chama de "impotência orgástica". Segundo ele, a angústia surge da incapacidade de ter um orgasmo completo, surge de uma descarga sexual que não consegue liquidar totalmente toda a excitação mobilizada pela atividade sexual preliminar (carícias, jogos eróticos, sedução...). A teoria reichiana considera que a energia acumulada e não gasta se torna flutuante e se transforma em angústia. A angústia por sua vez impede um orgasmo completo futuro.

Ora, o problema das tensões e da sua liquidação não se coloca apenas no plano da sexualidade, ele caracteriza todas as relações humanas. Mesmo que Reich o tenha pressentido, ele não mostrou de modo suficiente que a crise social atual é também uma crise de tipo orgástico. Se "a fonte de energia da neurose se encontra na disparidade entre a acumulação e a descarga de energia sexual", parece-me que a fonte de energia das nossas neuroses se encontra também da disparidade entre a acumulação e a descarga de energia posta em ação nas relações humanas. O gozo total é ainda possível no momento do amor, mas assim que nos esforçamos em prolongar esse momento, em lhe dar uma extensão social, não se escapa àquilo a que Reich chama de "estase". O mundo do deficitário e do incompleto é o mundo da crise permanente. Como seria então uma sociedade sem neurose? Seria uma festa permanente, com o prazer como único guia.

*

"Tudo é feminino naquilo que se ama", escreveu La Mettrie[209]. "O domínio do amor só reconhece como limites os do prazer". Mas o próprio prazer em geral não reconhece limites. O prazer que não aumenta desaparece. A repetição o mata, ele não se acomoda com o fragmentário. O princípio do prazer é inseparável da totalidade.

O erotismo é o prazer que procura sua própria coerência. É o movimento das paixões na direção da intercomunicação, da interdependência e da unidade. O problema é recriar na vida social as condições do gozo perfeito no momento do amor. Condições que

---

209 Julien Offray de La Mettrie (1709-1751), médico e filósofo francês. (N.T.)

permitam o jogo com a unidade e a multiplicidade, ou seja, a livre e transparente participação na busca da realização.

Freud define a finalidade de Eros como a unificação ou a busca da união. Mas, quando pretende que o medo de ser separado e expulso do grupo provém da angústia da castração, ele vê de modo invertido. É a angústia da castração que provém do medo de ser excluído, e não o inverso. Essa angústia aumenta à medida que o isolamento dos indivíduos na ilusão comunitária se torna cada vez mais difícil de ignorar.

Embora busque unificação, Eros é essencialmente narcisista, apaixonado por si mesmo. Deseja um universo para amar como ama a si próprio. Norman Brown[210] assinala essa contradição em *Eros e Thanatos*. Como é que uma orientação narcisista, pergunta ele, poderia conduzir à união com os seres no mundo? Ele responde: "A antinomia abstrata do Ego e do Outro no amor pode ser vencida se regressarmos à realidade concreta do prazer e à definição da sexualidade como essencialmente a atividade prazerosa do corpo, e se considerarmos o amor como a relação entre o Ego e as fontes do prazer". Mas seria ainda necessário acrescentar: a fonte do prazer está menos no corpo que em uma possibilidade de expansão no mundo. A realidade concreta do prazer deve-se à liberdade de unir-se a todos os seres que permitam que a pessoa seja una consigo mesma. A realização do prazer passa pelo prazer da realização, o prazer da comunicação, pela comunicação do prazer, a participação no prazer, pelo prazer da participação. É nisso que o narcisismo voltado para o exterior, de que fala Brown, implica uma subversão total das estruturas sociais.

Quanto mais o prazer cresce em intensidade, mais reivindica a totalidade do mundo. É por isso que me agrada saudar como um slogan revolucionário a exortação de Breton: "Amantes, deem um ao outro cada vez mais um prazer maior!"

---

210 Norman Oliver Brown (1913-2002) filósofo americano, muito popular na contracultura dos anos 1960 (N.T.)

A civilização ocidental é uma civilização do trabalho e, como diz Diógenes[211]: "O amor é a ocupação dos preguiçosos". Com o desaparecimento gradual do trabalho forçado, o amor é chamado a reconquistar o terreno perdido. E isso não deixa de trazer perigo para todas as formas de autoridade. Por ser unitário, o erotismo implica a liberdade da multiplicidade. Não existe melhor propaganda para a liberdade do que a serena liberdade de gozar. É por isso que o prazer é na maior parte do tempo confinado à clandestinidade, o amor, em um quarto, a criatividade, debaixo da escada da cultura, o álcool e a droga, à sombra das leis etc.

A moral da sobrevivência condenou a diversidade dos prazeres e sua unidade-na-multiplicidade em proveito da repetição. Se o prazer-angústia se satisfaz com o repetitivo, o verdadeiro prazer por sua vez só ocorre com a diversidade na unidade. O modelo mais simples é o casal axial. Os dois parceiros vivem as suas experiências numa transparência e numa liberdade tão completas quanto possível. Essa cumplicidade irradiante tem o encanto das relações incestuosas. A multiplicidade das experiências vividas em comum fundamenta entre os parceiros um laço de irmão e irmã. Os grandes amores têm sempre alguma coisa de incestuoso: um fato que sugere que o amor entre irmãos e irmãs é privilegiado a princípio, e deveria ser favorecido. Já é tempo desse velho e ridículo tabu ser quebrado, e um processo de "sororização" ser posto em andamento: ter uma esposa-irmã cujas amigas sejam minhas esposas e minhas irmãs.

No erotismo, a única perversão é a negação do prazer, é a falsificação do prazer-angústia. Que importa a fonte desde que a água corra? Como os chineses dizem: imóveis um no outro, o prazer nos arrasta.

Finalmente a busca do prazer é a melhor garantia do lúdico. Ele salvaguarda a participação autêntica, protegendo-a contra o sacrifício, a coação, a mentira. Os diferentes graus de intensidade do prazer definem o domínio da subjetividade sobre o mundo.

---

211 Filósofo cínico que viveu no século IV a.C. em Atenas e Corinto. (N.T.)

Assim, o capricho é o jogo do desejo em estado nascente; o desejo, o jogo da paixão nascente. E o jogo da paixão encontra a coerência na poesia da revolução.

Isso quer dizer que a busca do prazer exclui o desprazer? Não exatamente, mas o desprazer ganha um novo significado. O prazer -angústia não é nem um prazer nem um desprazer, mas um modo de se coçar que irrita ainda mais. O que é então o desprazer autêntico? Um revés no jogo do desejo e da paixão: um desprazer positivo que chama com um grau correspondente de paixão um outro prazer a construir.

6 O PROJETO DE PARTICIPAÇÃO

Uma sociedade baseada na organização da sobrevivência só tolera formas de jogo falsas, espetaculares. Mas a crise do espetáculo faz com que, cercada por todos os lados, a paixão do jogo ressurja em toda parte. Ela está agora tomando a forma da subversão social e prefigura, para lá da sua negatividade, uma sociedade de participação real. A praxis lúdica implica a recusa do chefe, a recusa do sacrifício, a recusa dos papéis, a liberdade de realização individual, a transparência das relações sociais (1). – A tática é a fase polêmica do jogo. A criatividade individual necessita de uma organização que a concentre e lhe dê mais força. A tática é inseparável de uma certa previsão hedonista. Toda ação, não importa quão circunscrita, deve ter como fim a destruição total do inimigo. É necessário que as sociedades industrializadas desenvolvam as suas formas adequadas de guerrilha (2). – A subversão (détournement) é a única utilização revolucionária possível dos valores espirituais e materiais distribuídos pela sociedade de consumo: a arma suprema da superação.

6.1

As necessidades da economia e o lúdico não se combinam. Nas transações financeiras, tudo é sério: não se brinca com dinheiro.

A parte de jogo ainda englobada pela economia feudal foi eliminada aos poucos pela racionalidade das trocas monetárias. O jogo com as trocas significava intercambiar produtos sem muita preocupação com uma equivalência rigorosa entre eles. Mas, assim que o capitalismo impôs suas relações mercantis, um tal capricho deixou de ser tolerado. E a atual ditadura do consumo prova claramente que este sistema consegue impô-las em toda parte, em todos os níveis da vida.

Na alta Idade Média, as relações da vida do campo moderavam os imperativos puramente econômicos do feudalismo com uma certa liberdade: o lúdico pautava muitas vezes as corveias, os julgamentos, os ajustes de contas. Precipitando na batalha da produção e do consumo a quase totalidade da vida cotidiana, o capitalismo recalca a propensão ao lúdico, enquanto ao mesmo tempo se esforça por recuperá-la como fonte de lucro. Por isso, nas últimas décadas, assistimos a atração pelo desconhecido ser transformada em turismo de massa, a aventura ser transformada em expedição científica, o grande jogo da guerra ser transformado em estratégia operacional, o gosto da mudança ser transformado em mudança de gosto.

Em geral, a organização social atual proíbe o jogo autêntico. O jogo foi transformado em algo para crianças apenas (e mesmo as crianças estão sendo entupidas com brinquedos-*gadgets* que são verdadeiros convites à passividade). Quanto ao adulto, ele só tem o direito a formas falsificadas e recuperadas: competições, concursos de televisão, eleições, cassino etc. É evidente que a pobreza desses expedientes não abafa a riqueza espontânea da paixão do jogo, sobretudo numa época em que o lúdico tem muitas possibilidades de encontrar historicamente reunidas as condições mais propícias de expansão.

O sagrado sabia como lidar com o jogo profano e "dessacralizante": assim testemunham os capitéis irreverentes e as esculturas obscenas das catedrais. Sem silenciá-los, a Igreja era capaz de englobar o riso cínico, a fantasia cáustica, a crítica niilista. Sob o seu manto, o jogo demoníaco estava salvo. Por outro lado, o poder burguês coloca o jogo em quarentena, isola-o em um setor específico, como se tivesse medo de que pudesse infectar outras atividades humanas. A arte constituiu esse domínio privilegiado, e um pouco desprezado, do não-comercial. E permaneceu assim até que o imperialismo econômico a converteu por sua vez em um supermercado cultural. Desde então perseguida por todos os lados, a paixão do jogo ressurge em toda parte.

Foi de fato na arte – a zona na qual o jogo se manteve mais tempo – que a paixão de jogar furou a camada de proibições que recobre a atividade lúdica: essa erupção chamou-se Dada. "As representações dadaístas fizeram ressoar na audiência o instinto de jogo primitivo-irracional que tinha sido submergido", diz Hugo Ball[212]. Uma vez na vertente fatal do logro e do escândalo, a arte ia arrastar na sua queda o edifício que o espírito de seriedade tinha construído em glória da burguesia. Consequentemente, o jogo traz hoje o rosto da insurreição. O jogo total e a revolução da vida cotidiana confundem-se desde então. Expulsa da organização social hierárquica, a paixão do jogo fundamenta, ao destruí-la, um novo tipo de sociedade, uma sociedade da participação real. Sem predizer os detalhes de uma sociedade em que a organização das relações humanas esteja aberta sem reservas à paixão do jogo, podemos no entanto prever que ela apresentará as seguintes características:

- recusa de chefes e de qualquer hierarquia;
- recusa do sacrifício;
- recusa de papéis;
- liberdade de realização autêntica;
- transparência das relações sociais.

*

Todo jogo envolve regras e jogar com as regras. Vejam as crianças. Elas conhecem as regras do jogo, lembram-se muito bem

---

212 Hugo Ball (1886-1927), foi o fundador do Cabaret Voltaire, o berço dadaísta de Zurique. (N.T.)

delas, mas trapaceiam, imaginam ou inventam continuamente falcatruas. Contudo, para elas, trapacear não tem o sentido que lhe atribuem os adultos. A trapaça faz parte do seu jogo: brincam de fazer trapaça, cúmplices até nas disputas. Com isso buscam um jogo novo. E às vezes essa busca tem êxito, e um novo jogo surge e se desenvolve. Sem descontinuidade, reavivam a consciência lúdica.

Logo que uma autoridade se petrifica, se torna irrevogável, assume uma aura mágica, o jogo acaba. Contudo, o lúdico, por mais despreocupado que seja, nunca se separa de um certo espírito de organização e da disciplina que isso implica. Mas, mesmo quando é necessário um líder no jogo, o seu poder de decisão nunca é exercido à custa do poder autônomo de cada indivíduo. Ao contrário, ele concentra a vontade de cada indivíduo, a duplicata coletiva de cada desejo particular. O projeto de participação implica portanto uma coerência tal que as decisões de cada um sejam as decisões de todos. São evidentemente grupos numericamente pequenos, as microssociedades, que apresentam as melhores condições de experimentação. Nelas, o jogo regulará soberanamente os mecanismos da vida em comum, a harmonização dos caprichos, dos desejos, das paixões. Isso é especialmente verdade quando o jogo em questão corresponde ao jogo insurrecional conduzido por um grupo devido à sua vontade de viver fora das normas oficiais.

A paixão do jogo é incompatível com o sacrifício. Perder, pagar, suportar as regras, passar uma meia hora ruim é a lógica do jogo, mas não a lógica de uma Causa, não a lógica do sacrifício. Quando aparece a noção de sacrifício, o jogo é sacralizado, as suas regras tornam-se ritos. No jogo, as regras são dadas junto com uma maneira de ludibriá-las e de brincar com elas. No sagrado, pelo contrário, o ritual não consente brincadeira, ele só pode ser quebrado, transgredido (mas profanar uma hóstia é ainda um modo de prestar homenagem à Igreja). Só o jogo dessacraliza, só ele abre as possibilidades de liberdade total. Ele é o princípio da subversão (*détournement*), a liberdade de mudar o sentido de tudo aquilo que serve ao poder: a liberdade, por exemplo, de transformar a Catedral de Chartres em parque de diversões, em labirinto, em campo de tiro, em cenário onírico...

Em um grupo centrado na paixão do jogo, os trabalhos domésticos e tediosos serão distribuídos como penalidades, por exemplo, em consequência de um erro ou de ausência de ludismo. Ou, mais simplesmente, preencherão os tempos mortos, como repousos passionais que serão estimulantes por contraste e que tornarão a retomada do jogo mais excitante. As situações a construir irão necessariamente se fundar na dialética da presença e da ausência, da riqueza e da pobreza, do prazer e do desprazer, sendo a intensidade de um polo acentuado pela intensidade do outro.

Por outro lado, as técnicas utilizadas em um ambiente de sacrifício e de coação perdem muito da sua eficácia. O seu valor instrumental é acompanhado por uma função repressiva; e a criatividade oprimida diminui o rendimento das máquinas da opressão. Só a atração do lúdico garante um trabalho não alienante, um trabalho realmente produtivo.

No jogo, desempenhar papéis inevitavelmente implica jogar com os papéis. O papel espetacular exige uma adesão completa, o papel lúdico, pelo contrário, postula uma distância, um recuo a partir do qual nos apercebemos brincalhões e livres, do mesmo modo que esses comediantes profissionais fazem piadas entre duas tiradas dramáticas. A organização espetacular não resiste a esse tipo de comportamento. Os Irmãos Marx mostraram o que um papel pode se tornar quando o lúdico se apodera dele, e isso não passa ainda de um exemplo recuperado, no limite, pelo cinema. O que aconteceria então se as pessoas começassem a brincar com os papéis da vida real?

Se alguém entra no jogo com um papel fixo, um papel sério, ou essa pessoa se arruína ou arruína o jogo. É o caso do provocador. O provocador é um especialista em jogo coletivo. Ele domina a sua técnica, mas não a sua dialética. Às vezes ele é capaz de traduzir as aspirações do grupo em matéria ofensiva – o provocador sempre apela para o ataque –, mas no fim ele é sempre traído pelas exigências do seu papel e da sua missão, os quais o impedem de encarnar a necessidade de defesa do grupo. Essa incoerência entre o ofensivo e o defensivo denuncia mais cedo ou mais tarde o provocador, e é a causa do seu triste fim. Qual é o melhor provocador? O líder do jogo que se torna dirigente.

Só a paixão do jogo é a única base possível para uma comunidade cujos interesses se identifiquem aos do indivíduo. Diferentemente do provocador, o traidor aparece espontaneamente em um grupo revolucionário. Ele surge sempre que a paixão do jogo desaparece e, junto com ela, o projeto de participação real. O traidor é um homem que, não encontrando como se realizar autenticamente por meio do modo de participação que lhe é proposto, decide "jogar" contra essa participação, não para corrigi-la, mas para destruí-la. O traidor é a doença senil dos grupos revolucionários. O abandono do lúdico é a traição que abre a porta a todas as outras.

Afinal, carregando a consciência da subjetividade radical, o projeto de participação aumenta a transparência das relações humanas. O jogo insurrecional é inseparável da comunicação.

6.2

A *tática* – A tática é a fase polêmica do jogo, ela garante a continuidade necessária entre a poesia no estado nascente (o jogo) e a organização da espontaneidade (a poesia). Essencialmente técnica em natureza, ela impede que a espontaneidade se disperse, que se perca na confusão. Sabemos a falta que ela fez na maioria das insurreições populares. Sabemos também com que desenvoltura o historiador trata as revoluções espontâneas. Não existe um livro sério, não existe uma análise metódica, nada que lembre de perto ou de longe o livro de Clausewitz sobre a guerra. É de pensar que os revolucionários se empenhem em ignorar as batalhas de Makhno tanto quanto um general em conhecer as de Napoleão.

Na falta de análises mais profundas, farei algumas observações.

Um exército eficientemente hierarquizado pode ganhar uma guerra, mas não uma revolução. Uma horda indisciplinada não consegue a vitória nem na guerra, nem na revolução. O problema é organizar sem hierarquizar, ou em outras palavras, procurar que o líder do jogo não se torne um chefe. O espírito lúdico é a melhor garantia contra a esclerose autoritária. Nada resiste à criatividade armada. Sabemos que as tropas de Villa e de Makhno derrotaram os mais aguerridos batalhões de exército. Mas uma vez que o jogo se petrifica, a batalha está perdida. A revolução perece para que o líder seja infalível. Por que Villa foi derrotado em Celaya? Porque não renovou o seu jogo estratégico e tático. No plano técnico de combate, Villa foi embriagado pela lembrança de Ciudad Juarez, quando, atravessando as paredes e avançando assim de casa em casa, tomou o inimigo por trás e o esmagou. Ele desprezou as inovações militares da Primeira Guerra Mundial: ninhos de metralhadoras, morteiros, trincheiras. No plano político, uma certa estreiteza de visão manteve-o afastado do proletariado industrial. É significativo que o exército de Obregon, que aniquilou os Dorados de Villa[213], comportava milícias operárias e conselheiros militares alemães.

A força dos exércitos revolucionários reside na criatividade. Muitas vezes, os movimentos insurrecionais conseguem no início da insurreição estrondosas vitórias porque não dão a menor atenção às regras do adversário, porque inventam um novo jogo e porque todos tomam parte na elaboração lúdica. Mas, se a criatividade não se renova, se tende para a repetição, se o exército revolucionário toma a forma de um exército regular, aos poucos o entusiasmo e a histeria substituem em vão a fraqueza combativa, e a lembrança das vitórias passadas prepara terríveis derrotas. A magia da Causa e do chefe suplanta a unidade consciente da vontade de viver e da vontade de vencer. Em 1525, tendo mantido os príncipes em xeque por dois anos, 40 mil camponeses, para os quais as táticas foram substituídas pelo fanatismo religioso, foram feitos em pedaços em Frankenhausen[214]. O exército feudal perdeu

---

213 Os homens do exército de Pancho Villa ficaram conhecidos como Dorados por causa do tecido do seu uniforme. (N.T.)

214 A batalha de Frankenhausen marcou o final da Guerra dos Camponeses Alemães, a maior revolta popular na Europa até a Revolução Francesa.

três homens na ocasião. Em 1964, em Stanleyville[215], centenas de mulelistas[216], convencidos da sua invencibilidade, deixaram-se massacrar lançando-se sobre uma ponte controlada por duas metralhadoras. Eram contudo os mesmos que haviam se apoderado dos caminhões e das armas do Exército Nacional Congolês enchendo as estradas de valas com armadilhas de elefantes.

A organização hierárquica e a completa falta de disciplina são ambas ineficientes. Em uma guerra clássica, a ineficiência de um lado triunfa sobre a ineficiência do outro por meio da superioridade técnica. Na guerra revolucionária, a força poética dos rebeldes pega os adversários de surpresa, retirando-lhes a sua única possível vantagem, a vantagem técnica. Se as táticas dos guerrilheiros se tornam repetitivas, o inimigo aprende a jogar conforme as regras dos combatentes revolucionários. Nesse caso, é bem possível que a contraguerrilha consiga, senão destruir, pelo menos bloquear a criatividade popular já diminuída.

*

Como manter a disciplina necessária ao combate numa tropa que se recusa obedecer servilmente a um chefe? Como evitar a falta de coesão? Na maioria das vezes, os exércitos revolucionários sucumbem ao mal da submissão a uma Causa ou à busca inconsequente do prazer.

O apelo ao sacrifício e à renúncia fundamenta, em nome da liberdade, uma escravidão futura. Por outro lado, a festa prematura e a busca de um prazer fragmentário precedem sempre a repressão e as semanas sangrentas de restauração impostas pela ordem. O princípio do prazer deve dar a coesão ao jogo e discipliná-lo.

---

215 Antigo nome de Kisangani, capital da província de Tshopo, na República Democrática do Congo.

216 Partidários de Pierre Mulele, revolucionário marxista congolês, um dos líderes da Rebelião Simba.

A busca do maior prazer contém o risco do desprazer: eis o segredo da sua força. Onde iam buscar energia os soldados da França pré-revolucionária, que partiam ao assalto de uma cidade e, dez vezes repelidos, dez vezes retornavam ao combate? Era na expectativa apaixonada da festa por vir (neste caso, a festa da pilhagem e da orgia), num prazer tanto mais vivo quanto mais lentamente construído. A melhor tática forma uma só unidade com o cálculo hedonista. A vontade de viver, brutal, desenfreada, é para o combatente a mais mortífera arma secreta. Essa arma volta-se contra aqueles que a ameaçam: para defender a pele, o soldado tem todo o interesse em atirar nos superiores. Pelas mesmas razões, os exércitos revolucionários têm tudo a ganhar fazendo de cada homem um hábil estrategista e seu próprio senhor, alguém que saiba construir o próprio prazer com consequência.

Nas lutas futuras, a vontade de viver intensamente irá substituir a antiga motivação da pilhagem. A tática irá se confundir com a ciência do prazer, refletindo o fato de a busca do prazer já ser o próprio prazer. Essa tática pode ser aprendida todos os dias. O jogo com as armas não difere essencialmente da liberdade do jogo, aquela que as pessoas buscam mais ou menos conscientemente em cada instante da sua própria vida cotidiana. Quem não despreza aprender na sua simples experiência cotidiana aquilo que o mata e aquilo que o torna mais forte como indivíduo livre conquista lentamente o seu diploma de estrategista.

Contudo, não existe estrategista isolado. A vontade de destruir a velha sociedade implica uma federação de estrategistas da vida cotidiana. É uma federação desse tipo que a Internacional Situacionista se propõe desde já equipar tecnicamente. A estratégia é a construção coletiva da plataforma de lançamento da revolução com base nas táticas da vida cotidiana individual.

*

A noção ambígua de humanidade provoca às vezes um grau de indecisão nos movimentos revolucionários espontâneos. Em diversas ocasiões o desejo de colocar o homem no centro das reivindicações abre as portas a um humanismo paralisante. Quantas vezes o partido da revolução não poupou os seus próprios fuziladores, quantas vezes não aceitou uma trégua na qual o partido da ordem reuniu novas forças! A ideologia do humanismo é uma arma para a reação, aquela que serve para justificar todas as desumanidades (os paraquedistas belgas de Stanleyville[217]).

Não existe compromisso possível com os inimigos da liberdade, o humanismo não se aplica aos opressores do homem. O aniquilamento dos contrarrevolucionários é o único gesto humanitário que previne a crueldade do humanismo burocratizado.

Finalmente, um dos problemas da insurreição espontânea reside no seguinte paradoxo: destruir *totalmente* o poder por meio de ações *fragmentárias*. A luta pela emancipação econômica apenas tornou a sobrevivência possível para todos, mas também sujeitou todos às limitações da sobrevivência. Ora, é certo que as massas lutavam por um objetivo mais amplo, pela mudança global das condições de vida. Por outro lado, a vontade de mudar de um só golpe a totalidade do mundo possui uma dimensão mística. É por isso que ela tão facilmente se degenera no mais grosseiro reformismo. A tática apocalíptica e das reivindicações graduais juntam-se mais cedo ou mais tarde em uma aliança espúria de antagonismos não resolvidos dialeticamente. Não é de surpreender que os partidos pseudorrevolucionários sempre confundam tática com compromisso.

A revolução não ocorrerá por meio das conquistas parciais nem por um ataque frontal. A guerra de guerrilha é uma guerra total. É esse o caminho que toma a Internacional Situacionista, num assédio persistente e calculado em todas as frentes – cultural, política, econômica, social. Concentrando a luta no campo da vida cotidiana, garante-se a unidade do combate.

---

217 Em novembro de 1964, no Congo (atual Zaire), um grupo de paraquedistas belgas, com ajuda dos Estados Unidos, saltou sobre a cidade de Stanleyville fazendo com que a luta interna congolesa virasse a favor do regime de Moise Tshombe. (N.T.)

6.3

A *subversão*[218] – No sentido amplo da palavra, a subversão consiste em uma *reinserção global no jogo*. É o gesto pelo qual a unidade lúdica se apodera dos seres e das coisas petrificadas em uma hierarquia de fragmentos.

Uma noite, meus amigos e eu penetramos no Palácio da Justiça de Bruxelas. O prédio é uma monstruosidade, esmagando os bairros pobres e protegendo a rica avenida Louise (de que algum dia faremos um apaixonante terreno vazio). Enquanto vagávamos pelos labirintos de corredores, escadarias, salas atrás de salas, discutíamos o que poderia ser feito para tornar o lugar habitável. Ocupávamos o território conquistado, transformávamos por meio do poder da imaginação o covil dos ladrões num fantástico parque de diversões, num palácio dos prazeres, no qual as mais picantes aventuras concederiam o privilégio de serem realmente vividas. Em resumo, a subversão é a manifestação mais elementar da criatividade. A fantasia subjetiva subverte o mundo. As pessoas subvertem com a naturalidade que Monsieur Jourdain[219] e James Joyce faziam, um a prosa, o outro, *Ulysses*; ou seja, espontaneamente e com muita reflexão.

Em 1955, Debord, impressionado pelo emprego sistemático da subversão feito por Lautréamont, chamava a atenção para a riqueza de uma técnica a respeito da qual Jorn[220] escreveria em 1960: "A subversão é um jogo tornado possível pelo fato de as coisas poderem ser desvalorizadas. Todos os elementos do passado cultural devem ser reinvestidos ou desaparecer". Finalmente, na revista

---

218 No original francês a palavra é *détournement*. Podendo ser traduzida também por "desvio" ou "deturpação", a expressão *détournement* é relativamente conhecida no meio "artístico", e expressa uma técnica que consiste na reapropriação de um símbolo, imagem ou significante pervertendo seu uso e significado original. Nesta seção, portanto, a palavra subversão é sinônimo de *détournement*. (N.T.)

219 Personagem de Molière. (N.T.)

220 Asger Jorn (1914-1973), pintor dinamarquês, um dos fundadores da Internacional Situacionista. (N.T.)

Internationale Situationniste (n° 3), Debord, voltando a tratar do assunto, precisava: "As duas leis fundamentais da subversão são a perda de importância de cada elemento independente subvertido, que vai até a perda completa do primeiro sentido, e a organização de um novo conjunto de significados que confere a cada elemento o seu novo alcance". As condições históricas atuais permitem que sejamos ainda mais precisos. A partir de agora é evidente que:

- onde quer que se estenda o pântano da decomposição, a subversão prolifera espontaneamente. A sociedade de consumo reforça singularmente a possibilidade de organizar novos conjuntos de significados;

- a cultura não é mais um setor restrito. A arte da subversão estende-se a todas as formas de resistência da vida cotidiana;

- a ditadura do fragmentário faz da subversão a única técnica ao serviço da totalidade. A subversão é o gesto revolucionário mais coerente, mais popular e mais bem adaptado à prática insurrecional. Por uma espécie de movimento natural – a paixão do jogo – ela arrasta as pessoas a uma radicalização extrema.

*

Na decomposição que atinge o conjunto dos comportamentos espirituais e materiais – decomposição ligada aos imperativos da sociedade de consumo – a fase de "desvalorização" da subversão é de algum modo assumida e garantida pelas condições históricas. A negatividade incrustada na realidade dos fatos faz com que a subversão seja apreendida como uma tática de superação, como um ato essencialmente positivo.

Se a abundância de bens de consumo é saudada por toda parte como um passo adiante, o modo que esses bens são usados pela sociedade, como sabemos, invalidam todos os seus aspectos positivos.

Uma vez que o *gadget* é antes de tudo um pretexto para o lucro dos capitalistas e dos regimes burocráticos, ele não pode servir a qualquer outro fim. A ideologia do consumo age como um defeito de fabricação, sabota a mercadoria que ela envolve e transforma o que poderia ser a base material da felicidade em uma nova forma de escravidão. Nesse contexto, a subversão difunde novas formas de uso da mercadoria. Ela inventa um uso superior no qual a subjetividade manipulará em seu benefício aquilo que é vendido para *ser* manipulado contra ela. A crise do espetáculo lançará as forças atuais do logro ao campo da verdade vivida. Como voltar contra o inimigo as armas que as necessidades comerciais lhe força distribuir é a questão tática e estratégica central. É necessário difundir os métodos de subversão como um "Guia para o consumidor que quer deixar de sê-lo".

A subversão, que forjou suas primeiras armas na arte, tornou-se hoje a arte de manejar todas as armas. Tendo aparecido inicialmente no turbilhão da crise cultural dos anos 1910-1925, estendeu-se aos poucos a todas as áreas atingidas pela decomposição. Apesar disso, a arte ainda oferece um campo de experimentação válido para as técnicas de subversão, além de haver muito a ser aprendido do passado. O surrealismo fracassou por ter tentado reinvestir os antivalores dadaístas que ainda não haviam sido completamente reduzidos a zero. Qualquer tentativa de construir com base em elementos que não foram completamente desvalorizados sempre leva à recuperação pelos mecanismos dominantes da organização social. A atitude "combinatória" dos atuais cibernéticos a propósito da arte vai até a orgulhosa acumulação insignificante de elementos quaisquer, mesmo se esses elementos não foram *de modo algum desvalorizados*. Pop Art e Jean-Luc Godard são a apologética da sucata.

A expressão artística permite igualmente buscar, às cegas e prudentemente, novas formas de agitação e de propaganda. Em 1963, por exemplo, Michèle Bernstein[221] produziu uma série de

---

334   221 Escritora francesa, uma das fundadoras da Internacional Situacionista.

trabalhos em gesso com miniaturas incrustadas de soldados de chumbo, carros, tanques etc. Com títulos como "A Vitória do Bando de Bonnot", "A Vitória da Comuna de Paris", "A Vitória dos Conselhos Operários de Budapeste", esses trabalhos buscavam corrigir certos acontecimentos históricos petrificados artificialmente no passado, buscavam refazer a história do movimento operário e, ao mesmo tempo, realizar a arte. Por ser limitada, por permanecer especulativa, essa agitação abre a via à espontaneidade criadora de todas as pessoas, mesmo que apenas por provar que em um campo particularmente falsificado como o da arte a subversão é a única linguagem, o único gesto que contém a sua própria crítica.

A criatividade não tem limite, a subversão não tem fim.

XXIV

O INTERMUNDO E A NOVA INOCÊNCIA

O intermundo é o terreno baldio da
subjetividade, o lugar no qual os resíduos
do poder e da sua corrosão se misturam
com a vontade de viver (1). – A nova inocência
liberta os monstros da interioridade, projeta
a violência obscura do intermundo contra a
velha ordem de coisas que é sua causa (2).

1

Existe uma fronteira turbulenta de subjetividade atormentada
pelo mal do poder. Nessa zona se agitam os ódios imperecíveis,
os deuses da vingança, a tirania das invejas, os bufos da vontade
frustrada. É uma corrupção marginal que ameaça todos os lados:
um intermundo.

O intermundo é o terreno baldio da subjetividade. Contém a
crueldade essencial, a do policial e a do rebelde, a da opressão e a
da poesia da revolta. A meio caminho entre a recuperação espetacular e o uso insurrecional, o espaço-tempo superior do sonhador

adquire formas monstruosas conforme as normas da vontade individual são distorcidas pela perspectiva do poder. O empobrecimento crescente da vida cotidiana acabou fazendo dele um domínio público aberto a todo tipo de experimento, um campo de batalha exposto entre a espontaneidade criadora e a sua corrupção. Como bom explorador da mente humana, Artaud tem perfeita consciência desse combate incerto: "O inconsciente não me pertence, exceto no sonho. E mesmo nele eu não posso dizer se aquilo que vejo se demorando é uma forma marcada para nascer ou algo sujo que eu rejeitei. O subconsciente é aquilo que emerge das premissas da minha vontade interior, mas não sei muito bem quem reina aí, e acho que não sou eu, mas a torrente das vontades adversas que, não sei por que, pensa em mim e nunca teve outras preocupações no mundo e outra ideia a não ser tomar o meu lugar no meu corpo e no meu eu. Mas, no pré-consciente onde todas essas mesmas vontades adversas buscam me abusar e me distrair com suas tentações, eu posso vê-las claramente uma vez que me armo com toda a minha consciência. Eu me importo com o seu tormento sobre mim uma vez que agora eu me sinto lá... Desse modo percebo que devo viajar rio acima e sondar minha pré-consciência até conseguir me ver evoluir e *desejar*". E Artaud dirá mais adiante: "Foi o peiote[222] que me levou lá".

A aventura do solitário de Rodez[223] soa como uma advertência. A ruptura de Artaud com o movimento surrealista é significativa. Ele censurou o grupo por se aliar ao bolchevismo, por se pôr a serviço de uma revolução – que, diga-se de passagem, carrega atrás de si os fuzilados de Kronstadt – em vez colocar a revolução a seu serviço. Artaud estava absolutamente certo em atacar a incapacidade do surrealismo de fundar a sua coerência revolucionária nas suas mais frutíferas reivindicações, o primado da

---

222 Cacto alucinógeno mexicano. (N. da E.)

223 Cidade no sul da França onde está o manicômio no qual Artaud ficou internado nos últimos anos de sua vida. (N. da E.)

subjetividade. Mas, mal a ruptura com o surrealismo se consumou, vemos que Artaud se perde no delírio solipsista e no pensamento mágico. Realizar a vontade subjetiva transformando o mundo já não o preocupa. Em vez de exteriorizar a interioridade nos fatos, ele irá pelo contrário sacralizá-la, descobrir no mundo rígido dos símbolos uma realidade mítica permanente, a cuja revelação só acedem as vias da impotência. Aqueles que hesitam em lançar para fora o incêndio que o devora têm como única opção se queimar, consumir-se segundo as leis do consumo, na túnica ideológica de Nessus[224]. A ideologia, seja ela das drogas, da arte, da psicanálise, da teosofia ou da revolução, nunca muda minimamente a história.

*

O mundo da imaginação é a ciência exata das soluções possíveis. Não é um mundo paralelo deixado à mente em compensação por seus fracassos na realidade exterior. É uma força destinada a preencher o fosso que separa a interioridade da exterioridade. Uma *praxis* condenada à inação.

Com suas fixações e obsessões, suas labaredas de ódio, seu sadismo, o intermundo parece um esconderijo de animais furiosos por estarem aprisionados. Todos têm a liberdade de descer lá por meio de um sonho, de uma droga, do álcool ou do delírio. Sua violência pede apenas para ser libertada. Um clima no qual é bom mergulhar mesmo que seja para alcançar a consciência que dança e mata, a que Norman Brown chamou a consciência dionisíaca.

---

224 Nessus, centauro da mitologia grega. Héracles se casou com Dejanira, cuja mão ele ganhara de Anteu, filho de Posêidon, deus do mar. Quando o centauro Nessus atacou Dejanira, Héracles feriu-o com uma flecha que ele tinha envenenado no sangue da Hidra. O centauro moribundo disse a Dejanira para guardar o sangue, garantindo-lhe que ele era um poderoso e irresistível tônico que trazia a paixão àqueles que bebessem dele, mas na verdade era veneno. (N. da E.)

2

A aurora vermelha das revoltas não dissolve as criaturas monstruosas da noite. Veste-as de luz e de fogo, espalha-as pelas cidades, pelos campos. A nova inocência é o sonho maligno que se torna realidade. A subjetividade não se constrói sem aniquilar seus obstáculos. Ela busca no intermundo a violência necessária para tanto. A nova inocência é a construção lúcida de um aniquilamento.

O mais pacifista dos homens é perseguido por fantasias sangrentas. Como é difícil ser solícito com aqueles que não podemos liquidar imediatamente, usar a gentileza para desarmar aqueles que não podemos desarmar pela força. Àqueles que quase conseguiram me governar, tenho uma grande dívida de ódio. Como liquidar o ódio sem liquidar a sua causa? A barbárie das revoltas, o incêndio, a selvageria popular, os excessos que apavoram os historiadores burgueses são exatamente a vacina contra a fria atrocidade das forças da ordem e da opressão hierárquica.

Na nova inocência, o intermundo, derramando-se subitamente, submerge as estruturas opressivas. O jogo da violência pura é englobado pela pura violência do jogo revolucionário.

O choque da liberdade faz milagres. Nada resiste a ele, nem as doenças do espírito, nem os remorsos, nem a culpa, nem o sentimento de impotência, nem o embrutecimento produzido pelo mundo do poder. Quando uma canalização de água arrebentou no laboratório de Pavlov, nenhum dos cães que sobreviveram à inundação conservou o menor traço do seu longo condicionamento. O maremoto das grandes transformações sociais teria menos efeito sobre os homens do que uma inundação sobre cães? Reich recomenda explosões de cólera para neuróticos afetivamente bloqueados e muscularmente encouraçados. Esse tipo de neurose me parece particularmente comum hoje: ela é simplesmente o mal da sobrevivência. E a explosão de cólera coerente tem muita possibilidade de se assemelhar a uma insurreição geral.

Três mil anos de escuridão não resistirão a dez dias de violência revolucionária. A reconstrução social irá ao mesmo tempo reconstruir o inconsciente de todos.

*

A revolução da vida cotidiana liquidará as noções de justiça, de castigo, de suplício – noções determinadas pela troca e pelo reino do fragmentário. Não queremos ser justiceiros, mas senhores sem escravos, reencontrando, para além da destruição da escravidão, uma nova inocência, uma nova graça de viver. Trata-se de destruir o inimigo, não de julgá-lo. Nas vilas libertadas pela sua coluna, Durruti reunia os camponeses, pedia-lhes para apontar os fascistas e os fuzilava imediatamente. A próxima revolução refará o mesmo caminho. Serenamente. Saberemos que não haverá mais ninguém para nos julgar, que os juízes estarão ausentes para sempre, porque os teremos comido.

A nova inocência implica a destruição de uma ordem de coisas que apenas tem entravado a arte de viver, e hoje ameaça aquilo que resta de vida autêntica. Não tenho necessidade alguma de motivos para defender a minha liberdade. A cada instante o poder me coloca em estado de legítima defesa. Neste breve diálogo entre o anarquista Duval[225] e o policial encarregado de prendê-lo, a nova inocência pode reconhecer a sua jurisprudência espontânea:

- Duval, prendo-o em nome da Lei.
- E eu suprimo-te em nome da liberdade.

Os objetos não sangram. Aqueles que pesam com o peso morto das coisas morrerão como coisas. Victor Serge conta como que, durante o saque de Razoumovskoé, alguns revolucionários foram criticados por quebrar algumas porcelanas. A resposta deles foi: "Quebraremos todas as porcelanas do mundo para transformar a vida. Vocês amam muito as coisas, e muito pouco o homem". Aquilo que não é necessário destruir merece ser salvo: é a forma mais sucinta do nosso futuro código penal.

---

225 Clément Duval (1850-1935), famoso anarquista francês. (N. da E.)

XXV

CONTINUAÇÃO DE "ZOMBAIS DE NÓS?" NÃO ZOMBAREIS POR MUITO TEMPO

(MENSAGEM DOS *SANS-CULLOTES* DA RUA MOUFFETARD À CONVENÇÃO, 9 DE DEZEMBRO DE 1792).

Em Los Angeles, em Praga, em Estocolmo, em Stanleyville, em Turim, em Mières, na República Dominicana, em Amsterdã: onde quer que o gesto de recusa e uma apaixonada consciência da necessidade de resistência suscitem greves nas fábricas das ilusões coletivas, a revolução da vida cotidiana está a caminho. A contestação se intensifica à medida que a miséria se universaliza. Aquilo que foi por muito tempo motivo de lutas específicas – a fome, a coação, o tédio, a doença, a angústia, a solidão, a mentira – revela hoje a sua racionalidade fundamental, a sua forma vazia e envolvente, a sua abstração terrivelmente opressora. É no mundo do poder hierárquico, do Estado, do sacrifício, da troca, do quantitativo – a mercadoria como vontade e representação do mundo – que atacam as forças transformadoras de uma sociedade inteiramente nova, ainda para ser inventada e no entanto já presente. Não existe mais uma região sequer no globo na qual a *praxis* revolucionária não atue como revelador, transformando o negativo em positivo, iluminando no fogo das insurreições a face escondida da terra, erguendo o mapa da sua conquista.

Só a *praxis* revolucionária real pode dar instruções precisas para a tomada de armas, sem a qual as melhores propostas permanecem impotentes e parciais. Mas a mesma *praxis* mostra também que ela é eminentemente corruptível quando rompe com a sua própria racionalidade – uma racionalidade não mais abstrata, mas concreta, superação da forma vazia e universal da mercadoria. Só essa racionalidade permite uma objetivação não alienante: a realização da arte e da filosofia na experiência vivida individual. A linha de força e de expansão dessa racionalidade nasce do encontro não fortuito de dois polos em tensão. Ela é a faísca entre a subjetividade, cuja vontade de ser tudo surge do totalitarismo das condições opressoras, e a decadência que, graças à história, atinge o sistema generalizado da mercadoria.

Os conflitos existenciais não se diferenciam qualitativamente dos conflitos que afetam o conjunto dos homens. É por isso que os homens não podem esperar controlar as leis que dominam a sua história coletiva se não controlam ao mesmo tempo a sua história individual. Aqueles que se aproximam da revolução afastando-se de si mesmos – como todos os militantes fazem – se aproximam de costas para trás, às avessas. Contra o voluntarismo e contra a mística de uma revolução historicamente fatal, é necessário espalhar a ideia de um plano de acesso à revolução, de uma construção simultaneamente racional e passional na qual se unam dialeticamente as exigências subjetivas imediatas e as condições objetivas contemporâneas. A *pista de lançamento da revolução* é, na dialética do parcial e da totalidade, o projeto de construir a vida cotidiana na e pela luta contra a forma mercantil, de modo que cada estágio da revolução represente um reflexo fiel da sua realização final. Nem programa máximo, nem programa mínimo, nem programa transitório, mas uma estratégia de conjunto fundada sobre as características essenciais do sistema a destruir, e contra os quais incidirão os primeiros golpes.

No momento da insurreição, e portanto também desde agora, os grupos revolucionários deverão colocar *globalmente* os problemas impostos pelas circunstâncias do momento, do mesmo modo que o proletariado os resolverá globalmente ao se autodissolver. Esses problemas incluem: como superar concretamente o trabalho, a divisão do trabalho, a oposição trabalho-lazer (problema da reconstrução das relações humanas por uma *praxis* apaixonada e consciente relativa a todos os aspectos da vida social etc. etc.); como superar concretamente a troca (problema da desvalorização do dinheiro, incluindo o uso subversivo da moeda falsa, o estabelecimento de relações incompatíveis com o velho sistema econômico, a liquidação de setores parasitários etc.); como superar concretamente o Estado e qualquer forma de comunidade alienante (problema da construção de situações, das assembleias autogestionárias, de um direito positivo que encoraje todas as liberdades e que permita a supressão das tendências restauradoras etc.); como organizar o movimento, e sua expansão com base em zonas-chave a fim de revolucionar o conjunto das condições estabelecidas por toda parte (autodefesa, relações com as regiões não libertadas, popularização do uso e da fabricação de armas etc.).

Entre a velha sociedade em desorganização e a nova sociedade a organizar, a Internacional Situacionista oferece um exemplo de um grupo em busca da sua coerência revolucionária. A sua importância, como qualquer grupo portador da poesia, está em servir de modelo à nova organização social. É necessário portanto impedir que a opressão exterior (hierarquia, burocratização...) se reproduza no interior do movimento. Isso só pode ser assegurado condicionando a participação à manutenção da igualdade real entre todos os membros, não como um direito metafísico, mas pelo contrário como uma norma a ser alcançada. É precisamente para evitar o autoritarismo e a passividade (dirigentes versus militantes) que o grupo deve sancionar sem hesitar qualquer queda do nível teórico, qualquer abandono prático, qualquer compromisso. Não há justificativa para tolerar pessoas que o regime dominante sabe muito bem tolerar. A exclusão e o rompimento são as únicas defesas da coerência em perigo.

Do mesmo modo, o projeto de reunir a poesia esparsa implica a faculdade de reconhecer ou suscitar grupos autônomos revolucionários, de radicalizá-los, de federá-los sem nunca assumir a direção deles. A função da Internacional Situacionista é uma função axial: estar por toda parte como um eixo que a agitação popular faz rodar e que por sua vez a propaga, multiplicando o movimento inicialmente recebido. Os situacionistas reconhecerão os seus aliados pelo critério da coerência revolucionária.

A longa revolução nos encaminha à edificação de uma sociedade paralela, oposta à sociedade dominante e forte o bastante para substituí-la. Mais especificamente, para a constituição de microssociedades coligadas, verdadeiros focos de guerrilha em luta pela *autogestão generalizada*. O verdadeiro radicalismo não é ortodoxo: ele fomenta a diversidade e garante todas as liberdades. Os situacionistas não chegam portanto ao mundo com um novo tipo de sociedade diante do qual as pessoas devem se ajoelhar. Eles mostram somente, lutando por si mesmos, e com a mais alta consciência dessa luta, o motivo real pelo qual as pessoas lutam, e por que é essencial adquirir a consciência dessa batalha

(1963-1965)

SAUDAÇÃO AOS OPERÁRIOS REVOLUCIONÁRIOS

A crítica radical limitou-se a analisar o velho mundo e a sua negação. Ela deve agora se realizar na prática das massas revolucionárias ou se renegar tornando-se uma barreira contra elas. Enquanto o projeto do homem total continuar a ser o espectro que assombra a ausência de realização individual imediata, enquanto o proletariado não tiver arrancado *de fato* a teoria àqueles que a aprendem com o próprio movimento do proletariado, o passo à frente do radicalismo será sempre seguido de dois passos atrás da ideologia.

Incitando os proletários a se apoderarem da teoria tirada da experiência vivida cotidiana (e não da ausência dela), a *Arte de Viver* se fundia inequivocamente com o partido da superação. Mas ao mesmo tempo corria o risco de todas as falsificações a que a expunha o atraso em se transformar essas lições em uma prática insurrecional. No momento em que a teoria radical se torna independente do movimento da consciência revolucionária, como quando essa consciência é subitamente freada pela história, ela se torna outra permanecendo a mesma, não escapa completamente a um movimento similar e inverso, à regressão ao pensamento separado, ao espetáculo. Mesmo quando um livro como este consegue incorporar a sua própria crítica, isso apenas o expõe aos parasitas ideológicos – cuja variedade se estende do subjetivismo ao niilismo, passando pelo comunitarismo e pelo hedonismo apolítico – as rãs inchadas da crítica crítica.

O adiamento de uma ação operária radical, que em breve porá a serviço das paixões e das necessidades individuais as áreas de produção e de consumo que ela é a única *inicialmente* em condições de subverter, mostrou que a fração do proletariado que não possui intervenção direta nos mecanismos econômicos conseguia somente, na sua fase ascendente, formular c difundir uma teoria que, incapaz de se realizar e se corrigir por si mesma, se transforma, na fase de derrota, em uma regressão intelectual. Só resta à consciência sem utilização se justificar como consciência utilizada: uma consciência que nunca alcançou um verdadeiro êxito no seu tempo se transformou unicamente em uma retrospectiva parada de bandeiras.

Aquilo que a expressão subjetiva do projeto situacionista pôde dar de melhor na preparação de maio de 1968 e na tomada de consciência das novas formas de exploração se transformou em seguida na pior leitura intelectualizada possível, nascida da impotência de um grande número de pessoas em destruir aquilo que só os trabalhadores responsáveis pelos setores-chave da produção e do consumo poderiam destruir (menos, aliás, com ocupações de fábricas do que com sabotagem e subversão).

Como o projeto situacionista foi o pensamento prático mais avançado desse proletariado sem acesso aos centros motores do processo mercantil, e também porque nunca deixou de se atribuir como única tarefa *aniquilar a organização social da sobrevivência em favor da autogestão generalizada*, só lhe resta mais cedo ou mais tarde redescobrir o seu movimento real no meio operário, deixando ao espetáculo e às suas flatulências críticas o cuidado de desenterrar a carcaça da sua antiga encarnação para ver o que podem fazer com esses restos.

A teoria radical pertence a quem a torna melhor. Defendê-la contra o livro, contra a mercadoria cultural na qual ela permanece demasiadas vezes e por demasiado tempo *em exposição*, não é apelar para o operário antitrabalho, antissacrifício, anti-hierarquia contra o proletário reduzido a uma consciência, desarmada, das mesmas recusas; é exigir daqueles que estão na base da luta unitária contra a sociedade da sobrevivência que recorram aos modos de expressão de que dispõem com maior eficácia, aos atos revolucionários que criam a sua própria linguagem por criarem condições a partir das quais não há recuo possível. A sabotagem do trabalho forçado, a destruição do processo de produção e de reprodução da mercadoria, a subversão dos estoques e das forças produtivas em proveito dos revolucionários e de todos aqueles que a eles se juntarão por atração passional, é isso que pode pôr fim não só à reserva burocrática que constituem os operários intelectualistas e os intelectuais obreiros, mas à separação entre intelectuais e manuais e a todas as separações. Contra a divisão do trabalho e contra a fábrica universal, viva a unidade do não-trabalho e a autogestão generalizada!

As principais teses de *A Arte de Viver* devem agora se manifestar nas mãos dos seus antileitores sob a forma de resultados concretos: não mais em uma agitação de estudantes mas na revolução total. É necessário que a teoria leve a violência onde a violência já existe. Operários das Astúrias, de Limbourg, de Poznan, de Lyon, de Detroit, de Asepel, de Leningrado, de Canton, de Buenos Aires, de Johannesburgo, de Liverpool, de Kruna, de Coimbra, vocês devem conceder ao proletariado inteiro o poder de estender ao prazer da revolução feita para si e para todos, o prazer que a cada dia se frui no amor, na destruição das coações, no gozo das paixões.

Sem a crítica das armas, as armas da crítica são as armas do suicídio. Quando não caem no desespero do terrorismo ou na miséria da militância, numerosos proletários se tornam *voyeurs* da classe operária, espectadores do seu próprio potencial postergado. Contentes de serem revolucionários por procuração por terem sido encornados e derrotados como revolucionários sem revolução, esperam o momento em que a queda tendencial do poder pequeno-burocrático lhes dê a chance de se oferecerem como mediadores e se fazerem de dirigentes em nome da sua própria impotência objetiva de destruir o espetáculo. É por isso que é tão importante que a organização dos operários revoltados – a única necessária hoje – seja obra dos próprios operários revoltados, a fim de que sirva de modelo de organização ao proletariado inteiro na sua luta pela autogestão generalizada. Com ela acabarão definitivamente as organizações repressivas (Estados, partidos, sindicatos, grupos hierarquizados) e o seu corolário crítico, o fetichismo organizacional que floresce no seio do proletariado não produtor. A prática imediata de tal organização erradicará a contradição entre voluntarismo e realismo, contradição essa que mostrou os limites da Internacional Situacionista e demonstrou a sua incapacidade – por meio da sua prática de exclusão e de rompimento para tentar impedir a incessante reprodução do mundo dominante no grupo – de harmonizar os acordos e desacordos intersubjetivos. Ela provará afinal que a fração do proletariado separada das possibilidades concretas de subverter os meios de produção não necessita de organização, mas de indivíduos que ajam por conta própria, federando-se ocasionalmente em comandos de sabotagem (neutralização das redes repressivas, ocupação de rádios etc.), intervindo onde e quando a oportunidade lhes ofereça garantias de eficácia tática e estratégica, não tendo outra preocupação que não seja gozar sem reservas e *inseparavelmente* atiçar por toda parte as faíscas da guerrilha operária, o fogo negativo e positivo que, vindo da base do proletariado, é também a única base de liquidação do proletariado e da sociedade de classes.

Os operários podem ainda não possuir a coerência da sua força potencial, mas uma coisa é certa: uma vez que eles alcancem essa coerência, a sua vitória será definitiva. A história recente das greves selvagens e das revoltas manifesta claramente o ressurgimento dos conselhos operários, o retorno das Comunas. A súbita reaparição dessas formas – que certamente encontrarão um contra--ataque repressivo sem comparação com a repressão aos movimentos intelectuais – só surpreenderá aqueles que não discernem, sob a diversidade da imobilidade do espetáculo, o progresso unitário da velha toupeira, a luta clandestina do proletariado pela apropriação da história e a transformação global de todas as condições da vida cotidiana. E a necessidade da *história-para-si* revela também sua ironia na coerência negativa à qual chega no melhor dos casos o proletariado desarmado, uma coerência oca presente em toda parte como uma advertência objetiva contra aquilo que ameaça por dentro o radicalismo operário: a intelectualização, que leva a consciência a regredir ao patamar da leitura de livros e da cultura; os mediadores não controlados e a sua oposição burocrática; os obcecados pelo prestígio, mais preocupados em renovar os papéis do que em fazê-los desaparecer na emulação lúdica da guerrilha de base; a renúncia à subversão concreta, à conquista revolucionária do território e ao seu movimento unitário internacional para o fim das separações, do sacrifício, do trabalho forçado, da hierarquia, da mercadoria sob todas as suas formas.

O desafio que a reificação lança à criatividade de cada um já não está nos "que fazer?" teóricos, mas na prática do ato revolucionário. Aquele que não descobrir na revolução a paixão axial que permite todas as outras só pode alcançar uma caricatura do verdadeiro prazer. Nesse sentido *A Arte de Viver* é o caminho mais curto da subjetividade individual à sua realização na história feita por todos. Da perspectiva da longa revolução, *A Arte de Viver* é apenas um ponto, mas um dos pontos de partida do movimento comunalista de autogestão generalizada, do qual ela não passa de um esboço. Um esboço da sentença de morte que a sociedade da sobrevivência pronuncia contra si mesma e que a internacional das fábricas, dos campos e das ruas executará sem apelo.

Temos um mundo de prazeres a ganhar, e nada além do tédio a perder.

Outubro de 1972

ESTE LIVRO FOI IMPRESSO
PELA GRÁFICA **EXPRESSÃO E ARTE**
EM PAPEL **OFFSET 90**.